U0475368

中华人民共和国
行政复议法
条文解读与法律适用

ZHONGHUA RENMIN GONGHEGUO
XINGZHENG FUYIFA TIAOWEN JIEDU YU FALÜ SHIYONG

江必新 ◎主编

撰稿人（以姓氏笔画为序排列）
牛延佳　方颉琳　杨科雄
谷国艳　邵长茂　徐庭祥
梁凤云　廖希飞　戴澧兰

中国法制出版社
CHINA LEGAL PUBLISHING HOUSE

编写说明

新修订的《中华人民共和国行政复议法》（以下简称《行政复议法》）已由第十四届全国人民代表大会常务委员会第五次会议于2023年9月1日通过，自2024年1月1日起施行。

截至2023年9月1日，我国现行有效法律298件，《行政复议法》是其中一部非常重要的法律。它的颁布实施是我国民主法治建设进程中的一件大事，对防止和纠正违法的或者不当的行政行为，保护公民、法人和其他组织的合法权益，保障和监督行政机关依法行使职权必将发挥重要作用。从1999年《行政复议法》制定至今，20多年来，行政复议作为有效解决行政争议的法定机制，因其方便群众、快捷高效、方式灵活等优势，成为化解行政争议和维护人民群众合法权益的重要渠道。

本次修订，重在根据行政复议制度的定位和特点，贯彻落实中央和国务院行政复议改革部署，总结改革经验，提升行政复议的公信力和权威性，解决制约行政复议的突出矛盾问题，将行政复议的制度优势转化为制度效能。总体要求是：一是坚持党的领导。在总则中增加规定"行政复议工作坚持中国共产党的领导"，将党中央关于行政复议体制改革的各项要求全面、完整、准确体现到法律规定中。二是坚持人民至上。将保护公民、法人和其他组织的合法权益作为立法的出发点和落脚点。紧紧围绕"便民为民"制度要求，在提出申请、案件受理、案件审理等各个阶段丰富便民举措,方便人民群众及时通过行政复议渠道解决行政争议,打造行政复议便捷高效的制度"名片"。三是坚持问题导向。着力提升行政复议公正性和公信力,针对制约行政复议发展的主要矛盾,实施"靶向治理"。整合地方行政复议职责,落实管辖体制改革要求;引入外部监督机制,确立行政复议委员会制度;加强听证、听取意见、证据收集等要求,力促案件公正审理。努力让人民群众在每一个行政复议案件中都感受到公平正义。四是坚持守正创新。一方面,立足行政复议内部监督特点,坚持免费受理、高效办理、深度审理,做到"不忘本来";另一方面,抓住实质性化解行政争议这个目标,在强化调解适用、扩大复议范围、规范提级审理、优化决定体系等方面,进行了若干制度创新,做到"面向未来"。

本次修订的主要内容有:一是明确行政复议有关原则和要求。明确行政复议机关应当遵循合法、公正、公开、高效、便民、为民的原则,办理行政复议案件可以进行调解;提出国家建立专业化、职业化行政复议人员队伍,要求行政复议机关支持和保障行政复议机构履行职责,对行政复议指导性案例发布、人员和场所保障等作出规定。二是优化行政复议管辖体制。取消地方人民政府工作部门的行政复议职责,由县级以上地方人民政府统一行使,但实行垂直领导的行政机关、税务和国家安全机关例外,相应调整国务院部门的管辖权限,并对有关派出机构的复议体制作出灵活规定。三是强化行政复议吸纳行政争议的能力。扩大行政复议范围,明确行政相对人对行政赔偿、工伤认定、行政协议、政府信息公开等行为不服的,可以申请行政复议;优化行政复议前置范围,明确对行政主体当场作出的行政处罚决定、侵犯行政相对人与自然资源相关的权利、未履行法定职责、不予公开政府信息等行为不服的，应当先申请行政复议，将行政复议前置其他情形的设定依据明确为法律和行政法规。四是健全行政复议申请和受理程序。增加申请复议便民举措，提出复议前置情形告知要求，明确行政复议受理条件，增设申请材料补正制度。五是完善行政复议审理程序。建立提级审理制度，增加简易程序及其适用情形，健全行政复议证据规则，实行普通程序听取意见原则，新增听证和行政复议委员会制度，完善行政复议附带审查规范性文件程序。六是完善行政复议决定及其监督体系。细化变更、确认违法等决定的适用情形，调整决定顺序，增加确认无效、责令履行行政协议等决定类型；增设制发行政复议意见书、约谈和通报批评、抄告行政复议决定等监督制度。

修订后的《行政复议法》于2024年1月1日起施行。为帮助人民群众、法律工作者等全面、准确理解本次修订的精神、内容、要点，我们组织了参与《行政复议法》修改工作、长期从事行政复议实务工作和对行政复议有较深研究的人员编写了本书。本书有以下三个特点：一是内容全面。以法律条文为主线，对《行政复议法》全部条文逐条解读。二是突出重点。尽管本次是全面修订，但有的是实质修改，有的是文字修改。本书突出对《行政复议法》修改过程中有实质变化的条文或者新规定的条文进行重点解读。三是注重实用。本书所涉内容不限于《行政复议法》，而是结合行政复议以及行政诉讼等其他救济程序的相关规定，从立法者、执法者、司法者的角度予以解读，帮助读者快速、全面把握《行政复议法》的重点问题，为《行政复议法》在实践中的具体适用提供指导。

凡　例

1. 本书中简称加书名号。法律、法规名称中的"中华人民共和国"省略，其余一般不省略。例如，《中华人民共和国民法典》简称《民法典》，《中华人民共和国政府信息公开条例》简称《政府信息公开条例》。

2. 2022年10月《中华人民共和国行政复议法（修订草案）》征求意见稿，简称为《行政复议法（修订草案）》。2023年6月《中华人民共和国行政复议法（修订草案二次审议稿）》征求意见稿，简称为《行政复议法（修订草案二次审议稿）》。

3. 本次新修订的《行政复议法》简称修订后的《行政复议法》，或直接用本法。1999年初次通过的《行政复议法》简称1999年《行政复议法》，2009年、2017年修正的《行政复议法》简称2009年《行政复议法》、2017年《行政复议法》。

4. 现行2017年《行政诉讼法》不注明年份，简称《行政诉讼法》。其他的标注年份，简称1989年《行政诉讼法》、2014年《行政诉讼法》。涉及其他法也相同。

5. 行文中引用法律条文的条、款、项序号，一律使用阿拉伯数字，如《民法典》第1021条，不表述为《民法典》第一千零二十一条。引号内引用法律原文的，条文序号应忠实于法律原文。

目 录
Contents

第一章 总 则 ············· 1
　本章概述 ············· 1
　　第 一 条　【立法目的】············· 2
　　第 二 条　【适用范围】············· 6
　　第 三 条　【工作原则】············· 9
　　第 四 条　【行政复议机关、机构及其职责】············· 11
　　第 五 条　【行政复议调解】············· 13
　　第 六 条　【行政复议人员】············· 15
　　第 七 条　【行政复议保障】············· 16
　　第 八 条　【行政复议信息化建设】············· 17
　　第 九 条　【表彰和奖励】············· 19
　　第 十 条　【行政复议与诉讼衔接】············· 20

第二章 行政复议申请 ············· 22
　本章概述 ············· 22
　第一节　行政复议范围 ············· 23
　　第十一条　【行政复议范围】············· 23
　　第十二条　【不属于行政复议范围的事项】············· 32
　　第十三条　【行政复议附带审查申请范围】············· 37
　第二节　行政复议参加人 ············· 40
　　第十四条　【申请人】············· 40
　　第十五条　【代表人】············· 44
　　第十六条　【第三人】············· 46
　　第十七条　【委托代理人】············· 48

第十八条　【法律援助】 …………………………………… 50
　　第十九条　【被申请人】 …………………………………… 52
 第三节　申请的提出 …………………………………………… 55
　　第二十条　【申请期限】 …………………………………… 55
　　第二十一条　【不动产行政复议申请期限】 ……………… 59
　　第二十二条　【申请形式】 ………………………………… 61
　　第二十三条　【行政复议前置】 …………………………… 64
 第四节　行政复议管辖 ………………………………………… 69
　　第二十四条　【县级以上地方人民政府管辖】 …………… 69
　　第二十五条　【国务院部门管辖】 ………………………… 74
　　第二十六条　【原级行政复议决定的救济途径】 ………… 76
　　第二十七条　【垂直领导行政机关等管辖】 ……………… 77
　　第二十八条　【司法行政部门的管辖】 …………………… 78
　　第二十九条　【行政复议和行政诉讼的选择】 …………… 80

第三章　行政复议受理 …………………………………………… 82
 本章概述 ………………………………………………………… 82
　　第三十条　【受理条件】 …………………………………… 83
　　第三十一条　【申请材料补正】 …………………………… 86
　　第三十二条　【部分案件的复核处理】 …………………… 90
　　第三十三条　【程序性驳回】 ……………………………… 93
　　第三十四条　【复议前置等情形的诉讼衔接】 …………… 96
　　第三十五条　【对行政复议受理的监督】 ………………… 99

第四章　行政复议审理 …………………………………………… 102
 本章概述 ………………………………………………………… 102
 第一节　一般规定 ……………………………………………… 103
　　第三十六条　【审理程序及要求】 ………………………… 103
　　第三十七条　【审理依据】 ………………………………… 106
　　第三十八条　【提级审理】 ………………………………… 109
　　第三十九条　【中止情形】 ………………………………… 112
　　第四十条　【对无正当理由中止的监督】 ………………… 116

第四十一条　【终止情形】 ………………………………… 118

　　第四十二条　【行政行为停止执行情形】 …………………… 120

第二节　行政复议证据 ……………………………………………… 123

　　第四十三条　【行政复议证据种类】 ………………………… 123

　　第四十四条　【举证责任分配】 ……………………………… 126

　　第四十五条　【行政复议机关调查取证】 …………………… 129

　　第四十六条　【被申请人收集和补充证据限制】 …………… 132

　　第四十七条　【申请人等查阅、复制权利】 ………………… 135

第三节　普通程序 …………………………………………………… 138

　　第四十八条　【被申请人收到复议申请后的答复和举证】 … 138

　　第四十九条　【听取意见程序】 ……………………………… 141

　　第 五十 条　【听证情形和人员组成】 ……………………… 144

　　第五十一条　【听证程序和要求】 …………………………… 147

　　第五十二条　【行政复议委员会组成和职责】 ……………… 151

第四节　简易程序 …………………………………………………… 155

　　第五十三条　【简易程序适用情形】 ………………………… 155

　　第五十四条　【简易程序的答复、举证和审查方式】 ……… 159

　　第五十五条　【简易程序向普通程序转换】 ………………… 162

第五节　行政复议附带审查 ………………………………………… 165

　　第五十六条　【规范性文件审查处理】 ……………………… 165

　　第五十七条　【行政行为依据审查处理】 …………………… 169

　　第五十八条　【附带审查处理程序】 ………………………… 171

　　第五十九条　【附带审查处理结果】 ………………………… 174

　　第 六十 条　【接受转送机关的职责】 ……………………… 177

第五章　行政复议决定 ………………………………………………… 181

本章概述 ……………………………………………………………… 181

　　第六十一条　【行政复议决定程序】 ………………………… 182

　　第六十二条　【行政复议审理期限】 ………………………… 186

　　第六十三条　【变更决定】 …………………………………… 189

　　第六十四条　【撤销或者部分撤销、责令重作】 …………… 195

第六十五条	【确认违法】	199
第六十六条	【责令履行】	204
第六十七条	【确认无效】	210
第六十八条	【维持决定】	214
第六十九条	【驳回行政复议请求】	217
第 七 十 条	【被申请人不提交书面答复等情形的处理】	220
第七十一条	【行政协议案件处理】	223
第七十二条	【行政复议期间赔偿请求的处理】	228
第七十三条	【行政复议调解处理】	230
第七十四条	【行政复议和解处理】	232
第七十五条	【行政复议决定书】	235
第七十六条	【行政复议意见书】	237
第七十七条	【被申请人履行义务】	238
第七十八条	【行政复议决定书、调解书的强制执行】	240
第七十九条	【行政复议决定书公开和文书抄告】	242

第六章 法律责任 245

本章概述 245

第 八 十 条	【行政复议机关不依法履职的法律责任】	246
第八十一条	【行政复议机关工作人员法律责任】	250
第八十二条	【被申请人不书面答复等行为的法律责任】	252
第八十三条	【被申请人不履行有关文书的法律责任】	255
第八十四条	【拒绝、阻挠调查取证等行为的法律责任】	257
第八十五条	【违法事实材料移送】	259
第八十六条	【职务违法犯罪线索移送】	261

第七章 附 则 262

本章概述 262

第八十七条	【受理申请不收费】	263
第八十八条	【期间计算和文书送达】	264
第八十九条	【外国人等法律适用】	267
第 九 十 条	【施行日期】	268

附 录

中华人民共和国行政复议法 ……………………………………… 269
　　（2023 年 9 月 1 日）
关于《中华人民共和国行政复议法（修订草案）》的说明 …………… 288
　　（2022 年 10 月 27 日）
全国人民代表大会宪法和法律委员会关于《中华人民共和国
　　行政复议法（修订草案）》修改情况的汇报 ……………………… 291
　　（2023 年 6 月 26 日）
全国人民代表大会宪法和法律委员会关于《中华人民共和国
　　行政复议法（修订草案）》审议结果的报告 ……………………… 294
　　（2023 年 8 月 28 日）
全国人民代表大会宪法和法律委员会关于《中华人民共和国
　　行政复议法（修订草案三次审议稿）》修改意见的报告 ………… 297
　　（2023 年 8 月 31 日）
行政复议法条文新旧对照表 ……………………………………… 299

第一章 总 则

本章概述

第一章总则系《行政复议法》概括性、原则性条款，共10条，主要规定了立法目的、适用范围、基本原则等内容。

第一条 【立法目的】为了防止和纠正违法的或者不当的行政行为，保护公民、法人和其他组织的合法权益，监督和保障行政机关依法行使职权，发挥行政复议化解行政争议的主渠道作用，推进法治政府建设，根据宪法，制定本法。

【立法背景】

本条规定了《行政复议法》的立法目的，也即立法宗旨。立法目的开宗明义，统领本法全部规范。从另一个角度讲，《行政复议法》立法目的主要规定了行政复议的功能：一是防止和纠正违法的或者不当的行政行为，监督行政机关依法行使职权；二是保护公民、法人和其他组织的合法权益；三是保障行政机关依法行使职权；四是发挥行政复议化解行政争议的主渠道作用；五是推进法治政府建设。

2017年《行政复议法》第1条规定："为了防止和纠正违法的或者不当的具体行政行为，保护公民、法人和其他组织的合法权益，保障和监督行政机关依法行使职权，根据宪法，制定本法。"修订后的《行政复议法》在此基础上，调整了监督功能和保障功能的次序，新增了化解行政争议主渠道的解纷功能和推进法治政府建设的法治功能。

【条文解读与法律适用】

一、关于监督和保障行政机关依法行使职权的问题

（一）监督与保障

行政复议，既是行政系统解决行政争议的重要方式，也是行政系统内部自我纠错的重要监督制度。行政复议的重要功能之一在于监督和保障行政机关依法行使职权。其中，监督是整体性的，即监督的是行政机关是否依法行使职权，而保障则是选择性的，保障的只是行政机关依法行使职权的行为。对于行政机关违法行使职权，保障无从谈起，应当及时依法监督纠错。

无论从表述顺序还是逻辑顺序上看，监督都位于保障之前。因为只有通过监督，才能判断行政机关是否依法行使职权，从而甄别出依法行使职权的行为予以保障。同时，基于行政系统内部上下级领导关系，行政复议也重在上级行政机关对下级行政机关的监督。因此，此次修订后的《行政复议法》将"监督"的位置调整到"保障"之前。但基于行政一体原则，上级行政机关也负有保障下级行政机关执法的职责。这一点则与《行政诉讼法》第1条规定的行政诉讼纯粹属于外部监督，只负有监督职能有所区别。不过应当指出的是，行政机关的行政行为一经作出，即具有法律效力，除非行政相对人作出严重违反法治秩序的行为，否则一般无须上级行政机关去刻意保障。在行政复议中，上级行政机关对下级行政机关的保障是监督型保障。监督是保障的前提与基础，保障是监督的结果。这一点也与新近司法政策对行政诉讼功能的要求——支持型监督与监督型支持相似。

（二）预防与纠错

本条开门见山地指出，本法立法目的在于防止和纠正违法的或者不当的行政行为。关于纠正违法的或者不当的行政行为，《行政复议法》有一系列制度设计，后面会有具体阐释，在此不再赘述。至于防止违法的或者不当的行政行为，与行政诉讼中缺乏预防性诉讼相同，《行政复议法》中也缺乏相应的预防性制度设计。因为行政活动讲求行政效率，高效是依法行政的基本要求，是行政复议工作的基本原则，也是行政复议相对于行政诉讼的制度优势，行政机关只有依法高效作出行政行为，才能有效维护社会公共利益。如果预防性制度设计不当，在实践中遭到滥用，则会打断正常的行政活动进程，影响社会公共利益的实现。行政复议的预防性主要体现在，行政复议制度存在本身，就对行政机关违法或不当作出行政行为构成"威慑"。因为行政复议作为行政系统内部的监督纠错制度，其主要功能之一在于监督行政机关依法行使职权。监督是预防的后盾与支撑。

（三）合法性与合理性

行政复议对行政行为的审查强度要高于行政诉讼。这也是体现行政复议化解行政争议主渠道作用的一项重要内容。行政复议既审查行政行为的合法性，又审查行政行为的合理性；而行政诉讼原则上只审查行政行为的合法性，只有当行政行为明显不当达到违法程度时，才作出否定性判决。

一个合法的行政行为要做到：行政机关具有法定职权；认定事实清楚、

证据确凿；适用法律法规正确；符合法定程序；行政裁量没有明显不当。一个合理的行政行为要做到：遵循公平、公正的原则；平等对待行政管理相对人，不偏私、不歧视；行使自由裁量权符合法律目的，排除不相关因素的干扰；所采取的措施和手段必要、适当；可以采用多种方式实现行政目的的，应尽可能避免采用损害当事人权益的方式，或采用损害最小的方式。[①] 违反合理行政原则的行政行为，虽然不属于行政诉讼受案范围，但属于行政复议受理范围，行政复议机关应当依法予以纠正。

二、关于发挥行政复议化解行政争议的主渠道作用的问题

习近平总书记指出："法治建设既要抓末端、治已病，更要抓前端、治未病。我国国情决定了我们不能成为'诉讼大国'。"[②] 化解行政争议，应当由行政系统负起主体责任，充分发挥行政复议主渠道作用，把行政复议挺在行政诉讼前面。这一方面是上级行政机关具有更强的领导权威，另一方面也是给行政系统内部自我改正的机会。

近年来，随着行政机关依法行政意识、能力不断增强和提升，同时有行政诉讼中"复议维持作共同被告"制度加持，行政复议一改以往"维持会"的面貌，监督纠错力度有所强化，化解行政争议的主渠道作用得到进一步发挥。这就在一定程度上形成良性循环，提高了人民群众对行政复议的首选率，巩固了行政复议化解行政争议主渠道的地位。而要从制度上进一步确立行政复议化解行政争议主渠道地位，就要强化行政复议与行政诉讼的差异性，避免二者同化。目前，主要应当从扩大行政复议受理范围与行政复议前置范围两个方面入手，拓宽引流行政争议的渠道。此次修订后的《行政复议法》也在这两个方面作出了一定程度的努力。

三、关于推进法治政府建设的问题

党的二十大报告明确指出："法治政府建设是全面依法治国的重点任务和主体工程。"行政权力在国家权力中与人民群众的联系最直接、最经常、最密切。习近平总书记指出："行政执法工作面广量大，一头连着政府，一头连着

---

① 关于依法行政的基本要求，在国务院 2004 年 3 月 22 日印发的《全面推进依法行政实施纲要》中有着最全面深入的表述，主要是合法行政、合理行政、程序正当、高效便民、诚实守信、权责统一。

② 习近平：《坚定不移走中国特色社会主义法治道路 为全面建设社会主义现代化国家提供有力法治保障》，载《求是》2021 年第 5 期。

群众，直接关系群众对党和政府的信任、对法治的信心。……近年来，我们整治执法不规范、乱作为等问题，取得很大成效。同时，一些地方运动式、'一刀切'执法问题仍时有发生，执法不作为问题突出。强调严格执法，让违法者敬法畏法，但绝不是暴力执法、过激执法，要让执法既有力度又有温度。""现在，法治政府建设还有一些难啃的硬骨头，依法行政观念不牢固、行政决策合法性审查走形式等问题还没有根本解决。要用法治给行政权力定规矩、划界限，规范行政决策程序，健全政府守信践诺机制，提高依法行政水平。"[1]

　　建设法治政府，要加强外部配套建设，更要强化内部自身建设。只有行政机关自身依法行政意识、能力增强和提升，行政系统内部上级行政机关对下级行政机关监督指导功效加强，法治政府建设才能在强内因的道路上行稳致远。行政复议是行政系统内部自我监督的重要法律制度，对于推进法治政府建设具有不可替代的作用。只有上级行政机关充分发挥行政复议监督职能，切实加大监督纠错的力度与强度，纠正所有违法的或者不当的行政行为，才能真正为法治政府这座高楼大厦添砖加瓦。

（廖希飞　撰写）

---

[1] 习近平：《坚定不移走中国特色社会主义法治道路 为全面建设社会主义现代化国家提供有力法治保障》，载《求是》2021年第5期。

第二条　【适用范围】公民、法人或者其他组织认为行政机关的行政行为侵犯其合法权益，向行政复议机关提出行政复议申请，行政复议机关办理行政复议案件，适用本法。

前款所称行政行为，包括法律、法规、规章授权的组织的行政行为。

【立法背景】

本条规定了《行政复议法》的适用范围。同时，本条也体现出了行政复议属于依申请而非依职权的行政行为。相较于2017年《行政复议法》，修订后的《行政复议法》主要在两个方面作出修改：一是将第1款中的"具体行政行为"改为"行政机关的行政行为"，二是增加第2款，将法律、法规、规章授权的组织的行政行为明确纳入行政行为的范畴。

【条文解读与法律适用】

一、行政复议

行政复议，是指行政相对人认为行政机关作出的行政行为侵犯其合法权益，向行政复议机关提出申请，请求对该行政行为进行审查并予以纠正，行政复议机关据此对该行政行为是否合法、合理进行审查并作出决定的法律制度。行政复议是现代法治社会解决行政争议的重要法律制度，也是行政相对人维护自身合法权益的重要救济渠道。行政复议兼具行政性与司法性，它虽然属于行政系统内部自我监督和纠错的制度，但为确保其公正性，法律对作为裁决者的行政复议机关中立行使复议职权，进行了一系列类似司法审判活动的程序性规制。

行政复议处理的是行政争议，即行政主体在履行行政管理职能过程中，与行政相对人之间发生的纠纷。法律地位平等主体之间的争议不属于行政争议，与履行行政管理职能无关的争议不属于行政争议。至于争议的内容，应当涉及权益的增减或法律关系、事实的确认。与权益的增减或法律关系、事实的确认无关的行政争议，也不属于行政复议处理的行政争议的范畴。

二、行政行为

行政复议审查的对象是行政行为。行政行为是指行政机关及其工作人员或者行政主体委托的组织或个人实施的行使行政职权的行为。行政行为是行政主体作出的行为。行政主体包括行政机关和法律、法规、规章授权履行行政管理或公共服务职能的组织。非行政主体作出的行为，不属于行政行为。行政行为是行政主体履行行政管理职能的行为，是行政权力运行的外化形式。行政主体作出的不属于行使行政职权的其他行为，例如行政机关进行的民事活动，则不属于行政行为。

2017年及以前的《行政复议法》将行政复议审查的对象限定为"具体行政行为"，此次修订与《行政诉讼法》保持一致，采用了"行政行为"的概念。《最高人民法院关于贯彻执行〈中华人民共和国行政诉讼法〉若干问题的意见（试行）》（1991年通过，已失效）曾将"具体行政行为"定义为"国家行政机关和行政机关工作人员、法律法规授权的组织、行政机关委托的组织或者个人在行政管理活动中行使行政职权，针对特定的公民、法人或者其他组织，就特定的具体事项，作出的有关该公民、法人或者其他组织权利义务的单方行为"。行政行为在具体行政行为概念的基础上，纳入了行政协议和部分抽象行政行为、行政事实行为。

具体行政行为属于单方高权行为，不以行政相对人的合意为成立要件。行政协议则系行政主体为实现行政管理或公共服务目标，与行政相对人签订的具有行政法上权利义务内容的协议，属于双方行为，兼具行政性与合意性，但正因其具有行政性而有别于民事合同，获得独立的法律地位。

根据是否具有普遍约束力、能否反复适用，行政行为分为具体行政行为和抽象行政行为。具有普遍约束力、能够反复适用的行政行为属于抽象行政行为，其他的行政行为属于具体行政行为。其实，《行政复议法》早已将部分抽象行政行为，即规章以下的规范性文件，纳入附带审查范围，只是不能对其进行独立审查而已。

根据是否对行政相对人的权利义务产生法律效力，行政行为分为行政法律行为与行政事实行为。行政法律行为是对行政相对人的权利义务产生法律效力的行政行为。行政事实行为是对行政相对人的权利义务不产生法律效力但影响或改变事实状态的行政行为。修订前的《行政复议法》调整范围仅限于行政法律行为,修订后的《行政复议法》则扩大至行政强制执行等行政事实行为。

三、合法权益

合法权益包括权利与合法利益。申请人只能主张合法权益,而不得主张法律所不保护的利益。《行政诉讼法》第25条第1款对"合法权益"作了进一步关联界定,即"与行政行为有利害关系"。为解决行政诉讼立案难问题,充分保障原告诉权,这里采用的"利害关系"标准,既不是司法解释中的"法律上的利害关系",也不是《民事诉讼法》中的"直接利害关系",需要在实践中根据具体情况作出判断,将应当纳入受案范围的行政争议都纳入受案范围。① 只要公民、法人或其他组织对行政行为具有别人所不具有的利害关系,或具有某种特殊利益,就应当认定其与行政行为具有利害关系。②

申请行政复议属于自益性行为。自身合法权益未受到行政行为侵犯,仅为维护公共利益而享受反射利益或维护他人合法权益的人,不具有行政复议申请资格。在申请及受理阶段,只要申请人与行政行为具有利害关系,其合法权益具有受到行政行为侵犯的内在可能性,即可申请行政复议。至于申请人的合法权益是否事实上受到行政行为侵犯,则需要在审查及决定阶段,由行政复议机关进行实体审查后作出判断处理。

(廖希飞 撰写)

---

① 参见信春鹰主编:《中华人民共和国行政诉讼法释义》,法律出版社2014年版,第69—70页。
② 参见江必新:《中国行政诉讼制度之发展:行政诉讼司法解释解读》,金城出版社2001年版,第156—157页。

第三条　【工作原则】 行政复议工作坚持中国共产党的领导。

行政复议机关履行行政复议职责，应当遵循合法、公正、公开、高效、便民、为民的原则，坚持有错必纠，保障法律、法规的正确实施。

【立法背景】

本条规定了行政复议机关履行行政复议职责应当遵循的基本原则。行政复议的基本原则是指符合宪法和法律精神、反映行政复议基本特点、贯穿行政复议全过程的指导行政复议机关履职尽责的基本准则。主要包括：坚持党的领导，合法、公正、公开、高效、便民、为民及有错必纠原则。相较于2017年《行政复议法》，修订后的《行政复议法》作了如下修改：一是增加了行政复议工作坚持党的领导的规定。二是将"及时"修改为"高效"，表述更规范，并增加为民原则。

【条文解读与法律适用】

一、坚持党的领导

党政军民学，东西南北中，党是领导一切的。自党的十八大以来，党的领导不断强化。行政复议工作也应当坚持党的领导。行政复议是党的领导下的行政权监督制约体系的一项重要法律制度。同时，中国特色社会主义制度的最大优势是中国共产党领导。办好中国的事情，关键在党。要开展好行政复议工作，也必须充分发挥党总揽全局、协调各方的作用。截至目前，《立法法》《地方各级人民代表大会和地方各级人民政府组织法》《反垄断法》《体育法》《预备役人员法》《黄河保护法》《职业教育法》《安全生产法》《兵役法》《工会法》《军人地位和权益保障法》《教育法》《军事设施保护法》《乡村振兴促进法》《海警法》《全国人民代表大会组织法》《退役军人保障法》《全国人民代表大会和地方各级人民代表大会选举法》《国家安全法》《各级人民代表大会常务委员会监督法》等20余部法律已将党的领导写入。

二、合法、公正、公开、高效、便民、为民原则

修订后的《行政复议法》规定的行政复议基本原则，可以对应国务院2004年3月22日印发的《全面推进依法行政实施纲要》关于依法行政的基本要求，主要是合法行政、合理行政、程序正当、高效便民、诚实守信、权责统一。

合法原则，对应合法行政原则，是指行政复议机关应当严格遵守法律规定，按照法定的行政复议范围、职权和程序，对行政行为进行审查，并作出行政复议决定。

公正原则，对应合理行政与部分程序正当原则，是指行政复议机关应当遵循公平、公正原则，独立、中立地平等对待申请人和被申请人，遵守回避制度，保障申请人的知情权、参与权与表达权，行使行政复议权应当符合法律目的，排除不相关因素的干扰，坚持有错必纠，依法纠正违法或不当的行政行为，作出的行政复议决定应当符合比例原则。

公开原则，对应部分程序正当原则，是指行政复议工作，除涉及国家秘密和依法受到保护的商业秘密、个人隐私外，应当向行政复议申请人和社会公开。

高效原则与便民原则，对应高效便民原则，是指行政复议机关应当遵守法定时限，积极履行法定职责，提高办事效率，及时审查行政复议案件，作出行政复议决定，并提供优质服务，方便行政复议申请人参与行政复议活动。

为民原则，是新增基本原则，是指行政复议机关应当坚持以人民为中心的思想，站在人民群众的立场上思考问题、开展工作，依法保障人民群众的合法权益。这主要体现在有错必纠上，只要被申请人存在违法或不当的行政行为，就应当依法监督纠错，让被申请人承担应尽的法律责任，实现权力和责任的统一，避免"官官相护"，侵蚀党的执政根基。

（廖希飞　撰写）

第四条　【行政复议机关、机构及其职责】县级以上各级人民政府以及其他依照本法履行行政复议职责的行政机关是行政复议机关。

行政复议机关办理行政复议事项的机构是行政复议机构。行政复议机构同时组织办理行政复议机关的行政应诉事项。

行政复议机关应当加强行政复议工作，支持和保障行政复议机构依法履行职责。上级行政复议机构对下级行政复议机构的行政复议工作进行指导、监督。

国务院行政复议机构可以发布行政复议指导性案例。

【立法背景】

本条规定了行政复议机关、行政复议机构及其职责。在2017年《行政复议法》的基础上，此次修订进一步明确了以下内容：一是涉及行政复议体制改革，行政复议机关包括县级以上各级人民政府和依照本法履行行政复议职责的其他行政机关。二是以国家机构改革为背景，原"行政复议机关负责法制工作的机构"在县级以上各级人民政府中，已经归并到司法行政部门，因此将行政复议机构表述为"行政复议机关办理行政复议事项的机构"。三是增加了关于行政复议机关的支持、保障职责以及上级行政复议机构的指导、监督职责的规定。四是增加规定"国务院行政复议机构可以发布行政复议指导性案例"。

【条文解读与法律适用】

行政复议机关，是指依照《行政复议法》的规定，受理行政相对人提出的行政复议申请，依法对行政行为进行审查并作出决定的行政机关。修订后的《行政复议法》仍然由上级行政机关行使行政复议权，除实行垂直领导的行政机关等外，主要集中统一由县级以上各级人民政府作为行政复议机关。行政复议机构，是指行政复议机关内部具体承办行政复议案件的机构，一般为行政复议机关的内设法制机构。实践中，行政复议机关大部分是各级人民政府，它们的行政复议机构是本级司法行政部门；还有少部分行政复议机关是政府部门，它们的行政复议机构是法制司、法制处、法制科。行政复议机构应当以行政复议机关的名义行使行政复议权，对于本法中明确是行政复议机构职责的，可以以行政复议机构的名义作出通知等行政复议行为。

修订后的《行政复议法》原则性地概括规定了行政复议机关及其行政复议机构的职责，即行政复议机关加强对行政复议机构行政复议工作的支持和保障，行政复议机构办理行政复议事项，同时组织办理行政复议机关的行政应诉事项，上级行政复议机构加强对下级行政复议机构行政复议工作的指导、监督。虽然修订后的《行政复议法》改变了2017年《行政复议法》具体列举行政复议机构职责的做法，但后者第3条第1款第1—7项规定的具体职责仍然归属行政复议机构：（1）受理行政复议申请；（2）向有关组织和人员调查取证，查阅文件和资料；（3）审查申请行政复议的行政行为是否合法与适当，拟订行政复议决定；（4）处理或者转送对有关规定的审查申请；（5）对行政机关违反行政复议法规定的行为依照规定的权限和程序提出处理建议；（6）办理因不服行政复议决定提起行政诉讼的应诉事项；（7）法律、法规规定的其他职责。

（廖希飞　撰写）

第五条　【行政复议调解】 行政复议机关办理行政复议案件，可以进行调解。

调解应当遵循合法、自愿的原则，不得损害国家利益、社会公共利益和他人合法权益，不得违反法律、法规的强制性规定。

【立法背景】

本条规定了调解原则。本条系新增条款，对行政复议工作原则作出了重大调整与突破。此次修订前的《行政复议法》并未规定行政复议调解原则。为发挥行政复议高效便民的制度优势和化解行政争议的主渠道作用，修订后的《行政复议法》规定了行政复议可以调解，并将关于调解的规定放在总则。

【条文解读与法律适用】

关于行政复议能否进行调解，理论与实务的认识发生了重大转变。以往认为，行政机关的行政权力是法律赋予的国家公权，行使行政权力系为维护社会公共利益，不得自行任意处分。行政复议系对行政行为的合法性、合理性进行审查，并作出决定，不得适用调解。但由于在实践中，当事人以案外和解方式解决行政争议的现象较为普遍，如果缺乏法律制度保障，不利于维护当事人的合法权益，不利于实质性化解行政争议。因此，行政复议法律规范逐渐放开调解的适用。

《行政复议条例》（1994年修订，已失效）第8条明确规定："复议机关审理复议案件，不适用调解。"1999年《行政复议法》对行政复议能否调解的问题未作明确规定。《行政复议法实施条例》（2007年）第50条确立了有限调解原则，即属于"公民、法人或者其他组织对行政机关行使法律、法规规定的自由裁量权作出的具体行政行为不服申请行政复议的"以及"当事人之间的行政赔偿或者行政补偿纠纷"情形的，行政复议机关可以按照自愿、合法的原则进行调解。2009年、2017年《行政复议法》修改时未将上述行政法规的规定吸收、上升为法律规定。此次《行政复议法》修订，明确规定行政复议可以进行调解，并且未对调解的适用范围作出限制，即所有行政复议案件原则上均可适用调解。需要注意的是，行政复议"可以"进行调解，这意味着调解只是行政复议机关可以自由裁量选择适用的程序，而并非法定的必经程序。同时，行政复议可以适用调解，但并非所有的行政复议案件都适宜且能够调解。

调解应当遵循合法、自愿原则。合法原则体现在两个方面：一是在实体方面，调解结果与复议决定结果应当是同向的，调解的内容不得违反法律强制性规定，不得损害国家利益、社会公共利益和他人合法权益；二是在程序方面，由行政复议机关主持双方当事人按照法律规定程序进行调解。自愿原则也体现在两个方面：一是在实体方面，调解的内容应当是双方当事人真实的意思表示，申请人自愿处分实体权利，而非因受到欺诈、胁迫所为；二是在程序方面，双方当事人有权协商确定是否调解、何时启动或终止调解以及采用何种调解方式。

需要注意的是，调解并非"和稀泥"，也并非只有达成调解协议、制作调解书一途。对于行政补偿、赔偿及行政自由裁量案件，可以通过达成调解协议、行政复议机关制作调解书的调解方式结案。但对于违法的羁束性行政行为，可以通过被申请人自行纠正违法行为、申请人撤回复议申请或者行政复议机关作出确认原行政行为违法决定的调解方式结案。

(廖希飞 撰写)

第六条　【行政复议人员】国家建立专业化、职业化行政复议人员队伍。

行政复议机构中初次从事行政复议工作的人员，应当通过国家统一法律职业资格考试取得法律职业资格，并参加统一职前培训。

国务院行政复议机构应当会同有关部门制定行政复议人员工作规范，加强对行政复议人员的业务考核和管理。

【立法背景】

本条对行政复议人员队伍的专业化、职业化，初次从业人员的从业资格、培训及业务考核管理等作出了规定。本条除第2款系保留2017年《行政复议法》第3条第2款的内容外，其他两款均系新增条款。

【条文解读与法律适用】

行政复议是专业性很强的一项工作，对专业化、职业化队伍建设要求较高。考虑到历史和现实问题，本条只对初次从业人员提出了从业资格要求，即通过国家统一法律职业资格考试取得法律职业资格。截至目前，《法官法》《检察官法》《行政处罚法》等法律也对初次从业人员规定了从业资格要求。此外，国家有关部门还应当制定行政复议执业规范，从而实现行政复议工作的规范化、标准化。业务考核属于激励约束机制，应当科学设定考核指标及其权重，充分调动行政复议人员的工作积极性，不断提高工作质效。

（廖希飞　撰写）

第七条 【行政复议保障】 行政复议机关应当确保行政复议机构的人员配备与所承担的工作任务相适应，提高行政复议人员专业素质，根据工作需要保障办案场所、装备等设施。县级以上各级人民政府应当将行政复议工作经费列入本级预算。

【立法背景】

本条规定了行政复议工作的配套保障，包括人员配备、办公设施及经费等。本条系新增条款。

【条文解读与法律适用】

为确保行政复议工作有效开展，应当配足配强行政复议人员，防止案多人少矛盾激化局面出现。行政复议人员的数量应当与行政复议案件数量成正比，人员的专业素质也要与行政复议工作相适应。尤其是在行政复议权相对集中统一于县级以上各级人民政府的改革背景下，要注意吸收借鉴其他领域权力相对集中统一行使改革的经验教训，把散布在原各行政复议机关的行政复议人员集中到政府的行政复议机构，防止案件集中而人员不集中导致人案矛盾，同时注重提高行政复议人员专业素质，避免办案质效降低。

此外，应当根据工作任务的调整，相应地进行机构人员编制调整。在当前形势下，尤其要注重盘活存量，尽量少做加法。在行政复议机构增加编制的同时，相应减少原行政复议机关的编制。此外，开展工作离不开办公场所及经费这些最基本的物质保障条件。根据人员的调整增编，应相应扩大行政复议机构的办公场所，配备办公装备，并把工作经费列入本级政府预算，充分保障行政复议机构有效运转。上述这些保障措施都需要组织人事、财政等有关部门配合解决。

（廖希飞　撰写）

第八条　【行政复议信息化建设】行政复议机关应当加强信息化建设，运用现代信息技术，方便公民、法人或者其他组织申请、参加行政复议，提高工作质量和效率。

【立法背景】

本条规定了行政复议信息化建设，系新增条款。

【条文解读与法律适用】

要推进国家治理体系和治理能力现代化，一方面要实现国家治理的法治化，这是现代政治文明发展的必然要求；另一方面要实现国家治理的信息化，这也是现代社会发展的必然要求。2022年6月，国务院印发《关于加强数字政府建设的指导意见》，指出："加强数字政府建设是适应新一轮科技革命和产业变革趋势、引领驱动数字经济发展和数字社会建设、营造良好数字生态、加快数字化发展的必然要求，是建设网络强国、数字中国的基础性和先导性工程，是创新政府治理理念和方式、形成数字治理新格局、推进国家治理体系和治理能力现代化的重要举措，对加快转变政府职能，建设法治政府、廉洁政府和服务型政府意义重大。"2023年2月，中共中央、国务院印发《数字中国建设整体布局规划》，提出要发展高效协同的数字政务，提升数字化服务水平，加快推进"一件事一次办"，推进线上线下融合，到2025年实现政务数字化智能化水平明显提升。截至目前，《人民法院组织法》《人民检察院组织法》《海警法》等法律也作出了在工作中加强信息化建设的有关规定。

推动现代信息技术在行政复议工作中的深度应用，是贯彻高效便民原则，提升行政复议工作质效，推进行政复议工作现代化的必然要求。一方面，通过信息技术，方便人民群众申请行政复议、参与行政复议程序，提高行政复议机关工作效率。另一方面，通过信息技术，以技术理性排除非理性因素干扰。要注重推进大数据、人工智能等信息科学技术在行政复议工作中深度运用，实现类案推送、大数据分析，自动生成类案处理情况分析报告，同时推送行政复议人员和当事人，为行政复议人员、申请人、被申请人处理案件提供参考，走出一条理性、中性的办案路径，用技术理性破除非理性干扰，形成正确的规则指引和倒逼效应。

（廖希飞　撰写）

第九条　【表彰和奖励】 对在行政复议工作中做出显著成绩的单位和个人，按照国家有关规定给予表彰和奖励。

【立法背景】

本条规定了行政复议的表彰奖励制度，系新增条款。

【条文解读与法律适用】

任何一项工作，只有赏罚分明，奖优罚劣，奖勤罚懒，才能调动相关人员的工作积极性，推动工作质效提升、向前发展。对于工作优异、取得显著成绩的，应当按照国家有关规定，及时表彰奖励，促进创先争优工作氛围和良性竞争态势形成。截至目前，《妇女权益保障法》《未成年人保护法》《残疾人保障法》《国防法》《国家安全法》《对外关系法》《反间谍法》《预备役人员法》《军事设施保护法》《人民警察法》《人民武装警察法》《海警法》《禁毒法》《消防法》《防震减灾法》《水污染防治法》《传染病防治法》《防沙治沙法》等法律中规定了对相关人员的表彰奖励制度。

（廖希飞　撰写）

第十条　【行政复议与诉讼衔接】公民、法人或者其他组织对行政复议决定不服的，可以依照《中华人民共和国行政诉讼法》的规定向人民法院提起行政诉讼，但是法律规定行政复议决定为最终裁决的除外。

【立法背景】

本条规定了当事人对行政复议决定不服的救济途径，即向法院提起行政诉讼，这也即行政复议与行政诉讼的衔接问题，也体现了一级复议原则。本条未对2017年《行政复议法》作实质性修改，只是将"行政诉讼法"用规范全称表述为"《中华人民共和国行政诉讼法》"。

【条文解读与法律适用】

当事人对行政行为不服，主要的法定救济途径有二：行政复议、行政诉讼。当事人对行政行为不服，可以直接申请行政复议，除了法律规定实行行政复议前置的案件外，也可以直接提起行政诉讼。当事人申请行政复议，行政复议机关已经依法受理的，在法定复议期限内不得再向法院提起行政诉讼。对于法律规定实行行政复议前置的案件，申请人只能先向行政复议机关申请行政复议，而不得直接向法院提起行政诉讼；行政复议机关决定不予受理或者逾期未作答复的，当事人可以在法定期限内，依法向法院提起行政诉讼。对于法律没有规定实行行政复议前置的案件，当事人向法院提起行政诉讼，法院已经依法受理的，不得再向行政复议机关申请行政复议。

当事人选择行政复议后，对行政复议决定不服的，可以向法院提起行政诉讼，而且只能提起行政诉讼，不能再向行政复议机关的上级行政机关申请行政复议。其主要理由在于：行政复议作为一项法律救济制度，其相对于行政诉讼的主要优势在于效率，即高效解决行政争议。考虑到行政效率问题，行政复议实行一级复议原则，即行政相对人不服行政行为的，只能提出一次行政复议申请，行政复议机关作出行政复议决定后，行政相对人不能针对原行政行为再次提出行政复议申请或者针对行政复议决定提出行政复议申请。如果允许多次、多级复议，那么行政复议高效的制度优势将不复存在，也有损这项制度的权威性。然而，行政复议作为行政系统内部的自我监督制度，其自我监督的实效有待法律检验。行政复议决定也属于行政行为，其本身是否合法，也有待司法部门作出评判。从监督行政权行使的角度，应当为行政复议设立外部监督机制，为当事人提供相应的司法救济途径。

同时，本条规定，法律规定行政复议决定为最终裁决的，不得针对该复议决定提起行政诉讼。在这里，最终裁决是指终局行政裁决，是行政机关依照法律规定，拥有最终的行政裁决权，其作出的行政复议决定具有终局性，不受司法审查，不属于行政诉讼受案范围。其主要特点表现在：一是最终裁决具有终局性。一经作出，具有最终的法律效力。二是最终裁决不具有可诉性。其不属于行政诉讼受案范围，当事人不能对其提起行政诉讼，法院不能对其进行司法审查。如果当事人不履行最终裁决，行政机关可以依法强制执行，不具有行政强制执行权的，可以申请法院强制执行。三是最终裁决具有法定性。终局裁决必须由法律设定，这里说的法律是狭义的法律，即全国人大及其常委会制定的法律，不包括法规、规章等。

本法第26条明确规定了国务院对省级政府、国务院部门的行政复议决定作出的裁决为最终裁决，不属于行政诉讼受案范围。目前，法律设定的最终裁决除了国务院的复议裁决外，范围主要限定于涉及国家安全等极少数领域的行政裁决，主要有：《反外国制裁法》第7条规定的国务院有关部门依据该法第4条至第6条规定作出的决定；《数据安全法》第24条规定的数据安全审查决定；《审计法》第53条规定的本级人民政府对审计机关的审计决定作出的裁决；《反间谍法》第66条规定的国务院国家安全主管部门驱逐违法境外人员出境的处罚决定；《外商投资法》第35条规定的外商投资安全审查决定；《反恐怖主义法》第15条规定的国家反恐怖主义工作领导机构对恐怖活动组织和人员的认定作出的复核决定；《出境入境管理法》第36条规定的公安机关出入境管理机构作出的不予办理普通签证延期、换发、补发，不予办理外国人停留居留证件、不予延长居留期限的决定；等等。

（廖希飞　撰写）

第二章　行政复议申请

本章概述

第二章共四节19条，主要规定了行政复议的范围、行政复议参加人、行政复议申请的提出以及行政复议管辖等。

第一节　行政复议范围

第十一条　【行政复议范围】有下列情形之一的，公民、法人或者其他组织可以依照本法申请行政复议：

（一）对行政机关作出的行政处罚决定不服；

（二）对行政机关作出的行政强制措施、行政强制执行决定不服；

（三）申请行政许可，行政机关拒绝或者在法定期限内不予答复，或者对行政机关作出的有关行政许可的其他决定不服；

（四）对行政机关作出的确认自然资源的所有权或者使用权的决定不服；

（五）对行政机关作出的征收征用决定及其补偿决定不服；

（六）对行政机关作出的赔偿决定或者不予赔偿决定不服；

（七）对行政机关作出的不予受理工伤认定申请的决定或者工伤认定结论不服；

（八）认为行政机关侵犯其经营自主权或者农村土地承包经营权、农村土地经营权；

（九）认为行政机关滥用行政权力排除或者限制竞争；

（十）认为行政机关违法集资、摊派费用或者违法要求履行其他义务；

（十一）申请行政机关履行保护人身权利、财产权利、受教育权利等合法权益的法定职责，行政机关拒绝履行、未依法履行或者不予答复；

（十二）申请行政机关依法给付抚恤金、社会保险待遇或者最低生活保障等社会保障，行政机关没有依法给付；

（十三）认为行政机关不依法订立、不依法履行、未按照约定履行或者违法变更、解除政府特许经营协议、土地房屋征收补偿协议等行政协议；

（十四）认为行政机关在政府信息公开工作中侵犯其合法权益；

（十五）认为行政机关的其他行政行为侵犯其合法权益。

【立法背景】

本条是原法第6条的修改和完善，也借鉴了《行政诉讼法》第12条第1款关于受案范围的规定。为充分发挥行政复议化解行政争议的主渠道作用，有必要强化行政复议吸纳行政争议的能力，为此要进一步扩大行政复议范围。《行政复议法》本次修订和增加了以下主要内容：一是参考《行政诉讼法》第12条第1款第11项"认为行政机关不依法履行、未按照约定履行或者违法变更、解除政府特许经营协议、土地房屋征收补偿协议等协议的"，将条款修改为"认为行政机关不依法订立、不依法履行、未按照约定履行或者违法变更、解除政府特许经营协议、土地房屋征收补偿协议等行政协议"，以增加行政协议受案范围，更为科学准确；二是增加了"认为行政机关在政府信息公开工作中侵犯其合法权益"的规定；三是增加了"对行政机关作出的赔偿决定或者不予赔偿决定不服"的规定；四是增加了"对行政机关作出的不予受理工伤认定申请的决定或者工伤认定结论不服"的规定。

所谓行政复议范围，也即行政相对人申请行政复议的范围，是指公民、法人或者其他组织认为行政机关或者法律、法规、规章授权的组织作出的行政行为侵犯其合法权益，向行政复议机关提出申请，请求行政复议机关重新审查行政行为的范围。行政复议范围，既关系到行政复议机关重新审查行政行为的范围，更关系到行政相对人行使行政复议申请权的范围，直接关系到公民、法人或者其他组织对哪些行政行为可以提出行政复议申请，对哪些行政行为不可以提出行政复议申请，所以是行政复议法律制度的基础性、前提性问题。本次《行政复议法》修订既明确了行政相对人可以申请行政复议的行政行为的范围，还在原法的基础上借鉴《行政诉讼法》相关规定，对不能申请行政复议的事项进一步作出规定。

【条文解读与法律适用】

《行政复议法》第 2 条规定："公民、法人或者其他组织认为行政机关的行政行为侵犯其合法权益，向行政复议机关提出行政复议申请，行政复议机关办理行政复议案件，适用本法。"根据这一规定，行政相对人可以申请行政复议的行政行为，是指侵犯其合法权益的"行政行为"。本条对原法第 6 条作了修改，行政复议范围从原法列举的 11 项增加到 15 项。根据本条的规定，公民、法人或者其他组织可以对下列行政行为提出行政复议申请。

一、行政处罚决定

行政处罚是指行政机关依法对违反行政管理秩序的公民、法人或者其他组织，以减损权益或者增加义务的方式予以惩戒的行为。《行政处罚法》对行政处罚的种类和程序作了规定，相关法律、行政法规和规章对行政处罚有实体规定。本项没有列举处罚种类，具体的可以依据《行政处罚法》的相关规定，其他法律、法规也可以规定新的处罚种类。当事人认为行政机关违反行政处罚的实体和程序规定，都可以向行政复议机关提出行政复议申请。需要注意的是，《行政处罚法》规定，行政机关实施行政处罚时，应当责令当事人改正或者限期改正违法行为，其他法律、法规也有许多责令改正的规定，对责令改正是否可以申请行政复议或者提起行政诉讼，《行政处罚法》没有明确规定，但从法理上说，行政机关违法责令相对人改正，可能侵犯行政相对人的合法权益，应当可以申请行政复议或者提起行政诉讼。因此，无论责令改正是与其他处罚同时适用，还是单独适用，当事人对责令改正不服的，可以申请行政复议或者提起行政诉讼。

二、行政强制措施和行政强制执行决定

行政强制措施是指行政机关在行政管理过程中，为制止违法行为、防止证据损毁、避免危害发生、控制危险扩大等，依法对公民的人身自由实施暂时性限制，或者对公民、法人或者其他组织的财物实施暂时性控制的行为。行政强制执行是指行政机关或者行政机关申请人民法院，对不履行行政决定

的公民、法人或者其他组织，依法强制其履行义务的行为。《行政强制法》对行政强制措施的种类、行政强制执行的方式以及实施程序作了规定。其他相关法律、法规对行政强制措施、行政强制执行有实体规定。认为行政机关违反有关行政强制的程序和实体规定，可以申请行政复议或者向人民法院起诉。

三、行政许可决定

行政许可是指行政机关根据公民、法人或者其他组织的申请，经依法审查，准予其从事特定活动的行为。《行政许可法》对行政许可的实施程序作了规定，相关法律、法规和省级人民政府规章对行政许可有实体规定。公民、法人或者其他组织申请行政许可，行政机关拒绝或者在法定期限内不予答复，或者对行政机关作出的准予、变更、延续、撤销、撤回、注销行政许可等决定不服的，可以申请行政复议或者向人民法院提起诉讼。本项所称法定期限，是指《行政许可法》第42条、第43条、第44条规定的期限。

四、行政机关作出的确认自然资源的所有权或者使用权的决定

根据《土地管理法》《矿产资源法》等法律的规定，国家对土地、矿藏、水流、森林、山岭、草原、荒地、滩涂、海域等自然资源的所有权或者使用权予以确认和核发相关证书。这里的确认，既包括颁发确认所有权或者使用权证书，也包括所有权或者使用权发生争议时，由行政机关作出裁决。对行政机关确认自然资源的所有权或者使用权的决定不服的，可以申请行政复议或者向人民法院提起诉讼。需要注意，根据本法的规定，公民、法人或者其他组织认为行政机关侵犯其已经依法取得的土地、矿藏、水流、森林、山岭、草原、荒地、滩涂、海域等自然资源的所有权或者使用权的，应当先申请行政复议；对行政复议决定不服的，可以向人民法院提起诉讼。此外，原法第30条第2款规定，根据国务院或者省、自治区、直辖市人民政府对行政区划的勘定、调整或者征收土地的决定，省、自治区、直辖市人民政府确认土地、矿藏、水流、森林、山岭、草原、荒地、滩涂、海域等自然资源的所有权或者使用权的行政复议决定为最终裁决。本次修改已经将其删去，上述规定情形依法可以向人民法院起诉。

五、征收征用决定及其补偿决定

本项所称征收，学理上称为行政征收，是指行政机关为了公共利益的需要，依法将公民、法人或者其他组织的财物收归国有的行政行为。如为了公

共设施、基础设施建设需要，人民政府征收农村集体土地和城乡居民房屋。根据法律规定，无论是征收还是征用，都应当依法给予权利人相应的补偿。公民、法人和其他组织对征收、征用决定不服，或者对补偿决定不服的，可以申请行政复议或者向人民法院提起诉讼。需要注意，一般意义上的征收，还应当包括征税和行政收费，但本项所规定的征收不包括征税和行政收费，对于征税和行政收费引起的争议，行政相对人也可以依法申请行政复议或者向人民法院提起诉讼。

六、行政机关作出的赔偿决定或者不予赔偿决定

本项是新增内容。赔偿义务机关受理赔偿申请后，可能出现三种处理结果：一是决定赔偿，二是决定不予赔偿，三是没有作出是否赔偿的决定。根据《国家赔偿法》的规定，在上述三种情形下，赔偿申请人均可以向人民法院提起诉讼。此外，《最高人民法院关于审理行政赔偿案件若干问题的规定》第3条规定，赔偿请求人不服赔偿义务机关下列行为的，可以依法提起行政赔偿诉讼：（1）确定赔偿方式、项目、数额的行政赔偿决定；（2）不予赔偿决定；（3）逾期不作出赔偿决定；（4）其他有关行政赔偿的行为。本次修改将"对行政机关作出的赔偿决定或者不予赔偿决定不服"纳入行政复议范围是对上述法律和司法解释的总结与明确。

七、不予受理工伤认定申请的决定或者工伤认定结论

本项是新增内容。《工伤认定办法》第7条规定："工伤认定申请人提交的申请材料符合要求，属于社会保险行政部门管辖范围且在受理时限内的，社会保险行政部门应当受理。"第8条规定："社会保险行政部门收到工伤认定申请后，应当在15日内对申请人提交的材料进行审核，材料完整的，作出受理或者不予受理的决定；材料不完整的，应当以书面形式一次性告知申请人需要补正的全部材料。社会保险行政部门收到申请人提交的全部补正材料后，应当在15日内作出受理或者不予受理的决定。社会保险行政部门决定受理的，应当出具《工伤认定申请受理决定书》；决定不予受理的，应当出具《工伤认定申请不予受理决定书》。"第18条规定："社会保险行政部门应当自受理工伤认定申请之日起60日内作出工伤认定决定，出具《认定工伤决定书》或者《不予认定工伤决定书》。"第21条规定："社会保险行政部门对于事实清楚、权利义务明确的工伤认定申请，应当自受理工伤认定申请之日起

15日内作出工伤认定决定。"上述是有关工伤认定申请的规定，如果最终的决定侵犯当事人的合法权益，其依法可以申请行政复议或者向人民法院提起诉讼。

八、侵犯经营自主权或者农村土地承包经营权、农村土地经营权

经营自主权是企业、个体经营者等依法享有的调配使用自己的人力、物力、财力，自主组织生产经营活动的权利。我国已确立了市场经济体制，各类市场主体享有广泛的经营自主权，除法律、法规对投资领域、商品价格等事项有明确限制外，行政机关不得干预，如果干预，市场主体可以申请行政复议或者向人民法院提起诉讼。需要注意，对国有企业而言，其生产经营受到履行出资人职责的国有资产监督管理机构的管理，但这种管理是从股东角度进行的，不属于行政管理，因此，不能申请行政复议或者提起行政诉讼。

农村土地承包经营权是农村集体经济组织的成员或者其他承包经营人依法对其承包的土地享有的自主经营、流转、收益的权利。农村土地承包经营一般采取承包合同的方式约定双方的权利义务，作为发包方的农村集体经济组织与作为承包方的农户或者其他经营人之间发生的纠纷，是民事争议，可以申请仲裁或者提起民事诉讼。如果乡镇政府或者县级以上地方政府农村部门等干涉农村土地承包，变更、解除承包合同，或者强迫、阻碍承包方进行土地承包经营权流转，当事人可以申请行政复议或者提起行政诉讼。

九、行政机关滥用行政权力排除或者限制竞争

本项规定是本次修订增加的内容。公平竞争权是市场主体依法享有的在公平环境中竞争，以实现其经济利益的权利。我国《反垄断法》对滥用行政权力排除、限制竞争的行为作了规定，如规定行政机关和法律、法规授权的具有管理公共事务职能的组织不得滥用行政权力，限定或者变相限定单位或者个人经营、购买、使用其指定的经营者提供的商品；不得滥用行政权力，妨碍商品在地区之间的自由流通；不得滥用行政权力，以设定歧视性资质要求、评审标准或者不依法发布信息等方式，排斥或者限制经营者参加招标投标以及其他经营活动；不得滥用行政权力，采取与本地经营者不平等待遇等方式，排斥、限制、强制或者变相强制外地经营者在本地投资或者设立分支机构；不得滥用行政权力，强制或者变相强制经营者从事本法规定的垄断行为。行政机关违反上述规定的，经营者可以申请行政复议或者向人民法院提起诉讼。

十、行政机关违法要求履行义务

行政机关向企业、个人乱集资、乱摊派、乱收费被称为"三乱"。"三乱"干扰了国家正常的财政税收制度，加重了企业和群众负担，损害了政府形象，败坏了社会风气。"三乱"问题曾经非常严重，随着我国法治的健全和行政机关依法行政意识的提高，"三乱"问题得到了有效遏制，但仍未完全绝迹。因此，需要通过行政复议或者行政诉讼途径保护行政相对人的合法权益。按照依法行政的原则，行政机关要求公民、法人或者其他组织履行义务，必须有法律、法规的依据，没有法定依据的，行政相对人可以拒绝或者申请行政复议或向人民法院提起诉讼。

十一、不履行法定职责

人身权、财产权是公民的基本权利，我国法律、法规将保护公民的人身权、财产权以及其他一些基本权利明确为行政机关的法定职责，公民的人身权、财产权等合法权益受到侵害时，如果行政机关不依法履行保护职责，则属于行政不作为，公民就可以申请行政复议或者向人民法院提起诉讼，要求行政机关履行职责。本项中的合法权益，主要是人身权、财产权，但不限于这两项权利，只要属于法律、法规明确规定行政机关应当积极作为去保护的权利，行政机关不作为的，公民、法人或者其他组织都可以申请行政复议或者提起诉讼。

十二、行政机关没有依法给付抚恤金、社会保险待遇或者最低生活保障等社会保障

抚恤金是公民因公、因病致残或者死亡后，由民政部门发给其本人或者亲属的生活费用。主要包括因公死亡人员遗属的死亡抚恤金和因公致伤、致残者本人的伤残抚恤金。公民认为符合条件应当发给抚恤金，行政机关没有发给的，可以申请行政复议或者提起行政诉讼。

最低生活保障是指国家对共同生活的家庭成员人均收入低于当地最低生活保障标准的家庭给予社会救助，以满足低收入家庭维持基本的生活需要。最低生活保障待遇主要是按照家庭成员人均收入低于当地最低生活保障标准的差额，按月发给的最低生活保障金。行政机关没有支付最低生活保障待遇的，当事人可以申请行政复议或者向人民法院起诉。

社会保险是指公民在年老、疾病、工伤、失业、生育等情况下，由国家和社会提供的物质帮助。根据《社会保险法》的规定，我国的社会保险包括基本养老保险、基本医疗保障、工伤保险、失业保险和生育保险。社会保险经办机构不支付社会保险待遇的，当事人可以向人民法院提起诉讼。除此之外，按照《社会保险法》的规定，用人单位或者个人对社会保险经办机构不依法办理社会保险登记、核定社会保险费、支付社会保险待遇、办理社会保险转移接续手续或者侵害其他社会保险权益的行为，可以依法申请行政复议或者向人民法院起诉。

十三、行政机关不依法订立、不依法履行、未按照约定履行或者违法变更、解除政府特许经营协议、土地房屋征收补偿协议等行政协议

本项是新增内容。政府特许经营协议、土地房屋征收补偿协议等行政协议是公共管理和公共服务的一种方式，行政机关签订协议有行使公权力属性，实践中存在行政机关违约的情况，按照行政案件受理，有利于法院监督，保护作为协议一方的行政相对人的合法权益。2014年《行政诉讼法》修改将关于这类协议的争议纳入行政诉讼解决。本次《行政复议法》修改借鉴了《行政诉讼法》的规定，并增加了"行政机关不依法订立"行政协议情形，以增加行政协议受案范围，更为科学、准确。

十四、行政机关在政府信息公开工作中侵犯其合法权益

本项是新增内容。《政府信息公开条例》第2条规定，本条例所称政府信息，是指行政机关在履行行政管理职能过程中制作或者获取的，以一定形式记录、保存的信息。第51条规定，公民、法人或者其他组织认为行政机关在政府信息公开工作中侵犯其合法权益的，可以向上一级行政机关或者政府信息公开工作主管部门投诉、举报，也可以依法申请行政复议或者提起行政诉讼。一般来说，行政机关在政府信息公开工作中可能存在拒绝提供政府信息、逾期不答复政府信息、不按要求的内容或法定适当形式提供政府信息、不更正不准确的政府信息记录等侵犯公民、法人或者其他组织合法权益的情况，将不服上述行政行为直接纳入行政复议范围，有明确的法律依据。在本条中"认为侵犯其合法权益"并非仅指"人身权、财产权受到损害"。

十五、行政机关的其他行政行为侵犯其合法权益

本项是兜底规定。所谓"其他行政行为"，是指本条第1项至第14项规定以外的，其他可能侵犯公民、法人或者其他组织合法权益的行政行为。这是一项兜底性规定，其目的是更好地保护公民、法人或者其他组织的合法权益。至于如何理解和把握"其他行政行为"，需要结合实际情况进行具体分析，作出判断。

（杨科雄　撰写）

第十二条　【不属于行政复议范围的事项】 下列事项不属于行政复议范围：

（一）国防、外交等国家行为；

（二）行政法规、规章或者行政机关制定、发布的具有普遍约束力的决定、命令等规范性文件；

（三）行政机关对行政机关工作人员的奖惩、任免等决定；

（四）行政机关对民事纠纷作出的调解。

【立法背景】

本条是对原法第 8 条规定的修改和完善。原法第 8 条规定，不服行政机关作出的行政处分或者其他人事处理决定的，依照有关法律、行政法规的规定提出申诉。不服行政机关对民事纠纷作出的调解或者其他处理，依法申请仲裁或者向人民法院提起诉讼。本次修改借鉴了《行政诉讼法》第 13 条的规定，一是明确国防、外交等国家行为和行政法规、规章或者行政机关制定、发布的具有普遍约束力的决定、命令不属于行政复议范围；二是将原法第 8 条第 1 款"不服行政机关作出的行政处分或者其他人事处理决定的，依照有关法律、行政法规的规定提出申诉"修改为"行政机关对行政机关工作人员的奖惩、任免等决定"，从而缩小了不属于行政复议范围的情形；三是将原法第 8 条第 2 款"不服行政机关对民事纠纷作出的调解或者其他处理，依法申请仲裁或者向人民法院提起诉讼"修改为"行政机关对民事纠纷作出的调解"，使得规定更准确。

【条文解读与法律适用】

行政复议作为法律救济的一种手段，属于行政系统内部的一种自我纠错机制，在解决行政争议的范围上，本身也存在一定的局限性。该局限性体现在行政复议范围上，即不是所有的行政行为都可以提出行政复议申请，行政复议机关也不可能受理所有的行政争议，即不可能对所有的行政行为进行审查。

根据本法规定，下列事项不属于行政复议范围。

一、国防、外交等国家行为

国家行为是基于国家主权并且以国家名义实施的行为。国家行为带有高度的政治性，不同于一般的行政行为，不适宜通过复议或者诉讼来监督。根据《最高人民法院关于适用〈中华人民共和国行政诉讼法〉的解释》，国家行为是指国务院、中央军事委员会、国防部、外交部等根据宪法和法律的授权，以国家的名义实施的有关国防和外交事务的行为，以及经宪法和法律授权的国家机关宣布紧急状态等行为。国防行为是指国家为了防备和抵抗侵略，制止武装颠覆，保卫国家的主权、领土完整和安全所进行的军事活动。如宣战、发布动员令、戒严令、军事演习、设立军事禁区等。外交行为是指国家之间或者国家与国际组织之间的交往行为。如对外国国家和政府的承认、建交、断交，缔结条约、公约和协定等。上述行为，在我国主要是由全国人大及其常委会决定，国务院作为执行机关，在行使国防、外交方面的职权时，只能由全国人大及其常委会监督，复议或者诉讼没有监督权。

二、行政法规、规章或者行政机关制定、发布的具有普遍约束力的决定、命令等规范性文件

制定行政法规、规章是立法行为，按照《宪法》《立法法》的规定，由全国人大及其常委会和地方同级人大及其常委会或者国务院监督，不通过复议或者诉讼监督。因此，不能对行政法规、规章申请行政复议或者提起行政诉讼。

行政机关制定、发布的具有普遍约束力的决定、命令，即学理上所称的"抽象行政行为"，本法称为"规范性文件"。上述决定、命令在实践中大量存在，在行政管理中发挥了重要作用，但有些存在违法的问题，侵犯了公民、法人或者其他组织的合法权益，后果比具体行政行为更严重。因此，有的建议将这类决定、命令纳入行政复议范围，赋予复议机关监督权。但是，我国《宪法》和《地方各级人民代表大会和地方各级人民政府组织法》对上述决定、命令的监督权作了规定。如《宪法》规定，国务院有权改变或者撤销各部、各委员会发布的不适当的命令、指示和规章，改变或者撤销地方各级国家行政机关的不适当的决定和命令。《地方各级人民代表大会和地方各级人民

政府组织法》规定，县级以上的地方各级人大及其常委会有权撤销本级人民政府不适当的决定和命令；县级以上的地方各级人民政府有权改变或者撤销所属各工作部门的不适当的命令、指示和下级人民政府的不适当的决定、命令。根据上述规定，行政机关制定的规范性文件违法的，撤销权不在复议机关或者法院。因此，也就不能对这些规范性文件申请行政复议或者提起行政诉讼。为了解决规范性文件违法的问题，又不与《宪法》《地方各级人民代表大会和地方各级人民政府组织法》的规定相冲突，《行政诉讼法》和《行政复议法》明确规定人民法院和复议机关可以对规范性文件进行附带性审查，并根据不同情况作出相应处理。

三、行政机关对行政机关工作人员的奖惩、任免等决定

本项借鉴《行政诉讼法》有关规定，系对原法第8条第1款"不服行政机关作出的行政处分或者其他人事处理决定的，依照有关法律、行政法规的规定提出申诉"进行的修改。所谓"行政处分"，是指对国家工作人员及由国家机关委派到企事业单位任职的人员的违法违纪行为，由其所在单位或者上级主管机关给予的一种制裁性处理。按照《公务员法》的规定，行政处分有6种：（1）警告；（2）记过；（3）记大过；（4）降级；（5）撤职；（6）开除。所谓"其他人事决定"，是指除行政处分外，国家机关在内部人事管理活动中，对国家工作人员及由国家机关委派到企事业单位任职的人员作出的具体人事处理决定，如定级、考核等次、奖励、降职、回避、晋级、辞退以及退休等涉及个人权益的决定。不服行政机关作出的行政处分或者其他人事处理决定的，依照有关法律、行政法规的规定可以提出申诉。

行政处分以及其他人事处理决定，属于国家机关的内部行政管理行为，而行政复议的目的是解决行政机关在行使行政权的过程中与行政相对人之间产生的行政争议，是解决行政机关外部行政行为争议的一项法律制度。外部行政行为引起的争议与内部行政管理行为引起的争议，在性质、内容等方面都有很大的差别，在处理机关、程序和后果等方面都不一样，所以应当适用不同的法律。

内部行政管理行为不仅包括行政处分以及其他人事处理决定，本次修改借鉴了《行政诉讼法》规定，将表述修改为"行政机关对行政机关工作人员的奖惩、任免"。行政机关对行政机关工作人员的奖惩、任免，属于行政机关

内部的人事管理行为，学理上称为"内部行政行为"，不同于针对行政相对人的外部行政行为，不能申请行政复议或者提起行政诉讼。有些公务员是由选举产生的，任免是政治行为，也不能申请行政复议或者提起行政诉讼。针对公务员的权利救济，《公务员法》规定，公务员对处分，辞退或者取消录用，降职，免职，定期考核定为不称职，申请辞职或者提前退休未予批准，未按规定确定或者扣减工资、福利、保险待遇等不服的，可以向原处理机关申请复核；对复核结果不服的，可以向同级公务员主管部门或者作出该人事处理的机关的上一级机关提出申诉；也可以不经复核，直接提出申诉。对省级以下机关作出的申诉处理决定不服的，可以向作出处理决定的上一级机关提出再申诉。

四、行政机关对民事纠纷作出的调解

所谓"民事纠纷"，是指作为平等主体的公民、法人或者其他组织之间发生的有关民事权利与民事义务的争议。对于民事纠纷，一般认为，应当由仲裁机构或者人民法院依法进行处理。在现实生活中，由于民事纠纷量大面广，若要完全通过仲裁或者诉讼渠道解决，一方面会给仲裁机构或者人民法院带来巨大的办案压力；另一方面也存在程序严格、耗费时间、交纳费用等问题，不少群众并不愿意通过仲裁或者诉讼途径解决纠纷。因此，为了及时解决民事争议、平息社会矛盾和维护社会稳定，许多法律、行政法规规定，行政机关可以对民事纠纷进行调解或者处理。如《农村土地承包经营纠纷调解仲裁法》中规定，发生农村土地承包经营纠纷的，当事人可以请求村民委员会、乡（镇）人民政府等调解。又如《治安管理处罚法》规定，对于因民间纠纷引起的打架斗殴或者损毁他人财物等违反治安管理行为，情节较轻的，公安机关可以调解处理。因此，由行政机关对民事纠纷进行调解或者处理，是解决民事纠纷的方式之一。这种解决民事纠纷的方式，具有及时高效、方便群众、节省费用等特点，很受基层群众特别是广大农村居民的信任和欢迎，对于及时解决民事争议、化解社会矛盾具有重要的作用。

由于民事纠纷毕竟是作为平等主体的公民、法人或者其他组织之间发生的争议，所以行政机关进行调解或者处理，通常是以第三者居中的身份进行的，其调解或者处理民事纠纷的行为，并不是严格意义上的行政行为，即不属于具体行政行为。《最高人民法院关于适用〈中华人民共和国行政诉讼法〉

的解释》第 1 条第 2 款规定，公民、法人或者其他组织对"调解行为"不服提起诉讼的，不属于人民法院行政诉讼的受案范围。原法第 8 条第 2 款规定，"不服行政机关对民事纠纷作出的调解或者其他处理，依法申请仲裁或者向人民法院提起诉讼"。值得注意的是，本次修改删去了对民事纠纷作出的其他处理的表述，其主要原因是对民事纠纷作出的调解，生效的是当事人达成的协议而不是调解行为本身，对民事纠纷作出的其他处理除仲裁外如裁决依法可以申请行政复议。原法的规定既不准确也容易产生误解，有必要删去。

（杨科雄　撰写）

第十三条　【行政复议附带审查申请范围】 公民、法人或者其他组织认为行政机关的行政行为所依据的下列规范性文件不合法，在对行政行为申请行政复议时，可以一并向行政复议机关提出对该规范性文件的附带审查申请：

（一）国务院部门的规范性文件；

（二）县级以上地方各级人民政府及其工作部门的规范性文件；

（三）乡、镇人民政府的规范性文件；

（四）法律、法规、规章授权的组织的规范性文件。

前款所列规范性文件不含规章。规章的审查依照法律、行政法规办理。

【立法背景】

本条是对原法第7条规定的修改和完善。原法第7条规定："公民、法人或者其他组织认为行政机关的具体行政行为所依据的下列规定不合法，在对具体行政行为申请行政复议时，可以一并向行政复议机关提出对该规定的审查申请：（一）国务院部门的规定；（二）县级以上地方各级人民政府及其工作部门的规定；（三）乡、镇人民政府的规定。前款所列规定不含国务院部、委员会规章和地方人民政府规章。规章的审查依照法律、行政法规办理。"本次修改了以下内容：一是将"规定"统一修改为"规范性文件"；二是"规范性文件"增加了一种情形，即法律、法规、规章授权的组织的规范性文件。

制定与发布规范性文件，是行政机关实施行政管理、行使行政职权、履行行政职责的一种重要方式。制定与发布行政规范性文件是行政机关或者经法律、法规、规章授权的具有管理公共事务职能的组织依法履行职能的重要方式。本条所指的能够在行政复议中附带审查的规范性文件是指除国务院的行政法规、决定、命令以及部门规章和地方政府规章外，由行政机关或者经法律、法规、规章授权的具有管理公共事务职能的组织依照法定权限、程序制定并公开发布，涉及公民、法人和其他组织权利义务，具有普遍约束力，在一定期限内反复适用的公文。通常来讲，行政机关制定规范性文件的权限是：（1）国务院各部、委员会根据法律和国务院的行政法规、决定、命令，在本部门的权限内，发布命令、指示；（2）县级以上地方各级人民政府及其工作部门规定行政措施，发布决定和命令；（3）乡、民族乡、镇的人民政府执行本级人民代表大会的决议和上级国家行政机关的决定和命令，发布决定和命令；（4）法律、法规、规章授权组织在授权范围内发布决定和命令。

【条文解读与法律适用】

一、可通过行政复议途径申请审查的规范性文件

根据本条第1款规定，公民、法人或者其他组织申请审查行政规范性文件的条件和要求是：（1）不能单独对行政规范性文件提出行政复议申请。其主要原因在于，抽象行政行为毕竟不同于具体行政行为，抽象行政行为是对不特定的人或者事作出的，如果不适用到具体的人或者事，并不能产生现实危害。因此，公民、法人或者其他组织不能单独对抽象行政行为提出行政复议申请。（2）可以"一并"提出对行政规范性文件的审查申请。首先，申请审查的行政规范性文件必须是行政机关作出某一行政行为的依据。没有被行政机关作为作出行政行为的依据，就不能在申请行政复议时对其提出审查申请。其次，申请审查行政规范性文件，应当在行政相对人对行政行为提出行政复议申请时，"一并"提出审查申请。需要说明的是，作为行政行为依据的有关"规范性文件"，行政机关最为了解和熟悉，而作为行政相对人的公民、法人或者其他组织则不一定都能了解和掌握。所以要求行政相对人"一并"提出审查申请，有时还会产生行政相对人在提出行政复议申请时并不知道行政行为所依据的有关行政规范性文件的问题。对此，《行政复议法实施条例》第26条作了明确规定："依照行政复议法第七条的规定，申请人认为具体行政行为所依据的规定不合法的，可以在对具体行政行为申请行政复议的同时一并提出对该规定的审查申请；申请人在对具体行政行为提出行政复议申请时尚不知道该具体行政行为所依据的规定的，可以在行政复议机关作出行政复议决定前向行政复议机关提出对该规定的审查申请。"按照这一规定，"一并"提出对行政规范性文件审查申请的时间，在申请人申请行政复议时"尚

不知道该具体行政行为所依据的规定"的情形下，可以截至"行政复议机关作出行政复议决定前"。

二、行政复议附带审查

公民、法人或者其他组织在申请行政复议时一并提出对行政规范性文件的审查申请的，行政复议机关应当对行政规范性文件的合法性进行审查。按照《行政复议法》规定，申请人依照本法第13条的规定提出对有关规范性文件的附带审查申请，行政复议机关有权处理的，应当在三十日内依法处理；无权处理的，应当在七日内转送有权处理的行政机关依法处理。行政复议机关在对被申请人作出的行政行为进行审查时，认为其依据不合法，本机关有权处理的，应当在三十日内依法处理；无权处理的，应当在七日内转送有权处理的国家机关依法处理。行政复议机关依本法规定有权处理有关规范性文件或者依据的，行政复议机构应当自行政复议中止之日起三日内，书面通知规范性文件或者依据的制定机关就相关条款的合法性提出书面答复。制定机关应当自收到书面通知之日起十日内提交书面答复及相关材料。行政复议机构认为必要时，可以要求规范性文件或者依据的制定机关当面说明理由，制定机关应当配合。行政复议机关依法有权处理有关规范性文件或者依据，认为相关条款合法的，在行政复议决定书中一并告知；认为相关条款超越权限或者违反上位法的，决定停止该条款的执行，并责令制定机关予以纠正。依法接受转送的行政机关、国家机关应当自收到转送之日起六十日内，将处理意见回复转送的行政复议机关。

（杨科雄　撰写）

第二节　行政复议参加人

第十四条　【申请人】依照本法申请行政复议的公民、法人或者其他组织是申请人。

有权申请行政复议的公民死亡的，其近亲属可以申请行政复议。有权申请行政复议的法人或者其他组织终止的，其权利义务承受人可以申请行政复议。

有权申请行政复议的公民为无民事行为能力人或者限制民事行为能力人的，其法定代理人可以代为申请行政复议。

【立法背景】

本条是对原法第 10 条第 1 款、第 2 款的修改和调整。

所谓行政复议法律关系，是指法律在调整行政复议活动过程中所形成的有关行政复议权利与义务的社会关系。行政复议法律关系与其他法律关系如民事法律关系等一样，由主体、客体和内容三个要素构成。行政复议法律关系主体，是指在行政复议法律关系中享有权利与承担义务的个人或者组织。根据各类主体在行政复议活动中的不同地位和作用，可以将行政复议法律关系主体分为以下几类：一是启动行政复议程序的主体，即申请人；二是被动参加行政复议的主体，即被申请人；三是因有利害关系参与行政复议的主体，即第三人。此外，参与行政复议活动的，还有行政复议机关及其工作人员、证人、翻译人员、鉴定人员、代理人等。本条是对行政复议的申请人的规定，第 16 条、第 19 条是关于第三人、被申请人的规定。

【条文解读与法律适用】

一、行政复议的申请人

所谓行政复议的申请人，按照本条第1款的规定，是指"依照本法申请行政复议的公民、法人或者其他组织"。申请人是行政复议程序的启动者，是行政复议的当事人之一。行政复议申请人，具有以下特征：（1）行政复议申请人是行政管理的相对人。（2）行政复议申请人是认为行政行为侵犯其合法权益的人。（3）行政复议申请人是以自己名义参加行政复议活动的人。（4）行政复议申请人是在法定期限内提出行政复议申请的人。

（一）关于行政复议申请人的范围

行政复议申请人的范围为公民、法人以及其他组织。

1. 关于公民。所谓"公民"，是指具有中华人民共和国国籍的自然人。此外，按照《行政复议法》"外国人、无国籍人、外国组织在中华人民共和国境内申请行政复议，适用本法"的规定，外国人、无国籍人也可以依法申请行政复议。

2. 关于法人。所谓"法人"，是指具有民事权利能力和民事行为能力，依法独立享有民事权利和承担民事义务的组织。法人应当具备下列条件：（1）依法成立；（2）有必要的财产或者经费；（3）有自己的名称、组织机构和场所；（4）能够独立承担民事责任。依照法律或者法人组织章程规定，代表法人行使职权的负责人，是法人的法定代表人。根据《行政复议法实施条例》第7条的规定，股份制企业的股东大会、股东代表大会、董事会认为行政机关作出的具体行政行为侵犯企业合法权益的，可以以企业的名义申请行政复议。

3. 其他组织。所谓"其他组织"，是指合法成立、有一定的组织机构和财产，但又不具备法人资格的组织。参照《最高人民法院关于适用〈中华人民共和国民事诉讼法〉的解释》第52条的规定，"其他组织"大致包括：（1）依法登记领取营业执照的个人独资企业；（2）依法登记领取营业执照的合伙企业；（3）依法登记领取我国营业执照的中外合作经营企业、外资企业；（4）依法成立的社会团体的分支机构、代表机构；（5）依法设立并领取营业执照的法人的分支机构；（6）依法设立并领取营业执照的商业银行、政策性银行和非银行金融机构的分支机构；（7）经依法登记领取营业执照的乡镇企业、街道企业；（8）其他符合本条规定条件的组织。

（二）关于行政复议申请人资格的转移

所谓行政复议申请人资格转移，是指在法律规定的特殊情形下，符合法律规定的人已经不能行使行政复议申请人的权利和承担行政复议申请人的义务，由他人取得行政复议申请人的资格，行使申请行政复议的权利，并在行政复议活动中依法享有行政复议申请人的权利与承担行政复议申请人的义务。根据本条第2款规定，在下列两种情形下，行政复议申请人的资格发生转移：一是公民死亡。有权申请行政复议的公民死亡的，其近亲属可以申请行政复议。参照《最高人民法院关于适用〈中华人民共和国行政诉讼法〉的解释》第14条的规定，"近亲属"包括配偶、父母、子女、兄弟姐妹、祖父母、外祖父母、孙子女、外孙子女和其他具有扶养、赡养关系的亲属。二是法人或者其他组织终止。有权申请行政复议的法人或者其他组织终止的，其权利义务承受人可以申请行政复议。法人或者其他组织的终止主要有合并、分立两种情况。

二、法定代理人

《行政复议法》第14条第3款确立了行政复议中的法定代理人制度。所谓法定代理人制度，是指有权申请行政复议的公民为无民事行为能力人或者限制民事行为能力人时，由其法定代理人代为申请行政复议的制度。行政复议的法定代理人制度包括以下内容：（1）适用的对象是"有权申请行政复议的公民"，法人或者其他组织不适用法定代理人制度。这里的公民，主要是指自然人，包括外国人和无国籍人。（2）适用的条件是属于"无民事行为能力人或者限制民事行为能力人"。对于无民事行为能力的行政复议申请人和限制民事行为能力的行政复议申请人，由其法定代理人代为行使行政复议申请权。根据民事法律规定，无民事行为能力人和限制民事行为能力人的监护人为其法定代理人。

法定代理权是基于法律的直接规定而产生的，无民事行为能力人或限制民事行为能力人的监护人以法定代理人身份参加复议，既是他们依法享有的一项权利，又是他们对被代理人和社会应尽的一项义务。因此，法定代理人不应推卸自己的代理责任。但是，在审判实践中，当无民事行为能力人或限制民事行为能力人的法定代理人有两个或者两个以上时，他们往往因怕影响自己的工作或者增加自己的负担而互相推诿代理责任。为了保障诉讼活动的正常进行，保护无民事行为能力人和限制民事行为能力人的利益以及社会公共利益，《行政诉讼法》中规定："法定代理人互相推诿代理责任的，由人民法院指定其中一人代为诉讼。"行政复议中可以参照执行。

（杨科雄　撰写）

第十五条 【代表人】 同一行政复议案件申请人人数众多的，可以由申请人推选代表人参加行政复议。

代表人参加行政复议的行为对其所代表的申请人发生效力，但是代表人变更行政复议请求、撤回行政复议申请、承认第三人请求的，应当经被代表的申请人同意。

【立法背景】

本条是新增条文。推选代表参加诉讼或者仲裁活动，称为代表人制度。我国《行政诉讼法》《民事诉讼法》《劳动争议调解仲裁法》《农村土地承包经营纠纷调解仲裁法》中均有代表人制度的规定。例如在行政诉讼活动中，有很多行政行为涉及多数人权益的案件，例如环境污染案件、食物中毒案件、侵犯消费者权益案件、公共卫生案件以及有些主动公开政府信息案件等。多数人权益受到侵犯，诉讼活动如何进行？显然，让所有行政相对人一起出庭应诉是不现实的，势必造成审理的不方便和诉讼时间的冗长，而将所有受害人的起诉分别审理，既麻烦又可能作出相互矛盾的判决。为了解决这一问题，简化诉讼程序，节省时间和人力，《行政诉讼法》第 28 条规定："当事人一方人数众多的共同诉讼，可以由当事人推选代表人进行诉讼。代表人的诉讼行为对其所代表的当事人发生效力，但代表人变更、放弃诉讼请求或者承认对方当事人的诉讼请求，应当经被代表的当事人同意。"根据《最高人民法院关于适用〈中华人民共和国行政诉讼法〉的解释》第 29 条的规定，《行政诉讼法》第 28 条规定的"人数众多"，一般指 10 人以上；代表人为 2 至 5 人。

在现实生活中，有的行政管理和公共服务领域，如征收土地、拆迁房屋等，涉及的行政相对人较多。为了更好地处理此类争议，《行政复议法实施条例》第 8 条规定："同一行政复议案件申请人超过 5 人的，推选 1 至 5 名代表参加行政复议。"建立行政复议代表人制度，对于及时、便民、公开、公正处理群体性的行政争议，化解矛盾，提高行政复议效率，具有重要的意义。本次《行政复议法》修改吸收了《行政复议法实施条例》关于行政复议的代表人的规定，但这只是作了原则性的规定，实践中可能出现一些具体的操作问题，可以参照行政诉讼的相关规定办理。

【条文解读与法律适用】

代表人制度具有以下主要特征：一是当事人一方或者双方人数众多；二是众多当事人之间有共同的利害关系；三是由代表人参加诉讼、仲裁、复议等活动；四是相关的判决、裁决、复议决定等对众多的当事人具有同样的拘束力，不但对代表人有效，对其他当事人也有效。

本条规定可以由当事人推选代表人进行行政复议。当事人必须推选他们之中的人作代表进行行政复议，而不能推选当事人之外的人。推选代表人是当事人的意思表示，因此，代表一旦产生，其行为对其所代表的当事人发生效力。但是，这里讲的代表人的行政复议行为仅指提出管辖权异议、提供证据、进行行政复议辩论、申请证据保全、申请顺延复议期间等不涉及当事人实体权利的行为。由于对实体权利的处分是法律赋予权利主体的重要权利，未经当事人授权，他人无权代为处分，因此，代表人的凡涉及当事人实体权利的复议行为，包括变更、放弃复议请求或者承认对方当事人、第三人的复议请求，必须经被代表的当事人同意，否则将构成对被代表的当事人权利的侵犯。法律对代表人的代表权范围作出限定，可以防止代表人和对方恶意串通，损害被代表的当事人的权益。

这里有三点需要特别说明：一是代表人进行和解由于涉及当事人的复议请求，原则上也应经被代表的当事人同意。二是当事人一方人数众多且确定的共同复议不是必须推选代表人进行复议，因为在这种复议中当事人的请求可能不完全一致，因此，如果某个或者某几个当事人不愿推选代表而想亲自参加行政复议，也应当允许。三是《行政复议法实施条例》第8条规定：同案复议申请人超过5人的，应当推选1至5名代表参加行政复议，与之后制定的《最高人民法院关于适用〈中华人民共和国行政诉讼法〉的解释》第29条规定的"人数众多"一般指10人以上有所不同。《行政复议法实施条例》未修改前仍然应予执行，鉴于《最高人民法院关于适用〈中华人民共和国行政诉讼法〉的解释》第29条规定更加科学合理，可以供《行政复议法实施条例》修改中借鉴。

（杨科雄　撰写）

第十六条　【第三人】申请人以外的同被申请行政复议的行政行为或者行政复议案件处理结果有利害关系的公民、法人或者其他组织，可以作为第三人申请参加行政复议，或者由行政复议机构通知其作为第三人参加行政复议。

第三人不参加行政复议，不影响行政复议案件的审理。

【立法背景】

本条是对 2017 年《行政复议法》第 10 条第 3 款规定的修改和完善。原法第 10 条第 3 款规定，同申请行政复议的具体行政行为有利害关系的其他公民、法人或者其他组织，可以作为第三人参加行政复议。本次修改有以下三方面的内容：一是在与行政行为有利害关系的基础上增加了"行政复议案件处理结果有利害关系"；二是增加了第三人参加行政复议的方式，即申请参加或者由行政复议机构通知参加；三是第三人不参加行政复议，不影响行政复议案件的审理。

所谓"第三人"，是指行政复议申请人以外，与申请行政复议的行政行为或者案件处理结果有利害关系，为维护自己的合法权益，经复议机构同意参加复议活动的公民、法人或者其他组织。行政复议第三人在行政复议活动中具有独立的法律地位。第三人既不同于行政复议的申请人，也不同于行政复议的被申请人，而是按照自己的立场陈述意见、主张权利，并在行政复议活动中享有相应的权利并承担相应的义务。设立行政复议第三人制度，允许第三人参加行政复议活动，其意义在于：有利于切实保护公民、法人或者其他组织的合法权益；有利于行政复议机关及时查清案件事实；有利于提高行政复议效率和及时化解矛盾。

【条文解读与法律适用】

行政复议第三人需要具备以下三个条件：

第一，必须与被申请复议的行政行为或者案件处理结果之间存在利害关系。所谓"利害关系"，是指在法律上或者事实上存在权利或者义务的关联关系，包括直接的关联关系和间接的关联关系。申请人以外的其他公民、法人或者其他组织，必须与申请人提出行政复议申请的行政行为或者案件处理结果之间存在利害关系，方能成为行政复议第三人。

第二，必须参加到已经开始的行政复议活动中去。行政复议程序，因行政复议申请人的申请而启动，因行政复议机关作出行政复议决定而结束。只有在行政复议程序开始之后，尚未结束之时，参加到行政复议活动中去的，才能成为行政复议第三人。如果行政复议程序还未开始，或者已经结束，都不会存在第三人的问题。在行政复议程序启动之后、结束之前的中间阶段参加到行政复议活动中来，也反映了行政复议第三人的法律地位，即其本身不能启动行政复议程序。

第三，必须由行政复议机构通知才能参加行政复议活动。申请人以外的与被申请复议的行政行为之间存在利害关系的公民、法人或者其他组织，并不能自动成为行政复议第三人。由于行政复议第三人在行政复议活动中具有不同于申请人与被申请人的独立法律地位，其不参加行政复议活动，不影响行政复议机关对行政复议案件的审理，即不能阻止行政复议机关对申请人与被申请人之间的行政争议依法作出裁决。在行政复议活动中，与被审查的行政行为有利害关系的公民、法人或者其他组织，自己可以主动申请参加行政复议活动，也可以因行政复议机构的通知而被动参加行政复议活动。

第三人参加行政复议的方式，一是自己申请，经行政复议机构同意；二是由行政复议机构通知参加复议。后者属于必须参加复议的第三人，行政复议机构有权力也有义务通知其参加复议，否则以遗漏复议程序主体违反法定程序论，复议结果违法。根据实践，下述情况行政复议机构应当通知当事人作为第三人参加诉讼：（1）行政机关的同一行政行为涉及两个以上利害关系人，其中一部分利害关系人对行政行为不服申请行政复议，复议机构应当通知没有申请的其他利害关系人作为第三人参加复议；（2）甲行政机关越权行使乙行政机关职权作出行政行为，申请人申请复议，复议机构应通知乙行政机关作为第三人参加复议；（3）应当追加被申请人而申请人不同意追加的，复议机构应当通知其以第三人的身份参加复议。

（杨科雄　撰写）

第十七条　【委托代理人】 申请人、第三人可以委托一至二名律师、基层法律服务工作者或者其他代理人代为参加行政复议。

申请人、第三人委托代理人的，应当向行政复议机构提交授权委托书、委托人及被委托人的身份证明文件。授权委托书应当载明委托事项、权限和期限。申请人、第三人变更或者解除代理人权限的，应当书面告知行政复议机构。

【立法背景】

本条是对原法第 10 条第 5 款规定的修改完善。原法第 10 条第 5 款规定，申请人、第三人可以委托代理人代为参加行政复议。从内容上看，本次修改增加了两方面内容：一是明确了代理人包括律师、基层法律服务工作者等。二是增加了第 2 款。

【条文解读与法律适用】

代理是在代理权限内，代理人以被代理人的名义从事活动，活动结果由被代理人承受的一种法律行为。复议代理就是代他人从事复议活动。本法第 14 条第 3 款规定："有权申请行政复议的公民为无民事行为能力人或者限制民事行为能力人的，其法定代理人可以代为申请行政复议。"本条第 1 款规定："申请人、第三人可以委托一至二名律师、基层法律服务工作者或者其他代理人代为参加行政复议。"上述规定，前者规定了法定代理，后者规定了委托代理，两者共同确立了行政复议中的代理人制度。本条规定的是行政复议中的委托代理人制度。

《行政诉讼法》第 31 条规定："当事人、法定代理人，可以委托一至二人作为诉讼代理人。下列人员可以被委托为诉讼代理人：（一）律师、基层法律服务工作者；（二）当事人的近亲属或者工作人员；（三）当事人所在社区、单位以及有关社会团体推荐的公民。"本次修改借鉴了《行政诉讼法》的规定，明确"申请人、第三人可以委托一至二名律师、基层法律服务工作者或者其他代理人代为参加行政复议"。

考虑到《行政复议法实施条例》第10条规定的"申请人、第三人委托代理人的，应当向行政复议机构提交授权委托书。授权委托书应当载明委托事项、权限和期限。公民在特殊情况下无法书面委托的，可以口头委托。口头委托的，行政复议机构应当核实并记录在卷。申请人、第三人解除或者变更委托的，应当书面报告行政复议机构"。本次修改明确了以下几点：一是应当提交授权委托书、委托人及被委托人的身份证明文件；二是授权委托书应当载明委托事项、权限和期限；三是申请人、第三人变更或者解除代理人权限的，应当书面告知行政复议机构。相较而言，本次修改并未如《行政复议法实施条例》那样，明确规定"口头委托"。但从发挥行政复议公正高效、便民为民的制度优势和化解行政争议的主渠道作用出发，该规定仍有适用的余地。

值得注意的是特殊情形下的委托方式。

一是《最高人民法院关于适用〈中华人民共和国行政诉讼法〉的解释》第31条规定，被诉行政机关或者其他有义务协助的机关拒绝人民法院向被限制人身自由的公民核实的，视为委托成立。依据这一规定，当事人委托诉讼代理人不仅包括书面委托和口头委托，还包括"视为委托成立"这种"推定委托"情形。行政复议中遇到上述情形可以参考。

二是《行政复议法》及其实施条例只规定了"申请人、第三人"可以委托代理人参加行政复议，没有规定"被申请人"可以委托代理人参加行政复议。因此，作出行政行为的行政机关或者法律、法规、规章授权的组织，一般情况下不应当委托代理人参加行政复议活动。

（杨科雄　撰写）

第十八条　【法律援助】 符合法律援助条件的行政复议申请人申请法律援助的，法律援助机构应当依法为其提供法律援助。

【立法背景】

本条是新增条文。《法律援助法》第 2 条规定，法律援助是国家建立的为经济困难公民和符合法定条件的其他当事人无偿提供法律咨询、代理、刑事辩护等法律服务的制度，是公共法律服务体系的组成部分。这里所说的"法律援助"，是由国家、社会来承担对经济困难公民和符合法定条件的其他当事人在法律上的帮助。当他们需要法律咨询、代理、刑事辩护等法律服务，而由于种种原因无力获得时，如果符合法律援助条件，则无偿地为其提供上述法律服务。

【条文解读与法律适用】

一、符合法律援助条件

根据《法律援助法》的规定，法律援助包括以下几个方面的内容：

第一，适用范围是经济困难公民和符合法定条件的其他当事人。即经济困难公民和符合法定条件的其他当事人因经济上的原因，或者因经济困难以外的其他原因，而无力获得法律服务。国家对这些人的法律援助，体现了任何人都享有获得法律咨询、代理、刑事辩护等法律服务的权利，这些法律服务不应因其经济困难或者其他原因而被放弃。需要注意的是，当事人自动放弃的，不属于本法提供法律援助的范围。

第二，申请法律援助的主体一般是"本人及其近亲属"。这里所规定的"本人"，是指因经济困难或者其他原因没有获得律咨询、代理、刑事辩护等法律服务的人。"近亲属"，依法主要是指配偶、父母、子女、兄弟姊妹、祖父母、外祖父母、孙子女、外孙子女和其他具有扶养、赡养关系的亲属。

第三，法律援助申请的受理和审查机构是法律援助机构。《法律援助法》第 12 条规定，县级以上人民政府司法行政部门应当设立法律援助机构。法律援助机构负责组织实施法律援助工作，受理、审查法律援助申请，指派律师、基层法律服务工作者、法律援助志愿者等法律援助人员提供法律援助，支付法律援助补贴。如在刑事辩护方面，犯罪嫌疑人、被告人及其近亲属可以向法律援助机构提出申请，法律援助机构应当受理并进行审查，对符合法律援助条件的，应当指派律师为其提供辩护。这是法律援助机构的法定义务。

二、提供法律援助的内容

《法律援助法》第22条规定，法律援助机构可以组织法律援助人员依法提供如复议咨询、代拟行政复议法律文书、代为参加行政复议等与行政复议活动相关的法律援助服务。

（杨科雄　撰写）

第十九条 【被申请人】公民、法人或者其他组织对行政行为不服申请行政复议的，作出行政行为的行政机关或者法律、法规、规章授权的组织是被申请人。

两个以上行政机关以共同的名义作出同一行政行为的，共同作出行政行为的行政机关是被申请人。

行政机关委托的组织作出行政行为的，委托的行政机关是被申请人。

作出行政行为的行政机关被撤销或者职权变更的，继续行使其职权的行政机关是被申请人。

【立法背景】

本条是对原法第 10 条第 4 款，第 15 条第 1 款第 4 项、第 5 项规定的修改完善。修改内容如下：一是原法第 10 条第 4 款规定的被申请人从行政机关扩展到法律、法规、规章授权的组织。二是增加规定"行政机关委托的组织作出行政行为的，委托的行政机关是被申请人"。三是原法第 15 条第 1 款第 4 项、第 5 项规定，从行政复议管辖的规定转换为被申请人的规定，并增加了"职权变更的，继续行使其职权的行政机关是被申请人"。

【条文解读与法律适用】

被申请人是行政复议法律关系的重要主体，是与行政复议申请人相对应的另一方当事人。行政复议被申请人具有以下特征：（1）行政复议被申请人应当具有行政主体资格。（2）行政复议被申请人应当是作出行政行为的行政主体。（3）行政复议被申请人应当是被行政相对人申请复议并由行政复议机关通知参加复议的行政主体。根据本法规定，行政复议被申请人，应当按照以下两个方面的要求进行确定。

一、一般原则

在一般情况下，行政复议被申请人，按照"谁行为，谁是行政复议被申请人"的原则确定，即公民、法人或者其他组织对行政行为不服依法申请行政复议的，作出该行政行为的行政机关为被申请人。需要注意的是，按照本法规定，行政相对人申请行政机关依法履行法定职责，行政机关不履行的，行政相对人也可以申请行政复议。所以在此种情形下，不履行法定职责的行政机关，为行政复议被申请人。此外，这里的行政复议被申请人，除了"行政机关"外，还包括"法律、法规、规章授权的组织"。

二、特殊情况

由于现实情况十分复杂，在一般原则"谁行为，谁是行政复议被申请人"之外，还有以下几种成为行政复议被申请人的情况。

（一）关于不服共同行政行为时的被申请人

所谓共同的行政行为，是指两个或者两个以上的行政机关以共同的名义作出的行政行为。如果一项行政行为只是以一个行政机关的名义作出，即使多个行政机关参与了相关的行政活动，也不能构成共同行政行为。对于共同的行政行为，行政相对人如果不服，申请行政复议的，共同作出行政行为的行政机关是被申请人，而行政复议机关则是其共同上一级行政机关。此外，按照《行政复议法实施条例》第12条的规定，行政机关与法律、法规授权①的组织以共同的名义作出具体行政行为的，行政机关和法律、法规授权②的组织为共同被申请人；行政机关与其他组织以共同名义作出具体行政行为的，行政机关为被申请人。

（二）关于非行政机关的组织实施行政行为时的被申请人

当非行政机关的组织实施行政行为时，谁是被申请人分为两种情况。一种情况是法律、法规、规章授权的组织不是行政机关，它根据法律、法规、规章的授权才有权作出行政行为。公民、法人或者其他组织对该组织的行政行为不服，依照本条规定，该组织是被申请人。另一种情况是本条第3款规定，行政机关委托的组织作出行政行为的，被申请人不是具体实施行政行为的组织，而是委托的行政机关。

（三）关于被撤销或者职权变更时的被申请人

随着我国市场经济的快速发展，行政管理体制改革不断深化，政府工作

---

① 根据修订后的《行政复议法》的规定，这里还应包括规章授权。
② 同上。

部门的撤销、分立、重组时有发生，导致一些行政机关的行政主体资格发生变化。特别是一些行政机关在行政管理体制改革中被撤销，导致其行政主体资格不再存在。这样就产生了一个问题，那就是被撤销的行政机关，在其被撤销以前所作出的行政行为，行政相对人如果不服，应当向哪个行政机关申请行政复议？对此，原法第15条第1款第5项规定："对被撤销的行政机关在撤销前所作出的具体行政行为不服的，向继续行使其职权的行政机关的上一级行政机关申请行政复议。"按照这一规定，不服被撤销的行政机关在撤销前所作出的行政行为，申请行政复议的，应当按照继续行使被撤销的行政机关的职权的标准来确定。谁继续行使职权，谁就是被申请人。确定了被申请人，即继续行使职权的行政机关，再确定行政复议的管辖，即"继续行使其职权的行政机关的上一级行政机关"。与此同时，本次修改增加了"职权变更"的情形，更加符合行政复议实际。

（杨科雄　撰写）

第三节　申请的提出

第二十条　【申请期限】公民、法人或者其他组织认为行政行为侵犯其合法权益的，可以自知道或者应当知道该行政行为之日起六十日内提出行政复议申请；但是法律规定的申请期限超过六十日的除外。

因不可抗力或者其他正当理由耽误法定申请期限的，申请期限自障碍消除之日起继续计算。

行政机关作出行政行为时，未告知公民、法人或者其他组织申请行政复议的权利、行政复议机关和申请期限的，申请期限自公民、法人或者其他组织知道或者应当知道申请行政复议的权利、行政复议机关和申请期限之日起计算，但是自知道或者应当知道行政行为内容之日起最长不得超过一年。

【立法背景】

本条是对原法第 9 条的修改和完善。原法第 9 条规定，公民、法人或者其他组织认为具体行政行为侵犯其合法权益的，可以自知道该具体行政行为之日起六十日内提出行政复议申请；但是法律规定的申请期限超过六十日的除外。因不可抗力或者其他正当理由耽误法定申请期限的，申请期限自障碍消除之日起继续计算。本次修改主要增加了第 3 款，即行政机关未履行告知义务时，期限如何计算。

【条文解读与法律适用】

本条共 3 款，对公民、法人或者其他组织申请行政复议的期限、申请期限中止以及行政机关未履行告知义务时的申请期限作了规定。

一、关于行政复议的申请期限

行政复议的申请期限,既赋予行政相对人在此期限内享有申请行政复议的权利,又明确了行政相对人如果超出此期限申请行政复议将产生不予受理的法律后果。根据本条第 1 款的规定,行政复议的申请期限,可以分为以下两种情况:

一是一般情况下的行政复议申请期限。所谓"一般期限",是指一般情形下行政相对人申请行政复议的期限。按照本款的规定,一般期限为"六十日"。这样一个期限,是比较适当的。如果申请期限过短,将不利于行政相对人进行必要的研究与思考、判断与选择,可能会出现因为时间太紧而丧失申请行政复议权利的情形。

二是特殊情况下的行政复议申请期限,也称"特殊期限",是指"六十日"以外的行政相对人申请行政复议的期限。按照本款的规定,特殊期限为"超过六十日",即在有法律特别规定的情况下,申请人"自知道或者应当知道该行政行为之日起",可以"超过六十日"提出行政复议申请。特殊期限只能由法律作出明确规定。在法律没有作出明确规定的情况下,行政相对人应当按照"六十日"的期限申请行政复议。

二、关于行政复议申请期限的计算

行政复议申请期限的计算,直接关系到行政相对人能否在法定的期限内行使其申请行政复议的权利,关系到行政相对人提出行政复议的申请能否产生应有的法律效果。

(一) 关于行政复议申请期限的起算时间

按照本条第 1 款的规定,公民、法人或者其他组织认为行政行为侵犯其合法权益的,提出行政复议申请的期限,"自知道或者应当知道该行政行为之日起"计算。此即为行政复议申请期限的起算时间。所谓"知道",是一个特定的法律概念,通常包括"明知"和"应知"两种情形。"明知",就是"明确知道",即当事人对某一行为、某一事物或者某种关系的发生、存在,确实知道,而且对其内容、后果等十分清楚。所谓"应知",就是"应当知道",即从已有的客观条件和现实可能,推定当事人是知道的。如《行政复议法实施条例》第 15 条第 2 款的规定:"行政机关作出具体行政行为,依法应当向有关公民、法人或者其他组织送达法律文书而未送达的，视为该公民、法人或者其他组织不知道该具体行政行为。"

（二）关于行政复议申请期限的具体计算规则

按照《行政复议法实施条例》第15条、第16条的规定，行政复议申请期限的计算，依照下列规定办理：

第一，行政机关作出行政行为的。在行政机关主动依法作出行政行为的情形下，行政复议申请期限的计算是：（1）当场作出行政行为的，自行政行为作出之日起计算。（2）载明行政行为的法律文书直接送达的，自受送达人签收之日起计算。（3）载明行政行为的法律文书邮寄送达的，自受送达人在邮件签收单上签收之日起计算；没有邮件签收单的，自受送达人在送达回执上签名之日起计算。（4）行政行为依法通过公告形式告知受送达人的，自公告规定的期限届满之日起计算。（5）行政机关作出行政行为时未告知公民、法人或者其他组织，事后补充告知的，自该公民、法人或者其他组织收到行政机关补充告知的通知之日起计算。（6）被申请人能够证明公民、法人或者其他组织知道行政行为的，自证据材料证明其知道行政行为之日起计算。

第二，行政机关未履行法定职责的。公民、法人或者其他组织申请行政机关履行法定职责，行政机关未履行的，行政复议申请期限依照下列规定计算：（1）有履行期限规定的，自履行期限届满之日起计算。（2）没有履行期限规定的，自行政机关收到申请满六十日起计算。此外，公民、法人或者其他组织在紧急情况下请求行政机关履行保护人身权、财产权的法定职责，行政机关不履行的，行政复议申请期限不受前述规定的限制。

（三）关于行政复议申请期限因法定事由耽误的计算

本条第2款规定是对因法定事由导致复议申请期限耽误的规定，也称时效的中止。根据该规定，耽误法定申请期限的事由有如下两类：第一，不可抗力。所谓"不可抗力"，是指不能预见、不能避免且不能克服的客观情况，如地震、水灾、战争等。第二，其他正当理由，指包括申请人病重、代理人死亡或者丧失民事行为能力等在内的事由。因法定事由耽误行政复议申请期限的，从法定事由发生之日起到障碍消除之日止，暂时停止计算日期，即这段时间不计算在行政复议的申请期限之内，待障碍消除之日起，再继续计算。需要注意的是，因法定事由耽误行政复议期限的计算，是连续计算，即"自障碍消除之日起"接着往下计算，而不是重新计算。

三、被申请人未履行告知义务时的申请复议期限

《最高人民法院关于适用〈中华人民共和国行政诉讼法〉的解释》第64条规定，行政机关作出行政行为时，未告知公民、法人或者其他组织起诉期限的，起诉期限从公民、法人或者其他组织知道或者应当知道起诉期限之日起计算，但从知道或者应当知道行政行为内容之日起最长不得超过一年。复议决定未告知公民、法人或者其他组织起诉期限的，适用前款规定。在我国尚未制定行政程序法的情况下，这一规定对于规范行政机关执法程序和保障原告诉权起到了积极的作用，受到了社会各界的好评。因此，本次《行政复议法》修改对此进行了明确。

（杨科雄　撰写）

第二十一条 【不动产行政复议申请期限】 因不动产提出的行政复议申请自行政行为作出之日起超过二十年，其他行政复议申请自行政行为作出之日起超过五年的，行政复议机关不予受理。

【立法背景】

本条是新增条文。《行政诉讼法》第 46 条第 2 款规定，因不动产提起诉讼的案件自行政行为作出之日起超过二十年，其他案件自行政行为作出之日起超过五年提起诉讼的，人民法院不予受理。本次修改借鉴了上述规定。

【条文解读与法律适用】

所谓行政复议申请期限，是指行政复议申请人依法向行政复议机关提出行政复议申请的起止时间。申请人超过法律规定的期限申请行政复议的，行政复议机关将依法不予受理。行政复议作为一项行政救济制度，与民事诉讼等其他救济制度一样，在时间上是有限制性要求的，并不是可以无期限地提出行政复议的申请。在法律上设定行政复议的申请期限，具有以下重要意义：

第一，有利于申请人及时申请行政复议。规定行政复议的申请期限，可以促使行政相对人及时地行使申请行政复议的权利，及时通过行政复议的途径维护自己的合法权益。在法律已经明确规定行政复议申请期限的情形下，行政相对人如果没有在该期限内提出行政复议的申请，将被视为其自己主动放弃了行使申请行政复议的权利。

第二，有利于及时结束行政争议。行政机关作出行政行为后，行政相对人对此不服并提出行政复议申请，属于存在行政争议的情形。设定行政复议申请期限，有助于行政复议机关及时受理行政复议申请，并在规定期限内进行复议活动，最终依法作出行政复议决定，及时解决行政争议。如果没有申请期限，或者设定的申请期限过长，必然影响行政复议案件的及时处理，不利于早日结束行政争议。

第三，有利于稳定行政管理秩序。行政相对人不服行政机关作出的行政行为并提出行政复议申请，虽然通常在行政复议期间行政行为不停止执行，但仍难以避免地使行政行为的有效性处于一种不确定的状态，从而或多或少地影响由此形成的行政管理秩序。如果不明确行政复议的申请期限，允许行政相对人在任何时候申请行政复议，将极大地影响行政管理秩序的稳定。

第四，有利于信赖利益的保护。作为经济社会事务管理者的行政机关，其在履行行政管理职责的过程中针对特定公民、法人或者其他组织作出的行政行为，会对其他公民、法人或者其他组织从事相同或者近似的活动产生影响，从而在全社会形成符合行政管理秩序要求的行为模式。如果不设定行政复议的申请期限，允许行政相对人在无限长的时间内随时申请行政复议，将会影响基于该行政行为建立起来的法律关系的利益，不利于经济社会秩序的稳定。

本法第 20 条对公民、法人或者其他组织申请行政复议的期限、申请期限中止以及行政机关未履行告知义务时的申请期限作了规定。正常情况下，行政机关作出行政行为，应当告知相对人行政行为的内容，以期得到相对人的配合或者履行，实现行政行为的目的。但实践中也有不少案件，行政机关作出行政行为时没有告知相对人及利害关系人，导致相对人及利害关系人迟迟不知道已作出行政行为。在此情况下，如果因为当事人无法"知道或者应当知道"而无法开始计算申请期限，就会导致行政法律关系无限期地处于不稳定状态。为了解决这一问题，有必要确定一个最长保护期限，即作出的行政行为到某一时间点后，不论当事人是否知道或者应当知道，都不能再申请行政复议。也就是说，最长复议保护期限，是指公民、法人或其他组织不知道行政机关作出行政行为内容时的行政复议申请期限。本条规定基于此设定了最长行政复议申请期限。最长二十年的申请期限，参考了民事法律的有关规定。根据《民法典》第 188 条的规定，诉讼时效期间自权利人知道或者应当知道权利受到损害以及义务人之日起计算，但是自权利受到损害之日起超过二十年的，人民法院不予保护。

（杨科雄　撰写）

第二十二条　【申请形式】 申请人申请行政复议，可以书面申请；书面申请有困难的，也可以口头申请。

书面申请的，可以通过邮寄或者行政复议机关指定的互联网渠道等方式提交行政复议申请书，也可以当面提交行政复议申请书。行政机关通过互联网渠道送达行政行为决定书的，应当同时提供提交行政复议申请书的互联网渠道。

口头申请的，行政复议机关应当当场记录申请人的基本情况、行政复议请求、申请行政复议的主要事实、理由和时间。

申请人对两个以上行政行为不服的，应当分别申请行政复议。

【立法背景】

本条是关于行政复议申请形式和方式的规定，是对原法第 11 条规定的修改。原法第 11 条规定，申请人申请行政复议，可以书面申请，也可以口头申请；口头申请的，行政复议机关应当当场记录申请人的基本情况、行政复议请求、申请行政复议的主要事实、理由和时间。本次修改增加了三方面的内容：一是进一步完善了书面申请的规定，即书面申请的，可以通过邮寄或者行政复议机关指定的互联网渠道等方式提交行政复议申请书，也可以当面提交行政复议申请书。二是明确行政机关通过互联网渠道送达行政行为决定书的，应当同时提供提交行政复议申请书的互联网渠道。三是增加了"一行为一复议"规定，即申请人对两个以上行政行为不服的，应当分别申请行政复议。

行政复议申请，是公民、法人或者其他组织不服行政机关作出的行政行为，并依法通过行政系统寻求权利救济的一种形式，表达了申请人依法请求行政复议机关对行政行为进行审查的意愿，体现了申请人通过行政复议渠道维护自身合法权益的要求，反映了申请人希望通过行政复议渠道解决行政争议的愿望。行政复议申请作为行政相对人的单方行为，是行政复议程序启动的必要条件。行政复议实行"不告不理"的原则，没有行政复议申请，不启动行政复议程序，也就不存在行政复议活动。

【条文解读与法律适用】

一、关于行政复议的申请形式

所谓行政复议的申请形式,也称行政复议的申请方式,是指行政相对人因不服行政行为而向行政复议机关提出行政复议请求的具体表现形式。根据本条的规定,行政复议的申请形式有书面形式和口头形式两种。

(一)关于行政复议申请的书面形式

所谓书面形式,是指申请人向行政复议机关提出的,表达其不服行政行为、请求行政复议机关对该行政行为进行审查的意愿的文书。采用书面形式申请行政复议,是行政复议申请的基本形式,也有利于行政复议机关及时查明行政争议和相关事实的情况,依法作出相应的行政复议决定。

(二)关于行政复议申请的口头形式

所谓口头形式,是指申请人采用口头语言的方式向行政复议机关提出行政复议申请。采用口头形式申请行政复议,是行政复议书面申请的一种补充。口头形式有利于普通群众,尤其是文化程度不高、书写困难的群众,方便、及时地申请行政复议。行政相对人采用口头形式申请行政复议,由行政复议机关的工作人员记录申请人的基本情况,行政复议请求,申请行政复议的主要事实、理由和时间,当场制作"口头申请行政复议笔录",按照《行政复议法实施条例》第20条的规定,行政复议机关应将笔录交申请人核对或者向申请人宣读,并由申请人签字确认。

二、关于行政复议申请的递交

按照《行政复议法实施条例》第18条的规定,申请人书面申请行政复议的,可以采取以下方式提出行政复议申请:(1)当面递交;(2)邮寄递交;(3)传真等方式递交;(4)有条件的行政复议机构,可以接受以电子邮件形式提出的行政复议申请。本次修改规定,书面申请的,可以通过邮寄或者行政复议机关指定的互联网渠道等方式提交行政复议申请书,也可以当面提交行政复议申请书。行政机关通过互联网渠道送达行政行为决定书的,应当同时提供提交行政复议申请书的互联网渠道。

此外,按照《行政复议法实施条例》第21条的规定,有下列情形之一的,申请人应当提供证明材料:(1)认为被申请人不履行法定职责的,提供曾经要求被申请人履行法定职责而被申请人未履行的证明材料;(2)申请行政复议时一并提出行政赔偿请求的,提供受行政行为侵害而造成损害的证明材料;(3)法律、法规规定需要申请人提供证据材料的其他情形。

三、"一行为一复议"申请规定

在司法实践中,"一行为一诉讼"是人民法院受理行政诉讼的惯常做法。如起诉人分别针对行政机关征收土地、拆除房屋的行政行为提起行政诉讼,一般地,人民法院会告知其分别起诉,但若其坚持一并起诉,所提起的诉讼不符合起诉条件。本次《行政复议法》修改借鉴了行政诉讼中这一做法,即"一行为一复议"。不过,"一行为一诉讼"容易造成程序空转。近年最高人民法院要求下级法院对此类案件加大释明力度,要求起诉人对不同的行政行为尽可能分别起诉,争取一揽子解决行政争议,效果很好。所以,《行政复议法》有关"一行为一复议"的规定,也要强调行政复议机关的释明义务,充分发挥行政复议在解决行政争议中的主渠道作用。

(杨科雄 撰写)

第二十三条　【行政复议前置】有下列情形之一的，申请人应当先向行政复议机关申请行政复议，对行政复议决定不服的，可以再依法向人民法院提起行政诉讼：

（一）对当场作出的行政处罚决定不服；

（二）对行政机关作出的侵犯其已经依法取得的自然资源的所有权或者使用权的决定不服；

（三）认为行政机关存在本法第十一条规定的未履行法定职责情形；

（四）申请政府信息公开，行政机关不予公开；

（五）法律、行政法规规定应当先向行政复议机关申请行政复议的其他情形。

对前款规定的情形，行政机关在作出行政行为时应当告知公民、法人或者其他组织先向行政复议机关申请行政复议。

【立法背景】

本条是对原法第 30 条第 1 款的修改完善。所谓"行政复议前置"，也可简称为"复议前置"，是指根据法律、行政法规的规定，公民、法人或者其他组织对行政机关作出的行政行为不服，必须先向行政复议机关申请复议，经过行政复议以后，对行政复议机关作出的行政复议决定仍然不服的，才能向人民法院提起行政诉讼，而不得直接向人民法院提起行政诉讼。当然，"行政复议前置"只是限制了行政相对人在法定行政复议期间的行政诉讼权利，并没有剥夺行政相对人的行政诉讼权利。因为行政相对人不服行政复议机关作出的行政复议决定，仍然可以依法提起行政诉讼。

复议前置法定情形系长期实践经验的积累，有其自身优势。第一，有利于发挥专业优势。目前，法律、行政法规设定的复议前置情形大多具有专业性强、涉及面广的特点，能够充分发挥复议机关的专业优势，更为有效地监督专业性较强的行政执法行为。第二，有利于提高争议解决效率。能够有效发挥行政复议高效、便捷、灵活的救济特点，运用多种手段规范行政行为，减少当事人诉累，减轻救济成本，提高救济效率。第三，有利于缓解诉讼压力，让法院集中精力办理疑难案件。复议前置类案件往往是专业领域的技术性问题，或者社会影响较大，法院处理并不具有优势。复议前置有利于让法院集中精力办理涉及法律适用等方面的疑难案件。

从我国现阶段看，不坚持所有行政案件复议前置原则亦是合理的。我国现行《行政复议法》确立的是"当事人选择为原则，复议前置和复议终局为例外"的复议和诉讼衔接格局。这一格局的形成有其制度逻辑和实践基础。第一，体现了对当事人救济选择权的尊重。复议前置意味着当事人没有选择直接提起诉讼的权利，部分当事人可能有抵触情绪，也增加当事人的救济成本。第二，复议机关的公正性、独立性与法院相比较弱，社会大众对于作为内部监督机关的复议机关能否公正处理存在顾虑。第三，复议机关受人员、机构设置等方面的限制，办理复议案件的能力有待提升。大量行政案件涌入行政复议，不仅不利于高质量处理行政案件，当事人还可能错失直接起诉获得有效救济的机会。第四，国际上也有类似的经验。德国1997年修改《行政法院法》在一定程度上放松了复议前置，而2014年日本行政复议改革，从减轻当事人负担的角度大幅缩减了复议前置的行政纠纷类型，仅在复议程序公正性比较充分的国税等领域仍然保留了复议前置的制度。综上，在所有行政案件坚持复议前置暂时难以实现的情况下，相应扩大复议前置的范围，将当场作出的行政处罚决定、侵犯已经依法取得的自然资源所有权或者使用权的决定、不履行法定职责、政府信息公开以及法律、行政法规规定应当先向行政复议机关申请的这五种情形作为复议前置的法定情形，其他行政案件可以赋予当事人复议、诉讼途径自由选择权。

【条文解读与法律适用】

为充分发挥行政复议化解行政争议的主渠道作用，有必要强化行政复议吸纳行政争议的能力。本次修改从以下方面完善了行政复议前置规定。

一、对当场作出的行政处罚决定不服

行政处罚简易程序，也称当场处罚程序，是指行政处罚实施主体对事实清楚、情节简单、后果轻微的行政违法行为给予当场处罚。对部分案件正确

适用简易程序，不但能迅速、及时地化解纠纷，大大提高行政效率，而且能节约社会管理成本。当场处罚与一般程序相比，没有固定证据的要求，执法人员只需根据当时的情况认为"事实清楚"即可作出当场处罚。当场处罚其实是"无固定证据"或"无案卷证据"的处罚，对其设置复议前置有其必要性。

二、对行政机关作出的侵犯其已经依法取得的自然资源的所有权或者使用权的决定不服

原法第 30 条第 1 款规定，公民、法人或者其他组织认为行政机关的具体行政行为侵犯其已经依法取得的土地、矿藏、水流、森林、山岭、草原、荒地、滩涂、海域等自然资源的所有权或者使用权的，应当先申请行政复议；对行政复议决定不服的，可以依法向人民法院提起行政诉讼。该款是关于土地等自然资源权属争议的"行政复议前置"的规定。本次修改未作实质性变动。另外，《最高人民法院关于适用〈行政复议法〉第三十条第一款有关问题的批复》指出："根据《行政复议法》第三十条第一款的规定，公民、法人或者其他组织认为行政机关确认土地、矿藏、水流、森林、山岭、草原、荒地、滩涂、海域等自然资源的所有权或者使用权的具体行政行为，侵犯其已经依法取得的自然资源所有权或者使用权的，经行政复议后，才可以向人民法院提起行政诉讼，但法律另有规定的除外；对涉及自然资源所有权或者使用权的行政处罚、行政强制措施等其他具体行政行为提起行政诉讼的，不适用《行政复议法》第三十条第一款的规定。"2005 年《最高人民法院行政审判庭关于行政机关颁发自然资源所有权或者使用权证的行为是否属于确认行政行为问题的答复》指出：最高人民法院法释〔2003〕5 号批复中的"确认"，是指当事人对自然资源的权属发生争议后，行政机关对争议的自然资源的所有权或者使用权所作的确权决定。有关土地等自然资源所有权或者使用权的初始登记，属于行政许可性质，不应包括在行政确认范畴之内。据此，行政机关颁发自然资源所有权或者使用权证书的行为不属于复议前置的情形。

三、认为行政机关存在本法第 11 条规定的未履行法定职责情形和申请政府信息公开，行政机关不予公开

行政不作为的概念，大致上有两种比较主流的观点。一种观点是狭义的行政不作为，只要行政机关在形式上没有任何行为方式，如不履行法定职责

或拖延履行法定职责，就构成行政不作为；另一种是广义的行政不作为，除了不履行法定职责或拖延履行法定职责外，还包括行政机关对行政相对人明确的拒绝。所以，广义上的和狭义上的行政不作为最大的差别在于行政机关明确的拒绝属不属于行政不作为。为什么会形成这两种不同的行政不作为概念？狭义的不作为概念主要来源于大陆法系国家中的刑法理论和制度。在刑法中，由于个人不作为而导致犯罪的，都是指本应作为而没有任何作为的行为方式。而广义的行政不作为则不然，即使行政机关有"拒绝"这一作为方式仍被视为行政不作为，理由是行政机关未满足当事人的实体请求，可见广义上的行政不作为是建立在是否满足当事人实体请求的基础之上的。这样，行政机关不管是拒绝当事人的请求，还是对当事人的请求不予理睬，都叫作行政不作为。

综上，我们发现狭义和广义的行政不作为的立足点是不一样的。狭义的行政不作为主要针对的是行为，而广义的行政不作为主要针对的是行政相对人或者其他利害关系人的实体请求。本条第 1 款第 3 项规定的"未履行法定职责"属于狭义的不作为，因行政机关在形式上没有任何行为方式，设置复议前置有利于行政机关自我纠错，减轻公民、法人或者其他组织的救济负担。而第 4 项规定的"申请政府信息公开，行政机关不予公开"，则属于广义上的行政不作为，行政机关通过"拒绝"这一作为方式未满足当事人公开政府信息的实体请求，设置复议前置有利于行政机关尽快自我纠错，从实体上满足当事人的请求。

四、法律、行政法规规定应当先向行政复议机关申请行政复议的其他情形

目前，从行政行为的性质以及涉及的行政管理领域进行分类，法律、行政法规对复议前置的规定有两大类：一类是有些重要管理领域的行政处罚、行政确认和许可、行政征缴以及行政处理行为；另一类是涉及外汇、军品出口、宗教事务这三类特殊管理领域的全部行政行为。这两类主要有以下五种情形：

1. 部分管理领域的行政处罚行为。此类行为主要包括公安机关对集会游行示威违法的行政拘留和涉及外国人、市场监管、价格管理以及社会保障领域的行政处罚。这几类行政处罚采取复议前置主要有以下原因：一是涉及政治权利或者外国人权利，此类案件较为重大、敏感，如《集会游行示威法》第31条、《外国人来华登山管理办法》第25条的规定；二是涉及市场监管和价格管理领域，该领域处罚对法人或者非法人组织生产经营活动影响较为重大，如《广告管理条例》第19条、《价格违法行为行政处罚规定》第20条的规定；三是涉及社会保障领域，该领域直接影响公民最基本的生存保障权益，如《社会保险费征缴暂行条例》第25条、《城市居民最低生活保障条例》第15条的规定。

2. 部分领域的行政确认、许可行为。这些领域案件专业性较强，因涉及专业判断，先行由复议机关复审处理，更有利于争议的解决。如《商标法》第34条、第35条第3款、第44条、第45条、第54条，《专利法》第41条以及《电影产业促进法》第58条规定的商标、专利、电影等领域的许可行为。

3. 税收行政征缴行为。根据《税收征收管理法》第88条、《海关法》第64条的规定，税收行政征缴涉及国家纳税问题，涉及的国家利益重大，应当先行缴税再寻求救济。由专业的税收行政主管部门先行处理，也能够化解更多的争议，更好地保障国家财政的正常运行。

4. 反垄断行政处理行为。《反垄断法》第65条第1款规定涉及的经营者集中以及决定附加减少集中对竞争产生不利影响的限制性条件等，需要结合《反垄断法》的相关规定进行判断。此类案件不仅专业性强，而且涉及预防和制止垄断行为、促进社会主义市场经济健康发展，适宜反垄断机构先行处理。

5. 特殊领域行政行为。根据《外汇管理条例》第51条、《军品出口管理条例》第27条、《宗教事务条例》第75条的规定，涉及外汇、军品出口、宗教事务这三类特殊领域的行政行为，都属于复议前置情形。

值得注意的是，本次修改强化了行政复议前置情形的告知义务。对属于复议前置的情形，行政机关在作出行政行为时应当告知公民、法人或者其他组织先向行政复议机关申请行政复议。

（杨科雄　撰写）

第四节　行政复议管辖

第二十四条　【县级以上地方人民政府管辖】县级以上地方各级人民政府管辖下列行政复议案件：

（一）对本级人民政府工作部门作出的行政行为不服的；

（二）对下一级人民政府作出的行政行为不服的；

（三）对本级人民政府依法设立的派出机关作出的行政行为不服的；

（四）对本级人民政府或者其工作部门管理的法律、法规、规章授权的组织作出的行政行为不服的。

除前款规定外，省、自治区、直辖市人民政府同时管辖对本机关作出的行政行为不服的行政复议案件。

省、自治区人民政府依法设立的派出机关参照设区的市级人民政府的职责权限，管辖相关行政复议案件。

对县级以上地方各级人民政府工作部门依法设立的派出机构依照法律、法规、规章规定，以派出机构的名义作出的行政行为不服的行政复议案件，由本级人民政府管辖；其中，对直辖市、设区的市人民政府工作部门按照行政区划设立的派出机构作出的行政行为不服的，也可以由其所在地的人民政府管辖。

【立法背景】

本条是原法第12条第1款、第13条、第14条、第15条规定的系统总结。2020年2月，中央全面依法治国委员会第三次会议审议通过了《行政复议体制改革方案》。习近平总书记指出，要发挥行政复议公正高效、便民为民的制度优势和化解行政争议的主渠道作用。①《法治中国建设规划（2020—2025年）》和《法治政府建设实施纲要（2021—2025年）》对推进行政复议体制改革、整合行政复议职责等提出明确要求。行政复议管辖是行政复议的制度基础。此次修订《行政复议法》，着力构建统一、科学的行政复议管辖体制。本条规定是对行政复议管辖的一般规定，总体上贯彻了《行政复议体制改革方案》，取消了地方人民政府工作部门的行政复议职责，明确由县级以上地方人民政府统一行使。

【条文解读与法律适用】

行政相对人因不服行政行为而提出行政复议申请的，被申请人即作出行政行为的行政主体，可以分为三类：政府、政府工作部门以及特殊行政主体。原法第12条至第15条分别规定了相应的行政复议机关。同时，为了方便行政相对人申请行政复议，第15条第2款和第18条还规定了行政复议申请的转送制度。这就涉及行政复议管辖。所谓行政复议管辖，是指不同的行政复议机关之间受理行政复议申请的分工和权限。原法第12条至第15条的规定，表面上看是明确了行政复议申请人可以向哪个行政复议机关提出行政复议申请，实际上是对行政复议机关之间在行政复议管辖权上的划分作了规定，明确了不同的行政复议机关可以受理和处理哪些行政复议申请，也就是受理行政复议案件的范围。

一、县级以上地方各级人民政府管辖的行政复议案件

（一）对本级人民政府工作部门作出的行政行为不服的

原法第12条第1款规定，对县级以上地方各级人民政府工作部门的具体行政行为不服的，由申请人选择，可以向该部门的本级人民政府申请行政复议，也可以向上一级主管部门申请行政复议。本次修改取消了地方人民政府工作部门的行政复议职责，明确县级以上地方各级人民政府行使行政复议职责。对县级以上地方各级人民政府工作部门的行政行为不服的，向该部门的

---

① 习近平：《推进全面依法治国，发挥法治在国家治理体系和治理能力现代化中的积极作用》，载《求是》2020年第22期。

本级人民政府申请行政复议。

(二) 对下一级人民政府作出的行政行为不服的

原法第 13 条第 1 款规定，对地方各级人民政府的具体行政行为不服的，向上一级地方人民政府申请行政复议。本次修改并未作实质变动。上一级人民政府对下一级人民政府的工作负有监督职责。不服地方各级人民政府作出的行政行为的，向上一级地方人民政府申请复议。

(三) 对本级人民政府依法设立的派出机关作出的行政行为不服的

《地方各级人民代表大会和地方各级人民政府组织法》对县级以上地方政府设立派出机关的问题作了规定，县级以上地方政府经过批准，都可以设立派出机关。其中，省、自治区政府设立的派出机关，在行政级别上相当于自治州和设区的市一级的"地区行政公署（或者盟）"，下辖几个县或者县级市，负责该区域范围内的相关行政管理事务；县、自治县政府设立的派出机关，为"区公所"，下辖几个乡或者镇，负责该区域范围内的相关行政管理事务；市辖区、不设区的市的政府设立的派出机关，为"街道办事处"，下辖几个居民委员会，在行政级别上相当于乡或者镇一级，负责该区域范围内的相关行政管理事务。

县级以上地方政府设立的派出机关，虽然不是一级国家机关，但在其所管辖的区域范围内，受设立其的地方政府的委托，对本辖区的经济社会事务行使相应的行政管理权。所以对于这些派出机关作出的行政行为，如果行政相对人不服的，有必要明确其行政复议的管辖问题。原法第 15 条第 1 款第 1 项规定，对县级以上地方人民政府依法设立的派出机关的具体行政行为不服的，向设立该派出机关的人民政府申请行政复议。本次修改予以保留。

(四) 对本级人民政府或者其工作部门管理的法律、法规、规章授权的组织作出的行政行为不服的

所谓"法律、法规、规章授权的组织"，是指法律、法规、规章将某些行政管理职权授予其行使的非行政机关的社会团体、事业单位等组织。社会团体、事业单位等组织，本身不是行政机关，不具有行政管理职责，不实施行政行为，但是因为法律、法规、规章的授权，这类组织取得了行政管理的主体资格，具有了以自己的名义行使行政管理职权、实施行政行为的资格。对于法律、法规、规章授权的组织作出的行政行为，如果行政相对人不服申请

行政复议的，依据原法第 15 条第 1 款第 3 项规定，分别向直接管理该组织的地方人民政府、地方人民政府工作部门或者国务院部门申请行政复议。本次修改后，国务院部门的管辖属于本法第 25 条的调整范围。而且本次修改取消了地方人民政府工作部门的行政复议职责，因此应由县级以上地方各级人民政府统一行使行政复议职责。

二、省、自治区、直辖市人民政府同时管辖对本机关作出的行政行为不服的行政复议案件

上级政府领导下级政府的工作，是我国宪法确立的一项重要的行政管理原则。在中央政府层面，按照《宪法》第 89 条的规定，国务院有权改变或者撤销地方各级国家行政机关的不适当的决定和命令。省、自治区、直辖市人民政府作出的行政行为，如果行政相对人不服申请行政复议的，按照向上一级行政机关申请复议的原则，应当向国务院提出行政复议申请。但是，国务院作为我国的最高国家行政机关，主要是通过制定方针政策来领导全国的行政工作，即从整个国家的全局上处理行政事务，并不承担具体行政事务的日常处理工作。为了保证国务院的正常工作，对不服省级人民政府行政行为的行政复议管辖，有必要作出与不服省级以下地方人民政府行政行为的行政复议管辖制度不同的规定。因此，原法规定，对省、自治区、直辖市人民政府的具体行政行为不服的，向作出该具体行政行为的省、自治区、直辖市人民政府申请行政复议。即只能向作出该行政行为的行政机关申请行政复议，而不能直接向国务院申请。本次修法保留了该规定。

三、对省、自治区政府设立的派出机关的行政复议管辖问题

根据《宪法》规定，省、自治区的人民政府经过国务院批准，可以设立派出机关。这些派出机关，主要是指在一些省、自治区范围内设立的地区行政公署（或者盟），本身不是一级独立的国家政权机关。派出机关受派出它的省、自治区人民政府领导，并受省、自治区人民政府的委托，指导下级国家行政机关工作，负责办理各项事宜。这样就产生了一个问题，省级政府的派出机关即地区行政公署（盟）职能部门或者管辖范围内的县级政府作出的行政行为，行政相对人不服的，应当向谁提出行政复议申请？因为派出机关不是一级独立的国家政权机关，如果只能向上一级人民政府申请行政复议，申请人就需要向省级人民政府提出行政复议申请，这样不利于体现行政复议的

"便民"原则。因此,原法第 13 条第 2 款规定,对省、自治区人民政府依法设立的派出机关所属的县级地方人民政府的具体行政行为不服的,向该派出机关申请行政复议。本次将该规定修改为"省、自治区人民政府依法设立的派出机关参照设区的市级人民政府的职责权限,管辖相关行政复议案件",包括原法第 13 条第 2 款规定的内容。现实中,省级政府设立的派出机关还往往根据工作需要设立若干工作部门,对该工作部门作出的行政行为,行政相对人不服的,应当向省、自治区人民政府依法设立的派出机关提出行政复议申请。

四、对县级以上地方各级人民政府工作部门依法设立的派出机构行政行为不服的行政复议管辖问题

所谓"派出机构",是指政府职能部门根据工作需要设置的履行专门职能的机构。如公安部门设立的公安分局、公安派出所,工商行政管理部门设立的工商行政管理分局、工商行政管理所,税务部门设立的税务分局、税务所等。对本级人民政府工作部门依法设立的派出机构依照法律、法规、规章规定,以自己的名义作出的行政行为不服的,原法第 15 条第 1 款第 2 项规定,向设立该派出机构的部门或者该部门的本级地方人民政府申请行政复议。本次修改取消了地方人民政府工作部门的行政复议职责,因此只能由本级人民政府管辖。另外,鉴于实践中政府工作部门派出机构的情况比较复杂,对其行政行为不服的行政复议案件,不宜一律由派出机构所属工作部门的本级人民政府管辖,而应作出相对灵活的制度安排。因此,对直辖市、设区的市人民政府工作部门按照行政区划设立的派出机构作出的行政行为不服的,也可以由其所在地的人民政府管辖。此外,还需要注意的是,按照《行政复议法实施条例》第 14 条的规定,行政机关设立的派出机构、内设机构或者其他组织,未经法律、法规授权,对外以自己名义作出行政行为的,行政相对人如果不服申请行政复议的,应当以该行政机关为被申请人,而不能以该派出机构、内设机构或者其他组织为被申请人而向该行政机关申请行政复议。

(杨科雄 撰写)

第二十五条　【国务院部门管辖】 国务院部门管辖下列行政复议案件：

（一）对本部门作出的行政行为不服的；

（二）对本部门依法设立的派出机构依照法律、行政法规、部门规章规定，以派出机构的名义作出的行政行为不服的；

（三）对本部门管理的法律、行政法规、部门规章授权的组织作出的行政行为不服的。

【立法背景】

本条是对原法第 14 条和第 15 条第 1 款第 2 项、第 3 项的修改和调整。本条除明确国务院部门管辖对本部门作出的行政行为不服的案件外，还进一步明确国务院部门管辖以下两类案件：一是对本部门依法设立的派出机构依照法律、行政法规、部门规章规定，以自己的名义作出的行政行为不服的；二是对本部门管理的法律、行政法规、部门规章授权的组织作出的行政行为不服的。

【条文解读与法律适用】

原法第 14 条规定，对国务院部门的具体行政行为不服的，向作出该具体行政行为的国务院部门申请行政复议。在中央政府层面，按照《宪法》规定，国务院统一领导各部和各委员会的工作，有权改变或者撤销各部、各委员会发布的不适当的命令、指示和规章。国务院部门作出的行政行为，如果行政相对人不服申请行政复议的，按照向上一级行政机关申请复议的原则，应当向国务院提出行政复议的申请。但是，国务院作为我国的最高国家行政机关，并不适合承担具体行政事务的日常处理工作。为了保证国务院的正常工作，对不服国务院部门行政行为的行政复议管辖，有必要作出不同的规定。因此，本条规定，国务院部门管辖对本部门作出的行政行为不服的行政复议案件。即对于国务院部门作出的行政行为，如果行政相对人不服申请行政复议的，只能向作出该行政行为的行政机关申请，而不能直接向国务院申请。此外，对于国务院部门管理的法律、法规、规章授权的组织作出的行政行为，如果行政相对人不服申请行政复议的，原法第 15 条第 1 款第 3 项规定，向直接管理该组织的国务院部门申请行政复议。本次修改予以保留。与此同时，对国务院部门依法设立的派出机构依照法律、行政法规、部门规章规定，以派出机构的名义作出的行政行为不服的，视同法律、法规、规章授权的组织，向直接管理该机构的国务院部门申请行政复议。实践中，申请人在提出行政复议申请时，应当按照与该组织是否存在直接管理关系来确定具体的行政复议机关。

对于不服国务院部门行政行为的行政复议管辖，在理解和把握时，还应当注意以下两个方面：第一，关于不服两个以上国务院部门共同作出的行政行为的行政复议管辖。根据《行政复议法实施条例》第 23 条的规定，可以向其中任何一个国务院部门提出行政复议申请，由作出具体行政行为的国务院部门共同作出行政复议决定。第二，关于不服国务院部委管理的国家局作出的行政行为的行政复议管辖。按照《国务院组织法》的规定，国务院可以根据工作需要和精简的原则，设立若干直属机构主管各项专门业务。目前，在国务院设立的直属机构中，有的由国务院直接领导和管理，有的经国务院决定由部委管理。对于由国务院部委管理的直属机构，其作出的行政行为，如果行政相对人不服申请行政复议的，是向管理该直属机构的部委提出申请，还是向该直属机构提出申请？对此，《国务院法制办关于国务院部委管理的国家局的具体行政行为行政复议机关问题的复函》明确指出："关于国务院部委管理的国家局的具体行政行为行政复议机关问题，按照《中华人民共和国行政复议法》第十四条的规定办理，即对部委管理的国家局的具体行政行为不服提起的行政复议申请，应当由该国家局受理。"

（杨科雄　撰写）

第二十六条　【原级行政复议决定的救济途径】对省、自治区、直辖市人民政府依照本法第二十四条第二款的规定、国务院部门依照本法第二十五条第一项的规定作出的行政复议决定不服的，可以向人民法院提起行政诉讼；也可以向国务院申请裁决，国务院依照本法的规定作出最终裁决。

【立法背景】

原法第14条对不服国务院部门或者省、自治区、直辖市人民政府行政复议决定的救济渠道作了特别的规定。本次修改并未作实质性变化，只是在文字和条文顺序上进行了修改和调整。

【条文解读与法律适用】

不服国务院部门或者省、自治区、直辖市人民政府作出的行政行为，只能向作出该行政行为的行政机关申请行政复议。这种由作出行政行为的行政机关审查本机关行政行为合法性和适当性的做法，毕竟属于"自己监督自己"，难免容易让人质疑。因此，为了切实防止和纠正违法或者不当的行政行为，维护公民、法人或者其他组织的合法权益，本条规定了或诉讼或裁决两条救济渠道。需要注意的是，行政相对人要么选择向人民法院提起行政诉讼，要么选择向国务院申请裁决。如果选择向人民法院提起行政诉讼，就不能再向国务院申请裁决；如果选择向国务院申请裁决，国务院作出的决定为终局决定，就不能再向人民法院提起行政诉讼。

（杨科雄　撰写）

第二十七条 【垂直领导行政机关等管辖】
对海关、金融、外汇管理等实行垂直领导的行政机关、税务和国家安全机关的行政行为不服的，向上一级主管部门申请行政复议。

【立法背景】

本条是对原法第12条第2款的修改和调整。原法第12条是关于不服县级以上地方各级人民政府工作部门行政行为的行政复议管辖的规定。因为行政复议体制改革取消了地方人民政府工作部门的行政复议管辖权，本次修改删除了该条第1款的规定（部分内容在本法第28条予以一定程度的保留），但保留第2款并进行了修改。从修改内容看，主要是将"国税"改为"税务"，实际上不再区分国税还是地税，均向上一级税务主管部门申请行政复议。

【条文解读与法律适用】

原法第12条第1款规定不服县级以上地方各级人民政府工作部门行政行为的行政复议，原则上实行本级政府管辖或者上一级主管部门管辖，即"条条"与"块块"相结合的管辖制度。那些实行垂直领导的行政机关，在行政管理上通常以"条条"为主，相关法律、法规、规章的专业性很强，如果在行政复议管辖上实行"一刀切"的做法，既不符合行政管理工作的实际，也不利于行政监督工作的有效开展。因此，原法第12条第2款规定作为第1款规定的例外安排，适用于特定的情形。即不服实行垂直领导的行政机关和国家安全机关的行政行为的，只能向上一级主管部门申请行政复议，而不能向这些行政机关所在地的人民政府申请行政复议。

（杨科雄　撰写）

第二十八条　【司法行政部门的管辖】 对履行行政复议机构职责的地方人民政府司法行政部门的行政行为不服的，可以向本级人民政府申请行政复议，也可以向上一级司法行政部门申请行政复议。

【立法背景】

原法第 12 条第 1 款规定，对县级以上地方各级人民政府工作部门的具体行政行为不服的，由申请人选择，可以向该部门的本级人民政府申请行政复议，也可以向上一级主管部门申请行政复议。本次修改删除了上述规定。但是，在实践中，人民政府的行政复议职权和职责实际上由各级人民政府司法行政部门行使，如果公民、法人或者其他组织对该司法行政部门行政行为不服申请行政复议的，就会出现由作出行政行为的行政机关审查本机关行政行为合法性和适当性的现象。因此，为了切实防止和纠正违法或者不当的行政行为，维护公民、法人或者其他组织的合法权益，本条将原法第 12 条第 1 款规定限缩适用于对司法行政部门行政行为申请行政复议这一情形。

【条文解读与法律适用】

不服县级以上地方各级政府司法行政部门行政行为的行政复议，原则上实行本级政府管辖或者上一级司法行政部门管辖，即"条条"与"块块"相结合的管辖制度，由申请人选择，保障行政复议的公正审查。

第一，关于本级政府管辖。根据《宪法》规定，县级以上的地方各级人民政府领导所属各工作部门的工作，有权改变或者撤销所属各工作部门的不适当的决定。因此，对县级以上地方各级人民政府司法行政部门的行政行为不服的，可以向该部门的本级人民政府申请行政复议，即行政复议的"块块"管辖。

第二，关于上一级司法行政部门管辖。按照《地方各级人民代表大会和地方各级人民政府组织法》规定，省、自治区、直辖市的人民政府的各工作部门依照法律或者行政法规的规定受国务院主管部门的业务指导或者领导，自治州、县、自治县、市、市辖区的人民政府的各工作部门依照法律或者行政法规的规定受上级人民政府主管部门的业务指导或者领导。因此，对县级以上地方各级人民政府司法行政部门的行政行为不服的，可以向上一级司法行政部门申请行政复议，即行政复议的"条条"管辖。

第三，关于申请人的选择权。行政相对人不服县级以上地方各级政府司法行政部门作出的行政行为的，既可以向该部门的本级人民政府申请行政复议，也可以向该部门的上一级司法行政部门申请行政复议。具体如何选择，由申请人自行决定。

此外，还需注意两个问题。一是计划单列市。《国务院法制办公室对原对外贸易经济合作〈关于如何确定以计划单列市为被申请人的行政复议案件的复议机关的请示〉的复函》称，不服计划单列市的人民政府工作部门的具体行政行为提出的行政复议申请，应当根据申请人的选择，由该计划单列市的人民政府或者由该计划单列市所在省的相应主管部门依法受理。二是按照《行政复议法实施条例》的规定，申请人就同一事项向两个或者两个以上有权受理的行政机关申请行政复议的，由最先收到行政复议申请的行政机关受理；同时收到行政复议申请的，由收到行政复议申请的行政机关在十日内协商确定；协商不成的，由其共同上一级行政机关在十日内指定受理机关。协商确定或者指定受理机关所用时间不计入行政复议审理期限。

（杨科雄　撰写）

第二十九条 【行政复议和行政诉讼的选择】公民、法人或者其他组织申请行政复议，行政复议机关已经依法受理的，在行政复议期间不得向人民法院提起行政诉讼。

公民、法人或者其他组织向人民法院提起行政诉讼，人民法院已经依法受理的，不得申请行政复议。

【立法背景】

本条是对原法第 16 条的修改。它是关于申请行政复议与提起行政诉讼之间关系的规定。原法第 16 条规定："公民、法人或者其他组织申请行政复议，行政复议机关已经依法受理的，或者法律、法规规定应当先向行政复议机关申请行政复议、对行政复议决定不服再向人民法院提起行政诉讼的，在法定行政复议期限内不得向人民法院提起行政诉讼。公民、法人或者其他组织向人民法院提起行政诉讼，人民法院已经依法受理的，不得申请行政复议。"本次修改删去了第 1 款"法律、法规规定应当先向行政复议机关申请行政复议、对行政复议决定不服再向人民法院提起行政诉讼"的复议前置的情形。

【条文解读与法律适用】

行政复议与行政诉讼，都是解决行政机关与行政相对人之间行政争议的法律制度，都是因行政相对人不服行政机关的行政行为而引起，都是行政相对人维护其合法权益的法律救济措施。就行政复议与行政诉讼的一般关系来讲，一旦发生行政争议，行政相对人就具有了选择申请行政复议或者提起行政诉讼的权利（除非法律特别规定必须先申请行政复议），对于申请行政复议后，不服行政复议决定的，仍然可以提起行政诉讼（除非法律特别规定行政复议决定为终局裁决）。

但是，行政复议与行政诉讼毕竟是两种不同的法律制度，存在着明显的区别。行政复议是行政系统内部的一种监督和纠错制度，行政复议机关根据层级监督关系或者法律规定，通过审查行政行为的合法性和适当性，为行政相对人维护其合法权益提供法律救济。而行政诉讼则是行政系统外部的一种监督和纠错制度，人民法院依照司法程序审查行政行为的合法性，为行政相对人维护其合法权益提供法律救济。因此，为了避免行政复议与行政诉讼的交叉进行，节省行政资源和司法资源，有必要对申请行政复议与提起行政诉讼之间的关系作出规定，以切实发挥行政复议与行政诉讼在解决行政争议方面的各自作用。

一、关于行政复议期间不得提起行政诉讼的情形

根据本条第1款的规定，行政复议申请已经受理的，行政相对人不得提起行政诉讼。所谓行政复议申请已经受理，是指公民、法人或者其他组织不服行政机关作出的行政行为，在法定的行政复议申请期限内，提出行政复议申请，行政复议机关经审查认为符合法定条件予以受理的情形。行政复议申请已经受理，表明已经进入行政复议程序，行政复议机关已经依法开展行政复议工作。在此种情形下，行政相对人不得向人民法院提起行政诉讼。当然，这只是限制了行政相对人在行政复议期间的行政诉讼权利，并没有剥夺行政相对人的行政诉讼权利。如果行政相对人对行政复议机关作出的行政复议决定不服的，仍然可以依法向人民法院提起行政诉讼，法律另有规定的从其规定。

二、关于行政诉讼期间不得申请行政复议的情形

根据本条第2款的规定，公民、法人或者其他组织不服行政机关作出的行政行为，已经向人民法院提起行政诉讼，人民法院也已经依法予以受理的，不得再向行政复议机关提出行政复议申请。这是因为，若人民法院已经依法受理，进入了司法程序，对于作为原告的行政相对人来说，表明其已经选择了司法救济的途径，放弃了通过行政复议获得救济的渠道，所以不能再申请行政复议。而且，基于司法最终原则，人民法院最终判决后，也不得申请行政复议。值得注意的是，人民法院以不属于行政诉讼受案范围为由裁定驳回起诉或者不予立案，但是案件属于行政复议范围的，公民、法人或者其他组织仍可以向行政复议机关提出行政复议申请。

（杨科雄　撰写）

第三章　行政复议受理

本章概述

　　第三章共6条，主要规定了行政复议的受理条件、行政复议机关在复议申请符合或不符合受理条件时的履职方式、申请材料补正制度、通过作出行政处罚决定的行政机关提交复议申请、受理复议申请后的驳回申请制度、复议前置情形下如何提起行政诉讼、行政复议机关不作为的监督机制。本章规定完善了行政复议受理程序，保障了公民、法人或者其他组织申请行政复议的权利。

第三十条　【受理条件】 行政复议机关收到行政复议申请后，应当在五日内进行审查。对符合下列规定的，行政复议机关应当予以受理：

（一）有明确的申请人和符合本法规定的被申请人；

（二）申请人与被申请行政复议的行政行为有利害关系；

（三）有具体的行政复议请求和理由；

（四）在法定申请期限内提出；

（五）属于本法规定的行政复议范围；

（六）属于本机关的管辖范围；

（七）行政复议机关未受理过该申请人就同一行政行为提出的行政复议申请，并且人民法院未受理过该申请人就同一行政行为提起的行政诉讼。

对不符合前款规定的行政复议申请，行政复议机关应当在审查期限内决定不予受理并说明理由；不属于本机关管辖的，还应当在不予受理决定中告知申请人有管辖权的行政复议机关。

行政复议申请的审查期限届满，行政复议机关未作出不予受理决定的，审查期限届满之日起视为受理。

【立法背景】

本条系修订条文，在 2017 年《行政复议法》相关条款的基础上吸收了《行政复议法实施条例》的相关规定并进行了优化。行政复议的受理，是行政复议程序的重要组成部分。只有行政复议申请被行政复议机关审查后决定予以受理，才能开启后续审理、决定、执行环节，否则只能止步于此。因此，行政复议申请的审查事项或受理条件至关重要。而 2017 年《行政复议法》并未对此作出规定，仅在《行政复议法实施条例》中有所规定，且有的规定不够合理。因此，本条从立法内容和立法逻辑上进行了修订，充分体现了科学立法的要求。在立法内容上，对属于行政复议受理基本事项的受理条件作出明确规定，并对相关具体条件进行优化；在立法逻辑上，以受理条件为中心，根据符合条件与否，规定行政复议机关作出予以受理或不予受理的决定。

【条文解读与法律适用】

一、行政复议的受理条件

根据本条规定，行政复议机关应当对 7 个事项进行审查，以确定行政复议申请是否符合受理条件。其中，第 1、3、7 项需要进一步阐释。

第一，本条虽然规定行政复议申请必须有符合本法规定的被申请人，但由于我国行政复议被申请人与行政诉讼被告的确定均与行政主体资格挂钩，行政行为实施者与行政复议被申请人可能分离。在实践中，会出现一些行政复议被申请人难以确定的复杂情形，公民、法人或者其他组织可能由于法律专业知识的欠缺而错列被申请人。此时，行政复议机关不得因此决定不予受理行政复议申请，而应当履行释明职责，告知申请人变更被申请人。

第二，具体的行政复议请求主要包括：请求决定被申请人履行法定职责、请求变更或撤销行政行为、请求确认行政行为违法、请求确认行政行为无效、请求解决行政协议争议、请求决定被申请人予以赔偿、请求一并审查规章以下规范性文件。

第三，行政复议作为一种救济机制，同样适用一事不再理原则。对于有多个管辖机关，其他机关已经受理该申请人就同一行政行为提出的行政复议申请的，在后的管辖机关不得再受理。同时，行政复议与行政诉讼的适用具有互斥性。对于同一行政行为，凡在诉讼中的，也不得再提起行政复议申请。需要说明的是，本条规定与《行政复议法实施条例》的规定有差异，后者规定"其他行政复议机关尚未受理同一行政复议申请，人民法院尚未受理同一主体就同一事实提起的行政诉讼"。本法以"同一行政行为"替代"同一行政复议申请""同一事实"作为界定标准，更加科学、明确。同时，意味着针对同一行政行为，该申请人提起的多个行政复议申请，哪怕行政复议请求不同，只要其中一个行政复议申请被受理，在后接收复议申请的机关都不得再受理。

二、推定受理制度

行政复议机关接收行政复议申请后，在法定审查期限内必须履职，要么作出予以受理的决定，要么作出不予受理的决定，不得悬而未决，使公民、法人或者其他组织的救济诉求处于不确定状态。根据本条第3款的规定，行政复议申请的审查期限届满，行政复议机关未作出不予受理决定的，审查期限届满之日起视为受理。推定受理制度既能够督促行政复议机关依法履职，又能够充分保障公民、法人或者其他组织的申请复议权。需要注意的是，本条规定与2017年《行政复议法》的规定有差异，后者规定"除前款规定外，行政复议申请自行政复议机关负责法制工作的机构收到之日起即为受理"。两者对于行政复议机关受理之日的规定不同，根据本法规定，审查期限届满之日为复议申请的受理之日。

三、实践中需要注意的问题

本法对于不予受理的规定与2017年《行政复议法》有差异，主要体现在以下三个方面：第一，本法规定，行政复议机关决定不予受理的，应当说明理由。这强化了行政复议机关的履职要求，与行政诉讼中强化法院裁判说理的改革趋向一致。第二，本法规定，不属于本机关管辖范围的，行政复议机关也应当作出不予受理决定并说明理由。该规定不仅更具有逻辑自洽性，也更有利于保障公民、法人或者其他组织的申请复议权。从逻辑上看，既然属于本机关的管辖范围是行政复议的受理条件之一，那么不满足该受理条件自然应当不予受理；从功能上看，该规定能够有效避免行政复议机关以不属于本机关管辖为由推诿复议职责。第三，对于不属于本机关管辖的，本法规定，行政复议机关要告知申请人有管辖权的行政复议机关，比2017年《行政复议法》中"告知申请人向有关行政复议机关提出"的规定更加明确。

（方颉琳　撰写）

第三十一条　【申请材料补正】 行政复议申请材料不齐全或者表述不清楚，无法判断行政复议申请是否符合本法第三十条第一款规定的，行政复议机关应当自收到申请之日起五日内书面通知申请人补正。补正通知应当一次性载明需要补正的事项。

申请人应当自收到补正通知之日起十日内提交补正材料。有正当理由不能按期补正的，行政复议机关可以延长合理的补正期限。无正当理由逾期不补正的，视为申请人放弃行政复议申请，并记录在案。

行政复议机关收到补正材料后，依照本法第三十条的规定处理。

【立法背景】

本条系新增条文，是对《行政复议法实施条例》相关内容的吸收与优化，规定了行政复议受理程序中的申请材料补正制度。具体而言，明确了行政复议机关通知补正的履职要求，以及申请人提交补正材料的要求。

行政复议的受理是公民、法人或者其他组织通过复议制度救济其合法权益的"入口"。复议申请被受理后，行政争议才能在复议程序中被化解。而根据本法第 30 条的规定，行政复议申请应当符合特定的规定才能被受理，行政复议机关则需要通过审查行政复议申请材料来确定其是否符合受理要求。由于行政复议申请材料中的某些事项具有相当的专业性，如证明申请人与被申请行政复议的行政行为有利害关系的材料、对行政复议请求的表述等，申请人囿于专业局限，可能出现行政复议申请材料不齐全或表述不清楚的情形。此时，应当充分保障公民、法人或者其他组织"接近复议机关的权利"，由行政复议机关进行指导与释明，允许当事人进行补正。该项规定与同为行政争议解决机制的行政诉讼保持一致。《行政诉讼法》第 51 条第 3 款同样规定了起诉状的补正制度。两者均是为了充分保障当事人申请救济的权利。

【条文解读与法律适用】

一、行政复议机关通知补正的履职要求

首先,通知补正的主体为行政复议机关,而《行政复议法实施条例》规定的通知主体为行政复议机构,两者的规定有差异。其次,通知补正并非适用于行政复议申请材料出现的所有不齐全或表述不清楚的情形,只有当行政复议申请材料的不齐全或表述不清楚导致行政复议机关无法判断行政复议申请是否符合法定受理条件时,行政复议机关才可通知申请人补正。这能够简化行政复议受理流程,提高受理效率。再次,当出现上述情形时,行政复议机关"应当"通知申请人补正,而非《行政复议法实施条例》规定的"可以"通知申请人补正。也就是说,行政复议机关不得因行政复议申请材料不齐全或表述不清楚而径行不予受理,必须通过指导、释明保障公民、法人或者其他组织的申请复议权。与《行政诉讼法》中"不得未经指导和释明即以起诉不符合条件为由不接收起诉状"的规定有异曲同工之效。最后,补正通知应当"一次性"载明需要补正的事项,与《行政诉讼法》《行政许可法》等行政法律规范的相关规定一致,体现了行政复议高效、便民、为民的原则。

二、申请人提交补正材料的要求

首先,申请人应当在收到补正通知之日起十日内提交补正材料。该规定区别于《行政复议法实施条例》规定的由行政复议机构确定合理的补正期限,明确了申请人的补正期限。同时,申请人有正当理由不能按期补正的,行政复议机关还可以延长合理的补正期限。固定期加延长期的规定既提升了法律规范的确定性,又兼顾了行政复议实践的灵活性。其次,申请人无正当理由逾期不补正的,视为申请人放弃行政复议申请,并由行政复议机关记录在案。

三、实践中需要注意的问题

(一) 关于无正当理由逾期不补正的理解

申请人无正当理由在补正期内没有作出任何补正行为,属于无正当理由逾期不补正的典型情形,此时适用该条款不易引起争议。但实践中还存在着三种非典型情形:申请人在补正期内提交了补正材料,但行政复议机关认为

补正材料不符合要求①；申请人因客观原因无法提交相关材料，且在补正期内提交了书面说明②；申请人主观上认为其无须提交补正材料，并在补正期内提交无须补正的书面说明，即行政复议机关和申请人就是否需要补正存在争议③。上述三种情形均不应被理解为无正当理由逾期不补正，相应地，也不应被视为申请人放弃行政复议申请，行政复议机关应当根据涉案具体情形作出受理或不予受理的决定。为促进行政复议机关积极履行行政复议法定职责，充分保障公民、法人或者其他组织的申请复议权，对无正当理由逾期不补正应进行严格解释，只有在复议申请人存在不想补正又不想使行政复议继续下去的主观故意，并在客观上作出了无正当理由逾期不补正的行为时，才能视为复议申请人放弃行政复议申请④。

（二）关于视为放弃行政复议申请的理解

申请人在受理环节"放弃"行政复议申请与申请人在审理环节"撤回"行政复议申请具有本质区别。根据本法第74条第2款的规定，行政复议机构

---

① 典型案例如广东省高级人民法院（2016）粤行终209号。本案中，谭某某提交补正材料后，罗定市人民政府认为其所提交的《承包土地使用证》已经过期失效，且该证所记载的土地四至栏为空白。因此，谭某某等人未能在规定时间内补正能证实其与行政行为存在利害关系的材料，视为谭某某等人已经放弃了行政复议申请。诉至法院后，两审法院均认为，如罗定市政府经审查认为该补正材料不能证明谭某某等人与《建设用地批准书》之间有利害关系，则应依法决定不予受理或驳回行政复议申请，而不应当简单地视为谭某某等人放弃了行政复议申请。

② 典型案例如黄某某等诉江西省政府不履行复议法定职责案。本案中，江西省政府要求黄某某等补全证明其与行政行为有利害关系的相关房屋、土地的权属证明等材料。黄某某作出书面说明：因政府的原因，有关部门未对其发放集体土地使用权证，涉及土地上的相关房屋因各种原因，政府未为其办理房屋所有权手续，但是他们一直以来均在房屋里居住，房屋属于他们实际所有。省政府认定申请人对行政复议申请材料无正当理由逾期不补正，应视为申请人放弃行政复议申请，故决定不再进行复议。当事人诉至法院，法院认为，申请人因客观原因无法提交与行政机关补正要求一致的证据材料，而提交相应的书面说明予以解释，不属于"无正当理由逾期不补正"的情形。在申请人提供补正说明材料后，被告以"视为复议申请人放弃行政复议申请"处理，并以此为由不再就利害关系作出认定，系没有正确履行法定审查职责。复议机关应当结合证据材料对申请人与行政行为之间是否具有利害关系作出认定，并作出是否受理的决定。诉讼中，省政府结合具体事实认为原告与申请复议的行政行为之间存在利害关系，在一审期间决定改变行政行为，受理原告复议申请，原告撤回起诉。参见《南铁中院发布行政审判典型案例》，http://jxgy.jxfy.gov.cn/article/detail/2018/04/id/3272305.shtml，最后访问时间：2023年9月9日。

③ 典型案例如北京市高级人民法院（2021）京行终266号。本案中，朝阳区政府要求孙某某补正证明行政行为对其权利义务产生了相较于该小区其他业主而言更加不利的实际影响的材料，以证明其具有利害关系，但孙某某认为其提交的行政复议申请书及相关材料符合规定，无须补正，于是向朝阳区政府提交《关于2020年9月6日送达的行政复议申请无需补正的说明》。朝阳区政府作出不予受理决定并被诉，两审法院均认为该不予受理的复议决定并无不当。

④ 在前述脚注①②的案例中，两案的审判法院均旗帜鲜明地提出了这一认定标准。

准予撤回行政复议申请、行政复议机关决定终止行政复议的，申请人不得再以同一事实和理由提出行政复议申请。而申请人无正当理由逾期不补正被视为放弃行政复议申请的，申请人可以在法定申请期限内以同一事实和理由再次提出行政复议申请，只要申请人的行政复议申请经审查符合法定要求，行政复议机关应当予以受理。

（方颉琳　撰写）

第三十二条 【部分案件的复核处理】 对当场作出或者依据电子技术监控设备记录的违法事实作出的行政处罚决定不服申请行政复议的，可以通过作出行政处罚决定的行政机关提交行政复议申请。

行政机关收到行政复议申请后，应当及时处理；认为需要维持行政处罚决定的，应当自收到行政复议申请之日起五日内转送行政复议机关。

【立法背景】

本条系新增条文，规定了两种特殊情形下，申请人可以通过作出行政处罚决定的行政机关提交行政复议申请，并由原行政机关进行相应的处理。

高效、便民、为民是行政复议的基本原则。在《行政复议法》（修订草案二次审议稿）征求意见过程中，有常委会组成人员、单位、地方、专家和社会公众建议，增加行政复议申请便民举措，为当事人申请、参加行政复议提供便利，更好地体现行政复议便民为民的制度优势。本条回应了这一建议。

【条文解读与法律适用】

一、选择"当场作出""依据电子技术监控设备记录的违法事实作出"两种情形的制度初衷

为了充分保障相对人的合法权益，行政处罚决定的作出应当经过严谨的执法程序。而在一些违法事实确凿、处罚较轻的案件中，为了平衡执法效率和当事人权益保护，当场作出处罚决定的，适用简易程序。我国《行政处罚法》《道路交通安全法》《治安管理处罚法》等法律规定了简易程序，行政处罚决定不需要经过负责人审查决定、负责人集体讨论决定、法制审核等程序即可当场作出。

随着科学技术的发展，有些违法行为不需要通过行政执法人员现场调查、检查，只需利用电子技术监控设备即可收集证据，并据此作出行政处罚决定。

典型情形如道路交通安全执法领域。

在上述两种情形下，行政处罚的执法程序具有显而易见的、一定程度上的"先天不足"。与普通程序以及传统现场执法相比，这两种情形的程序完备性略低，在提升行政执法效率的同时出现违法行政处罚的可能性也略高。因此，向原行政机关提交行政复议申请能够为原行政机关提供再一次的自我审视机会，从而形成原行政机关自我纠错机制，更加高效地化解行政争议。

二、原行政机关收到行政复议申请后的两种处理方式

既然该条文的制度初衷是促使原行政机关直接化解行政争议，而非停留在程序转送的便利上，那么原行政机关在收到行政复议申请后应当进行实质处理。即对行政处罚决定进行审查，如认为该决定存在不合法、不合理的情形，应当变更、撤销原行政处罚决定；如认为该决定事实清楚、证据确凿、适用依据正确、程序合法、内容适当从而需要维持的，应当自收到行政复议申请之日起五日内转送行政复议机关，进入行政复议程序。

从上述两种处理方式可知，该条文的便民、为民体现在实体和程序两个方面：若原行政机关利用该自我审视、自我纠错机制变更、撤销了原行政处罚决定，则行政争议尚未真正进入行政复议程序就被化解了。这是实体层面。若原行政机关认为需要维持原行政处罚决定，应直接转送行政复议机关，为当事人申请行政复议提供程序上的便利。而且，需要注意的是，2017年《行政复议法》第18条规定了县级人民政府的转送职责，要求其应当自接到行政复议申请之日起七日内转送有关行政复议机关。而本次修改规定的转送期为自收到行政复议申请之日起五日内，转送期更短，更有利于保护当事人的合法权益。

三、实践中需要注意的问题

（一）申请人对于是否通过作出行政处罚决定的行政机关提交行政复议申请具有选择权

根据该条规定，申请人"可以"而非"必须"通过作出行政处罚决定的行政机关提交行政复议申请。因此，申请人对此享有选择权，既可以通过原行政机关提交行政复议申请，也可以直接向行政复议机关提交行政复议申请。若申请人直接向行政复议机关提交行政复议申请，只要其申请符合法定条件，行政复议机关不得拒绝受理。

(二) 申请行政复议期限和行政复议申请受理的审查期限的计算

根据本法第 20 条的规定，公民、法人或其他组织可以自知道或应当知道行政行为之日起六十日内提出行政复议申请，法律规定的申请期限超过六十日的除外。在通过原行政机关提交行政复议申请的情形下，应以向原行政机关提交行政复议申请之日判断申请人是否超过法定期限。

根据本法第 30 条的规定，行政复议机关收到行政复议申请后，应当在五日内进行审查，以决定是否受理。在原行政机关转送行政复议申请的情形下，应自行政复议机关收到转送的行政复议申请后起算审查期限。

（方颉琳　撰写）

第三十三条 【程序性驳回】行政复议机关受理行政复议申请后,发现该行政复议申请不符合本法第三十条第一款规定的,应当决定驳回申请并说明理由。

【立法背景】

本条系新增条文,是对《行政复议法实施条例》相关内容的吸收与优化,规定了驳回行政复议申请决定,并要求行政复议机关说明理由。

根据本法第30条的规定,行政复议机关应当围绕七个受理条件对行政复议申请进行审查,以决定是否受理。这些受理条件中,有的是肯定性要求,有的是否定性的排除要求;有的是实质性条件,有的是形式性条件。[①] 而在受理阶段,为了充分保障公民、法人或者其他组织申请复议的权利,行政复议机关只对行政复议申请材料进行形式审查。可能存在以下几种情形,导致受理了不符合受理条件的行政复议申请:第一,由于申请人在行政复议申请材料中作出了一些错误表述,导致行政复议机关误判。第二,由于某些行政案件较为复杂,在一些受理条件的判断上确实存在困难,典型如申请人与被申请行政复议的行政行为是否有利害关系、行政复议是否超出了法定申请期限。第三,行政复议机关对一些案外情形在受理行政复议后才得知,如针对同一行政行为该申请人已经提出过行政复议或行政诉讼,且已被受理了。在上述情形中,行政复议机关只能在受理后经过实质审理才可能发现、确定该行政复议申请是否存在不符合法定受理条件的情况。正因如此,一些地方规范性文件如《重庆市行政复议案件受理审查规范》明确规定,当出现对是否属于行政复议受案范围等事项需要被申请人答复并提供证据后才能作出判断的、无法认定申请人与具体行政行为无利害关系的、无法认定行政复议申请超过申请期限的等情形时,应当先予受理,经审理后认为不符合受理条件的,应当决定驳回行政复议申请。因此,规定行政复议机关受理行政复议申请后的驳回申请决定非常必要。本法新增该规定既增强了行政复议法律规定的逻辑严密性,又切实回应了行政复议实践的需求。

---

① 参见崔梦豪:《行政复议驳回复议申请决定的反思与重构》,载《法治论坛》2021年第3期。

【条文解读与法律适用】

一、驳回复议申请与驳回复议请求的区分

2017年《行政复议法》没有规定驳回决定,《行政复议法实施条例》规定了驳回行政复议申请决定,但对于其适用情形,后者规定:"(一)申请人认为行政机关不履行法定职责申请行政复议,行政复议机关受理后发现该行政机关没有相应法定职责或者在受理前已经履行法定职责的;(二)受理行政复议申请后,发现该行政复议申请不符合行政复议法和本条例规定的受理条件的。"也就是说,《行政复议法实施条例》并不区分程序性驳回与实质性驳回,不管行政复议机关有没有对行政争议本身进行过实质审理,都统一适用驳回行政复议申请决定。对此,早有学者认为:"对程序问题和实体问题都纳入驳回申请范畴不妥。"[1]

对程序性驳回与实质性驳回的区分来源于诉讼法理,对应"诉是否合法"与"诉有无理由"两个判断。法院应当分别作出驳回起诉的裁定和驳回诉讼请求的判决。前者属于程序性驳回,并没有对行政行为的合法性进行实质性审理与认定。行政复议的上述构造与行政诉讼类似。《行政复议法实施条例》在规定驳回行政复议申请决定时借鉴了行政诉讼上的相关理念,却没有区分驳回复议申请与驳回复议请求,并分别规定其适用情形。而2018年出台的《最高人民法院关于适用〈中华人民共和国行政诉讼法〉的解释》第133条明确区分了复议机关驳回复议申请和复议机关驳回复议请求。

本法在修订中充分回应了上述问题,区分驳回复议申请和驳回复议请求:第33条规定,行政复议机关受理行政复议申请后发现不符合受理条件的,应当程序性驳回,即驳回复议申请,此时行政复议机关并没有对被申请行政复议的行政行为进行实质认定;第69条规定,行政复议机关受理申请人认为被申请人不履行法定职责的行政复议申请后,发现被申请人没有相应法定职责或者在受理前已经履行法定职责的,应当实质性驳回,即驳回复议请求,此

---

[1] 朱晓峰:《行政复议制度改革的地方实践和立法建议——基于〈行政诉讼法〉修改对行政复议制度的影响》,载《行政法学研究》2016年第5期。

时行政复议机关已经对被申请行政复议的行政行为进行了实质认定。本条的修订使得行政复议驳回决定更加科学，也充分体现了我国行政复议理论愈趋精细化。

二、实践中需要注意补正机制的适用

为了充分保障公民、法人或者其他组织申请复议的权利，充分发挥行政复议化解行政争议的主渠道作用，行政复议机关作出驳回行政复议申请决定前，应当注意补正机制的适用。理由如下：首先，行政复议受理条件中本就有形式性条件，当然可以补正；即便对于实质性条件，行政复议机关认为不足以判断是否符合受理条件且有补正可能的，仍应通知申请人补正。其次，本条规定在行政复议受理条件和补正机制之后，根据体系解释，行政复议机关在驳回行政复议申请前也有适用补正机制的可能性。最后，《最高人民法院关于适用〈中华人民共和国行政诉讼法〉的解释》第69条规定，对于裁定驳回起诉的情形，可以补正或者更正的，人民法院应当指定期间责令补正或者更正；在指定期间已经补正或者更正的，应当依法审理。这对于行政复议中驳回复议申请决定有借鉴意义。

（方颉琳　撰写）

第三十四条　【复议前置等情形的诉讼衔接】法律、行政法规规定应当先向行政复议机关申请行政复议、对行政复议决定不服再向人民法院提起行政诉讼的，行政复议机关决定不予受理、驳回申请或者受理后超过行政复议期限不作答复的，公民、法人或者其他组织可以自收到决定书之日起或者行政复议期限届满之日起十五日内，依法向人民法院提起行政诉讼。

【立法背景】

本条系修订条文。由于本法新增了驳回行政复议申请的决定，因此本条在 2017 年《行政复议法》的基础上增加了行政复议机关决定驳回申请的，公民、法人或者其他组织可以自收到决定书之日起十五日内，依法向人民法院提起行政诉讼的规定。本条的修订既完善了对公民、法人或者其他组织申请复议权的保障，又体现了本法规定体系上的一致性。

【条文解读与法律适用】

公民、法人或者其他组织不服行政机关作出的行政行为，根据法律、法规规定应当先向行政复议机关申请行政复议，对行政复议决定不服再向人民法院提起行政诉讼的，即为行政复议前置。此时，行政复议成为提起行政诉讼的前置条件。本法第 23 条第 1 款明确列举了四种行政复议前置的情形，并以其他法律、行政法规的规定作为兜底条款。之所以对某些情形规定行政复议前置，是为了充分利用行政复议机关的专门经验、专门知识和专门技能，从而充分发挥行政复议能够及时、有效、便利地解决行政争议的制度优势。然而，在实践中，有的行政复议机关可能对行政复议申请作出不予受理、驳回申请的决定，或者在受理后超过行政复议期限不作答复，如此则无法达成公民、法人或者其他组织解决行政争议的诉求。因此，为了保证公民、法人或者其他组织能够通过法定渠道解决行政争议，本条规定其可以自收到决定书之日起或者行政复议期满之日起十五日内，依法向人民法院提起行政诉讼。

需要注意的是，在前述情形下，公民、法人或者其他组织向法院提起行政诉讼应当诉什么，也即诉讼标的是什么。从理论上看，复议前置情形下，只有复议机关对原行政行为进行实质审理后，法院对该行政争议才能管辖。因此，应当诉复议机关不予受理、驳回申请或者受理后超过行政复议期限不作答复的行为。这也符合行政复议作为化解行政争议主渠道的功能定位。从实务上看，最高人民法院的案例指导、案件审判和地方法院的案件审判保持了相当的一致性，均认为应当对复议机关的复议行为提起诉讼，不得起诉原行政行为。

《最高人民法院行政法官专业会议纪要》区分复议前置和非法定复议前置，规定法律法规规定复议前置的，当事人对复议机关不予受理决定或程序性驳回复议申请决定不服提起诉讼的，人民法院应当受理。非法定复议前置的，当事人可以起诉复议机关作出的不予受理决定或驳回复议申请决定，也可以起诉原行政行为。在北海市某有限公司与广西壮族自治区北海市工商行政管理局再审审查与审判监督案中，最高人民法院在裁定书中明确指出"法律、法规规定复议机关对申请人的复议申请不予答复，或者程序性驳回复议申请的复议前置案件中，复议申请人只能起诉复议机关的不答复或驳回复议申请行为，不能一并或单独对原行政行为提起行政诉讼"。并进行了如下说理："复议前置案件经过复议程序实体处理，才能视为经过复议。复议机关对复议申请不予答复，或程序性驳回复议申请，不能视为已经经过复议，未经复议当然也就不能一并或单独对原行政行为提起行政诉讼。"[①] 对董某某诉海南省三亚市人民政府土地权属处理决定案，最高人民法院将其裁判要旨归纳为："对法律规定应为复议前置的案件，复议机关作出不予受理决定，当事人起诉原具体行政行为的，人民法院应当不予受理。当事人对于不予受理决定提起行政诉讼的，人民法院应当受理。"[②]

在地方法院的裁判实务中，法院或者侧面指出在法律没有规定复议前置的情况下，既可以选择直接起诉原行政机关作出的原行政行为，也可以选择

---

① 最高人民法院（2018）最高法行申 947 号。
② 最高人民法院行政审判庭编：《中国行政审判案例：第 40~80 号案例》第 2 卷，中国法制出版社 2011 年版，第 57 页。

起诉复议机关不予受理或驳回申请的复议决定,要求复议机关受理其复议申请;① 或者指出在复议前置情形下不得起诉原行政行为;② 或者直接正面肯定在复议前置的情形下,当事人应当诉复议机关的复议行为,而非原行政行为。③

(方颉琳　撰写)

---

① 典型案例如广东省茂名市中级人民法院(2020)粤09行终61号。
② 典型案例如四川省成都市中级人民法院(2020)川01行终110号。
③ 典型案例如安徽省高级人民法院(2020)皖行终254号;湖北省黄石市中级人民法院(2020)鄂02行终59号;西安铁路运输中级法院(2020)陕71行终564号。

第三十五条　【对行政复议受理的监督】公民、法人或者其他组织依法提出行政复议申请，行政复议机关无正当理由不予受理、驳回申请或者受理后超过行政复议期限不作答复的，申请人有权向上级行政机关反映，上级行政机关应当责令其纠正；必要时，上级行政复议机关可以直接受理。

【立法背景】

本条系修订条文，在 2017 年《行政复议法》的基础上完善了上级行政机关的监督事项、监督方式，明确了申请人向上级行政机关反映的权利。公民、法人或者其他组织依法提出行政复议申请，行政复议机关无正当理由不予受理、驳回申请或者受理后超过行政复议期限不作答复的，属行政复议机关不依法履行职责，对此本法以及《行政诉讼法》已经规定了行政诉讼这一救济途径。但行政诉讼程序相对而言救济成本更高，不够便捷。因此，本条规定对行政复议机关不作为的，申请人还可以向上级行政机关反映，由上级行政机关对行政复议机关进行监督，甚至可以由上级行政复议机关直接代行复议职责。也即通过行政机关内部的层级监督快速、便捷地纠正行政复议机关的不作为状态。

【条文解读与法律适用】

一、上级行政机关的监督事项与监督方式

在监督事项上，2017 年《行政复议法》的规定仅限于行政复议机关无正当理由不予受理，而本条规定增加了无正当理由驳回申请与受理后超过行政复议期限不作答复两种情形。在监督方式上，与监督事项相对应，本条规定并不限于责令行政复议机关受理，还包括责令其作出答复。本条规定的"责令其纠正"的外延明显大于 2017 年《行政复议法》规定的"责令其受理"。另外，上级行政机关的监督启动机制既包括依申请人的反映而启动，也包括上级行政机关依职权启动，如上级行政机关通过检查下级行政机关工作获知其不作为线索从而启动监督。本条中"申请人有权向上级行政机关反映"的规定只是对申请人申请监督权利的宣示与强调，并非对上级行政机关监督启动机制的限定。

二、上级行政复议机关可以直接受理的具体情形

本条仅规定"必要时，上级行政复议机关可以直接受理"。为了增强本条的可操作性，应当尽可能明确上级行政复议机关直接受理的具体情形。结合《司法行政机关行政复议应诉工作规定》《辽宁省行政复议规定》《云南省行政复议条例》《吉林省行政复议条例》《贵州省行政复议条例》《宁夏回族自治区行政复议条例》等部门规章与地方立法，上级行政复议机关直接受理的具体情形主要包括以下几类：（1）申请人不服的行政行为是依据司法行政法律、法规、本级以上人民政府制定的规章或者本机关制定的规范性文件作出的；（2）责令行政复议机关受理，行政复议机关仍不受理的；（3）行政复议机关与被申请的行政行为有利害关系，或者存在其他因素可能影响公正审查的；（4）被申请人作出的行政行为是经行政复议机关批准或者同意的；（5）不直接受理不利于保护申请人合法权益的。

三、实践中需要注意的问题

（一）申请人向上级行政机关反映并非向上级行政机关再次申请行政复议

我国实行"一级复议"制度。行政复议机关不作为的，申请人要么向法院提起行政诉讼，要么向上级行政机关反映，不得就行政复议机关的不作为再次向上级行政机关申请行政复议。如在李某甲等5人与某公安厅案中，李某甲等人向某市公安局提出行政复议申请，公安局未予答复，李某甲等人遂向某公安厅提出行政复议申请，要求确认某市公安局不履行行政复议职责的行政行为违法，责令其作出复议决定，某公安厅不予受理因而被诉。法院认为，李某甲等人不宜通过行政复议的方式，要求某公安厅对某市公安局不予受理行政复议申请的行为，再予以行政复议，判决驳回其诉讼请求。[①]

（二）申请人认为上级行政机关不履行监督职责的，不得对上级行政机关提起行政诉讼

上级行政机关对行政复议机关不作为的监督是行政机关的内部层级监督，

---

① 湖北省武汉市洪山区人民法院（2014）鄂洪山行初字第00042号。

根据《最高人民法院关于适用〈中华人民共和国行政诉讼法〉的解释》第1条第2款的规定，其不属于行政诉讼的受案范围。因此，申请人若认为上级行政机关不履行监督职责的，不得对上级行政机关提起行政诉讼。在某房屋开发有限公司与国家税务总局案中，某公司认为辽宁省地税局不受理其复议申请违法，要求国家税务总局责令辽宁省地税局受理其复议申请，进而对国家税务总局的答复不服，于是以国家税务总局为被告向法院提起行政诉讼。法院认为，该请求给付的内容属于行政机关对下级行政机关的内部监督行为，此类监督行为不属于行政诉讼的受案范围。且对于复议机关履行复议职责的作为或不作为，法律已经提供了救济途径，当事人不对复议行为提起行政诉讼，却要求上级行政机关履行监督职责，进而对该监督行为提起行政诉讼，无异于舍近求远。遂裁定驳回其再审申请。[1]

（方颉琳　撰写）

---

[1] 最高人民法院（2018）最高法行申6319号。

第四章　行政复议审理

本章概述

第四章系新增，2017年《行政复议法》并未专章规定行政复议审理，本章的部分规定原来规定在行政复议决定部分。本章分为一般规定、行政复议证据、普通程序、简易程序、行政复议附带审查五节，确定了行政复议的审理制度，彰显了行政复议审理程序的公正性，规范了行政复议事实认定和证据采信，并且对规范性文件附带审查程序有了更为完善的规定。与2017年《行政复议法》规定相比，修改后的条文主要有以下几方面的特点：一是确定了行政复议审理的基本原则、法律依据等；二是构建了行政复议证据制度，对证据规则、认定等问题作了明确规定；三是区分了审理的普通程序和简易程序，凸显了行政复议从书面审查到依法审理、繁简分流的转变；四是专门就规范性文件附带审查制度进行规定。上述规定与中央提出的发挥行政复议化解行政争议主渠道作用的要求相吻合，根据中央全面依法治国委员会印发的《行政复议体制改革方案》，行政复议是政府系统自我纠错的监督制度和解决行政复议机关与相对人之间行政争议的救济制度，是推进法治政府建设的重要抓手，也是维护公民、法人和其他组织合法权益的重要途径。行政复议的功能定位于化解行政争议的主渠道，其制度优势在于公正高效、便民为民。

第一节 一般规定

第三十六条 【审理程序及要求】 行政复议机关受理行政复议申请后,依照本法适用普通程序或者简易程序进行审理。行政复议机构应当指定行政复议人员负责办理行政复议案件。

行政复议人员对办理行政复议案件过程中知悉的国家秘密、商业秘密和个人隐私,应当予以保密。

【立法背景】

本条为新增条文。为进一步健全行政复议案件审理机制,发挥行政复议公正高效、便民为民的制度优势,提高行政复议程序的科学性,修订后的《行政复议法》改变了1999年《行政复议法》审查程序的单一化模式,本条第1款规定了繁简分流的审理模式,以进一步提升办案效率。同时,为了细化并规范行政复议机关的受理和审理,在修改过程中,进一步增加了行政复议机构专人负责办理案件的规定。本条第2款系保密条款,引入保密条款体现了对国家安全、公共利益的充分保护,也体现了对公民、法人和其他组织合法权益的充分尊重。

【条文解读与法律适用】

一、繁简分流审理模式

本条旨在确立行政复议审理的原则,即"简单案件简易审、复杂案件精细审"模式。1999年《行政复议法》规定了以书面审查为原则、听取当事人意见为例外的审查方式,在行政复议制度设立之初,考虑到行政复议的审查应当高效、便捷,同时结合行政复议的承载能力、行政复议人员的配备等因素，确定了书面审查原则。随着行政复议制度的发展以及行政复议体制的改革，在新发展阶段，该原则已经不能满足行政复议制度的发展、不能充分发挥行政复议化解行政争议的主渠道作用，原因有以下三点：一是该原则相对单一，未区分简单案件和复杂案件，不利于提高行政复议的效率；二是该原则适用程序设置不够明确，哪些情况下需要听取当事人意见不够明确，完全取决于复议机关；三是社会大众对行政复议的公正性存有一定异议，司法实践中，大量行政复议案件采取书面审查，案件没有经过听证、没有听取当事人意见，复议审查强度不够、公开性不足，影响了复议决定的公信力。[1] 故而行政复议相对人对行政复议的程序公开性、公正性存疑，也是其不愿意选择行政复议而更倾向于提起行政诉讼的原因之一。同为行政争议救济途径的行政诉讼，在制度设置之初也仅有单一的普通程序，并未设置简易程序，但是在2014年修改《行政诉讼法》时已经确定了普通程序和简易程序两种审理模式。为了进一步严格规范审理复杂行政案件，依法快速审理简单行政案件，完善行政诉讼简易程序适用规则，2021年《最高人民法院关于推进行政诉讼程序繁简分流改革的意见》对繁简分流作了进一步规定。虽然行政复议和行政诉讼不应当具有同质性，但是行政复议也可以吸收借鉴行政诉讼中的一些经验和制度，在充分体现行政复议专业化、实现高效、便民等特点的同时，提升公信力，发挥其主渠道作用。具体而言，要发挥其高效优势，将更多的简单案件快速处理完毕；要提高复议的公信力，将更多的复杂案件精准审理完毕。本条确立的繁简分流模式就是要提高行政复议的效率，实现简案快速处理，将行政复议程序正当化，让案件的程序更加公正化，让更多的行政相对人相信行政复议程序的公正性，自愿选择行政复议作为救济途径，从而让更多的行政争议进入行政复议途径，为实现行政复议的主渠道作用奠定基础。需要注意的是，普通程序和简易程序的适用条件均系法定条件，行政复议机构及案件办理人员应当严格按照本法规定的条件适用。本章第三节和第四节分别对一般程序和简易程序的适用条件、审理方式以及具体流程作了规定。

本条第1款的最后明确了行政复议机构指定行政复议人员负责办理行政复议案件，主要基于以下两点：一是行政复议案件办理具体分工由行政复议

---

[1] 参见许安标：《行政复议法实施二十周年回顾与展望》，载《中国法律评论》2019年第5期。

机构指定，体现行政复议工作的专业化；二是行政复议案件由行政复议人员办理，落实责任到人，实现行政复议案件审理的精细化。

二、保密条款的理解适用

关于国家秘密、商业秘密和个人隐私的界定问题。根据《保守国家秘密法》第2条规定，国家秘密是关系国家安全和利益，依照法定程序确定，在一定时间内只限一定范围的人员知悉的事项。《保守国家秘密法》第9条进一步明确了国家秘密的范围。商业秘密的认定可以结合《反不正当竞争法》第9条的相关规定，商业秘密的构成要件有三个：一是该信息不为公众所知悉，即该信息是不能从公开渠道直接获取的；二是该信息能为权利人带来经济利益，具有实用性；三是权利人对该信息采取了保密措施。[①] 关于个人隐私的保护问题，应当适用《民法典》第1032条规定，对"自然人的私人生活安宁和不愿为他人知晓的私密空间、私密活动、私密信息"予以保护。《民法典》第1039条亦规定了国家机关、承担行政职能的法定机构及其工作人员对履行职责过程中知悉的个人隐私的保密义务，明确其不得泄露或者向他人非法提供。

具体而言，行政复议人员的保密义务主要有以下几个方面：一是在审理过程中的保密义务，即在主持听证、组织证据交换等过程中的保密义务，涉密案件依法不公开听证，对涉密证据的查阅、复制权按照本法第47条的规定予以限制；二是作出的复议决定应当注意履行保密义务，文书内容不应涉及国家秘密、商业秘密或者个人隐私的相关内容，若相关行政复议决定涉密的，依法应当不予公开；三是在应诉机关工作人员向法院提交相关证据材料，为案件审理需要必须提交涉及国家秘密、商业秘密或者个人隐私的相关证据时，应当明确告知相关材料需履行保密义务；四是在案件审理完毕后，行政复议人员仍然要依法履行相应保密义务。

（牛延佳　撰写）

[①] 参见江必新、邵长茂：《新行政诉讼法修改条文理解与适用》，中国法制出版社2015年版，第201页。

第三十七条 【审理依据】 行政复议机关依照法律、法规、规章审理行政复议案件。

行政复议机关审理民族自治地方的行政复议案件,同时依照该民族自治地方的自治条例和单行条例。

【立法背景】

本条为新增条文。本条明确了行政复议审理的法律依据,2017年《行政复议法》并未对此作出明确规定。行政复议要体现其公正性和权威性,必须做到依法审理、于法有据,在此对法律依据予以明确规定,有助于实现依法复议,进一步推进行政复议的法治化。在起草过程中,对于行政复议案件审理的法律依据存在不同观点,有观点认为,行政复议除依照法律、法规、规章外,还可以依照或者参照其他规范性文件,考虑到行政复议可以附带审查规范性文件,虽然在具体案件审查过程中可能参照适用规章以下的规范性文件,但其法律地位不同于法律、法规、规章,故本条并未明确规定其他规范性文件作为审理依据。

【条文解读与法律适用】

一、行政复议案件审理的依据

由于行政复议以合法性审查与合理性审查相结合为审查原则,其审查的范围从法理上应当广于行政诉讼。在法律依据方面,《行政诉讼法》第63条规定:"人民法院审理行政案件,以法律和行政法规、地方性法规为依据。地方性法规适用于本行政区域内发生的行政案件。人民法院审理民族自治地方的行政案件,并以该民族自治地方的自治条例和单行条例为依据。人民法院审理行政案件,参照规章。"由于行政复议审查与司法审查的差异,规章在行政复议中的法律地位不同于其在行政诉讼中的法律地位。行政诉讼中规章作为参照。根据《立法技术规范(试行)(一)》,"参照"一般用于没有直接纳入法律调整范围,但是又属于该范围逻辑内涵自然延伸的事项。基于行政机关之间的隶属或者业务领导关系，规章的执行机关显然是要依照规章的。但是，人民法院在审理案件时如何对待规章，则涉及司法权与行政权的关系。①行政复议中的规章属于法律依据之一，这与行政复议是行政权而非司法权的定位是一致的。因为法律、法规的规定往往较为原则，而在具体的行政执法领域，更多的规定在规章中体现，部门规章是"在本部门的权限范围内制定的规范性文件"，地方政府规章则是"就执行法律、行政法规、地方性法规的规定需要制定规章的事项和属于本行政区域的具体行政管理事项制定的规范性文件"，②故行政复议中亦把规章作为法律适用的依据。

地方性条例、民族自治地方的自治条例和单行条例都属于地方性法规范畴，应当适用于本地方、本自治范围内发生的行政争议，行政复议机关在审理案件时，应当予以适用。

二、行政复议案件审理中的法律适用

无论是在行政复议还是在行政诉讼中，行政复议机关和人民法院对于法律、法规、规章要根据不同的位阶选择适用，同位阶的部门规章、地方性法规等之间也存在选择适用的问题，作为复议依据和诉讼参照的规章亦同样存在该问题。具体来说，有以下两个方面。

第一，正确理解行政复议中的法律适用位阶。根据《立法法》的规定，法律的效力高于行政法规、地方性法规、规章；行政法规的效力高于地方性法规、规章。一是意味着在相关规定不一致的情况下，需要按照法律的位阶效力由高到低适用，优先适用上位法。③二是同一机关制定的特别规定优先于一般规定，新的规定优先于旧的规定。三是如果下位法的规定与上位法的规定一致，系在上位法规范范围内的细化，则可以适用更为具体的下位法。

第二，正确处理行政复议中的同位阶法律冲突。根据《立法法》的规定，一是地方性法规与行政法规不一致的，应当适用行政法规的规定。二是地方性法规与部门规章不一致的，由国务院提出意见，国务院认为应当适用地方

---

① 参见孔祥俊：《行政诉讼证据规则与法律适用》，人民法院出版社2005年版，第308—312页。
② 参见信春鹰主编：《中华人民共和国行政诉讼法释义》，法律出版社2014年版，第170页。
③ 如鲁滩（福建）盐业进出口有限公司苏州分公司诉江苏省苏州市盐务管理局盐业行政处罚案（最高人民法院指导案例5号）中，地方政府规章违反法律规定设定许可、处罚，行政复议中认可了地方政府规章作为适用依据，人民法院最终判决并未适用地方政府规章。

性法规的，应当决定在该地方适用地方性法规的规定；认为应当适用部门规章的，应当提请全国人民代表大会常务委员会裁决。三是地方政府规章与国务院部门规章不一致的，应当由国务院裁决。

三、关于规章以下的规范性文件

本条在修订过程中曾经规定"参照规范性文件"作为复议的依据，考虑到本法规定了行政复议可以对规范性文件一并审查，故而没有将规范性文件参照适用作为明确规定。关于规章以下的规范性文件是否可以作为复议审理的依据问题，一方面考虑到行政复议可以对规范性文件进行审查故而不宜直接将其表述为依据，对于规范性文件不符合法律规定的，可以按照法定程序提交有权机关处理；另一方面也不宜完全否认规范性文件的效力，对于不违背法律、法规、规章的规范性文件，复议机关应当认可其效力，在具体案件中可以参照适用。

（牛延佳　撰写）

第三十八条　【提级审理】 上级行政复议机关根据需要，可以审理下级行政复议机关管辖的行政复议案件。

下级行政复议机关对其管辖的行政复议案件，认为需要由上级行政复议机关审理的，可以报请上级行政复议机关决定。

【立法背景】

本条为新增条文，系关于行政复议提级审理的规定，本条规定与行政复议公正高效的特点相契合，[①] 对于提升行政复议公正性和实质性化解行政争议有重要意义。2017年《行政复议法》第20条规定："公民、法人或者其他组织依法提出行政复议申请，行政复议机关无正当理由不予受理的，上级行政机关应当责令其受理；必要时，上级行政复议机关也可以直接受理。"该条规定可以视为提级管辖的来源，但该规定仅限于行政机关无正当理由不予受理情况下的提级，本条规定则更为全面地规范了提级管辖制度。

【条文解读与法律适用】

本条规定了上级行政机关提级管辖的两种方式：一是上级行政复议机关认为需要提级管辖的；二是下级行政复议机关报请提级管辖的。由于目前《行政复议法》关于提级管辖的规定仅是原则性规定，考量提级管辖的原则和设置目的，可以适当参照《行政诉讼法》中提级管辖的相关规定。《最高人民法院关于加强和规范案件提级管辖和再审提审工作的指导意见》中明确了提级管辖的适用条件和相关程序，考虑到复议和诉讼的差别，不应该完全相同，但是在《行政复议法实施条例》和相关规定没有就具体实施作出规定前，可以作为必要的参考。

一、上级行政复议机关根据需要提级管辖的

关于上级行政复议机关根据需要提级管辖具体包含哪些情形，现有规定比较笼统，主要是赋予了上级行政复议机关裁量权。通常而言，是需要遵循

---

① 参见刘华东：《行政复议法修订草案即将三审》，载《光明日报》2023年8月26日，第4版。

级别管辖的规定，只有在以下特殊情形下才可提级管辖。

一是从监督下级机关依法受理、审理行政复议案件的角度考虑。本条涵盖了下级行政机关无正当理由不予受理的情形，以及中止行政复议后无正当理由不及时恢复的情形。这两种情形主要是从程序上监督行政复议机关依法受理和高效审理，从而保障申请人的行政复议救济权。

二是从实质性化解行政争议的角度考虑。上级行政复议机关与下级行政复议机关相比，由于层级较高，从化解矛盾纠纷的地位上看，比下级行政复议机关更有优势，部分案件如果通过上级行政复议机关直接审理更有利于争议化解的，上级行政复议机关亦可以直接审理。

三是从提升行政复议公信力的角度出发。行政复议的首要目的就是"防止和纠正违法的或者不当的行政行为"，而行政复议公信力能否提升和人民群众是否愿意选择行政复议作为救济途径，很大程度取决于行政复议机关能否作出公正的复议处理，尤其是在行政行为存在违法或者不当的情况下，是否能够依法予以纠正。如果上级行政复议机关认为某一违法行为的纠正具有很好的公示性，能够起到示范效应，或者下级行政复议机关在处理某案件过程中因客观或主观因素影响难以作出公正处理的，上级行政复议机关都可以直接审理。

二、下级行政复议机关认为需要上级行政复议机关审理的

下级行政复议机关认为需要由上级行政复议机关审理行政复议案件的，需要通过报请程序向上级行政复议机关提出，最终是否由上级行政复议机关审理，由上级行政复议机关根据实际情况决定。除了从实质化解行政争议以及提升行政复议公信力的角度出发报请上级行政复议机关审理的案件外，下级行政复议机关还可以将审理过程中认定为疑难行政复议案件、新类型案件，或者涉及重大国家利益、社会公共利益的案件等报请上级行政复议机关审理。

在具体适用时应当注意：一是下级行政复议机关认为需要上级行政复议机关审理的案件，请示时应当遵循逐级请示的原则，即请示上一级行政复议机关审理，而不应越级请示。二是提级审理案件经过复议后进入诉讼程序的，应当由对应的具有管辖权的法院审理，即如果提级管辖维持原行政行为的，仍然以作出原行政行为的行政机关确定管辖法院的级别，在地域管辖方面，可以选择作出原行政行为的行政机关所在地或者提级管辖的行政复议机关所在地人民法院；如果改变原行政行为的，则以提级管辖的行政复议机关为被告，同时以提级管辖的行政复议机关对应的级别确定管辖法院的级别。

由于本条关于提级管辖的规定仅是原则性规定，具体如何适用，下一步将通过《行政复议法实施条例》等规定进一步明确和规范。

(牛延佳　撰写)

第三十九条　【中止情形】 行政复议期间有下列情形之一的,行政复议中止:

（一）作为申请人的公民死亡,其近亲属尚未确定是否参加行政复议;

（二）作为申请人的公民丧失参加行政复议的行为能力,尚未确定法定代理人参加行政复议;

（三）作为申请人的公民下落不明;

（四）作为申请人的法人或者其他组织终止,尚未确定权利义务承受人;

（五）申请人、被申请人因不可抗力或者其他正当理由,不能参加行政复议;

（六）依照本法规定进行调解、和解,申请人和被申请人同意中止;

（七）行政复议案件涉及的法律适用问题需要有权机关作出解释或者确认;

（八）行政复议案件审理需要以其他案件的审理结果为依据,而其他案件尚未审结;

（九）有本法第五十六条或者第五十七条规定的情形;

（十）需要中止行政复议的其他情形。

行政复议中止的原因消除后,应当及时恢复行政复议案件的审理。

行政复议机关中止、恢复行政复议案件的审理,应当书面告知当事人。

【立法背景】

本条为新增条文。《行政复议法实施条例》第 41 条关于中止的法定情形有 8 项,本条在此基础上增加了第 6 项和第 9 项,并对款项的表述进行了完善，形成10项。本条将行政法规的规定上升为法律的规定，是对行政复议程序的完善，体现了行政复议的程序公正。中止情形法定化、程序规范化有助于避免中止权的滥用，提升行政复议的公信力。

【条文解读与法律适用】

一、中止情形法定化

本条第1款规定了中止的10种法定情形，可以分为以下几类。

（一）主体原因

系因申请人原因中止的情形，根据申请人的主体资格又分为两类。

1. 因公民原因中止的情形

一是作为申请人的公民死亡，其近亲属尚未确定是否参加行政复议。关于本条规定的近亲属的概念问题，修订前的《行政复议法》及《行政复议法实施条例》均未明确，基于行政复议与行政诉讼同为行政救济途径的关系，行政复议中的近亲属概念应当与行政诉讼中的近亲属概念保持一致，以保障权利救济的统一性和有效衔接。根据《最高人民法院关于适用〈中华人民共和国行政诉讼法〉的解释》第14条的规定，《行政诉讼法》第25条第2款规定的"近亲属"，包括配偶、父母、子女、兄弟姐妹、祖父母、外祖父母、孙子女、外孙子女和其他具有扶养、赡养关系的亲属。

二是对于作为公民的申请人丧失行为能力的，考虑到其无法继续独立参加相关的复议活动，应该给予一定的时间确定法定代理人完成复议，故应当暂时停止复议。

三是作为申请人的公民下落不明。《行政复议法实施条例》第41条第1款第4项表述为"作为申请人的自然人下落不明或者被宣告失踪的"，本条仅保留了"下落不明"，是考虑到其已经能够涵盖被宣告失踪的情形。对于下落不明的界定，可与《民法典》保持一致。"所谓下落不明，是指自然人离开最后居所和住所后没有音讯的状况，这种状况须是持续、不间断地存在。"[①]

---

① 最高人民法院民法典贯彻实施工作领导小组主编：《中华人民共和国民法典总则理解与适用（上）》，人民法院出版社2020年版，第236页。

2. 法人或者其他组织中止尚未确定权利义务承受人的情形

对于因主体原因需要承继复议主体资格的，通过中止避免因原主体无法继续行使权利而导致的复议超期。本条第 1 款第 4 项表述是"法人或者其他组织"，而没有按照《民法典》中"法人或者非法人组织"的表述，主要是基于行政法中的表述习惯，也与《行政诉讼法》中的表述相一致。

（二）不可抗力或者其他正当理由

不可抗力是不能预见、不可避免、无法克服的客观情况，本法中的不可抗力与《民法典》第 180 条规定的不可抗力一致，在理解方面也可以参照适用。而其他正当理由则进一步扩大了对申请人或者被申请人不能参加行政复议的法定情形，对于其他正当理由，可以结合复议申请人、被申请人的申请由行政复议机关最终裁量确定。

（三）依法调解、和解

因调解、和解导致中止的情形应当同时满足依法和自愿两个原则。严格按照本规定进行的调解、和解，申请人和被申请人同意中止的，将调解、和解期间纳入法定中止情形，让调解、和解程序法定化、正当化，发挥调解、和解的效用，既能够避免行政复议机关因调解、和解时间过久而超过法定办案期限，又体现了对行政复议当事人调解、和解权利的保护。

（四）法律适用原因

行政复议案件涉及的法律适用问题需要有权机关作出解释或者确认，主要有以下两种：一是需要立法机关作出解释的；二是相关法律规定存在冲突的。如法律之间、行政法规之间对同一事项的新的一般规定与旧的特别规定不一致的情况，地方性法规与部门规章对同一事项规定不一致的情况，依法都需要由有权机关处理或者裁决。遇到上述法律适用和理解存有争议的情况，将依法报送有权机关解释和确认的时间纳入中止的情形，待有权机关作出解释或者确认后，方能继续进行复议。

（五）等待其他案件审理

行政复议案件审理需要以其他案件的审理结果为依据，而其他案件尚未审结。其他案件的审理结果应当是案件的基本事实、处理的最终结果等重要情节，影响本案的最终走向，对于一些辅助性的事实、证据，不属于法定需要中止的情形。

（六）规范性文件附带审查转送有权机关处理

本条第1款第9项规定的"有本法第五十六条或者第五十七条规定的情形"系涉及规范性文件附带审查的问题。由于规范性文件审查需要有权机关按程序审查，规范性文件附带审查的结果与被复议行为的处理结果具有直接关联性，须等待规范性文件审查的最终处理结果，需要一定的时间，因此将其纳入中止情形。

（七）兜底条款

本条第1款第10项规定了需要中止行政复议的其他情形，以应对执法、司法实践的多样性。

二、中止程序规范化

本条第2款和第3款分别对中止的后续处理以及程序作了规定：中止原因消除的，及时恢复审理；中止、恢复的形式明确为书面告知。

中止法定原因消除后及时恢复审理本是题中之义，但在实践中，存在不少案件中止时间过长，或者长期中止不恢复审理亦不终止的情形。本条第2款通过正面规定，明确了复议机关恢复审理的义务。关于中止原因消除的理解问题，结合本条第1款的10种情形，如公民死亡后其近亲属确定参与复议的，即可以恢复审理；再如有权机关业已对法律适用问题作出相应解释的，应及时恢复审理。

中止审理与恢复审理都应当以书面的形式作出，这是对复议机关程序正当性的要求，书面告知能够固定中止以及恢复的具体时间，避免口头或者其他形式的不确定性以及随意性，更能够彰显程序的规范化，从而有效保护行政复议申请人的合法权利。书面告知亦应当载明中止的具体情形，保证依法中止，避免非法定条件下的恣意中止。

在实践中，需要注意按照法定条件中止、及时恢复审理，并通过书面方式告知中止审理及恢复审理，保障当事人的相关权利。

（牛延佳　撰写）

第四十条　【对无正当理由中止的监督】行政复议期间，行政复议机关无正当理由中止行政复议的，上级行政机关应当责令其恢复审理。

【立法背景】

本条为新增条文，旨在加强上级行政机关对行政复议机关中止权的监督，避免滥用中止权和违法行使中止权。本条规定有助于解决实践中出现的部分行政复议机关不依法中止或者长期中止规避法律规定等情形，程序和实体上充分保障行政复议当事人的权利。

【条文解读与法律适用】

一、对无正当理由中止行政复议的理解

关于无正当理由中止行政复议的理解和认定，结合本法第 39 条规定的法定中止情形，可以分为以下两种情况：一是违法中止，指法定中止情形以外的情况，即本就不符合中止条件，依法不应予以中止。如部分行政复议机关考虑审理期限等原因，或者由于案件审理难度较大等原因而中止审理，属于不符合法定条件的中止，构成违法中止。二是滥用中止权，即虽然中止符合本法第 39 条的情形，但是行政复议机关未及时恢复，系复议机关滥用中止权，肆意延长中止时间，也属于无正当理由中止。

二、上级机关对行政复议中止的监督权

行政复议机关的上级行政机关有权对行政复议机关的行政行为进行监督。行政监督权是基于上下级行政机关的层级监督，但这种监督具有泛化性，而本条则是有针对性的规定，规范了对行政复议机关中止权的监督。2017 年《行政复议法》和《行政复议法实施条例》均未对行政复议机关无正当理由的中止行为规定救济权。在实践中，行政复议申请人往往通过向行政复议机关反映、向行政复议机关的上级行政机关反映或者向人民法院提起行政诉讼等方式寻求救济。理解本条需要关注以下几点。

第四十条 【对无正当理由中止的监督】 117

第一，行使监督权的上级行政机关是行政复议机关的上一级行政机关。如对区政府行使监督权的是市政府，而非省政府。故对于行政复议的当事人而言，若对行政复议机关的不正当中止行为有异议，依法应当向行政复议机关的上一级行政机关反映，而不应越级反映。对于行政复议当事人越级反映的，相关部门可以将相关情况转送行政复议机关的上一级行政机关处理。

第二，行政复议机关的上级行政机关对无正当理由中止具有监督法定职责。由于该条规定明确了行政复议机关无正当理由中止行政复议的，上级行政机关应当责令行政复议机关恢复审理，故上级行政机关行使监督权已经不限于层级监督。本条属于授权性规定，赋予上级行政机关对行政复议机关中止监督的法定职责。故上级行政机关对复议中止行为是否正当应当依法进行判断，并针对不同情形分别作出以下处理：一是认为中止行为有正当理由，则不需要责令行政复议机关恢复审理，行政复议当事人或者利害关系人等对中止行为提出异议的，上级行政机关可以向其说明原因，告知相关情况；二是认为中止行为无正当理由，则应当责令行政复议机关恢复审理，并可视情况将责令恢复审理的情形告知行政复议当事人或者利害关系人。基于上级行政机关的责令，行政复议机关依法应当恢复审理。

第三，对无正当理由中止行为的救济，除请求上级行政机关履行监督外，行政复议申请人对于长期中止、违法中止等情形向上级行政复议机关请求恢复后仍然不能得到合理救济的，可以通过行政诉讼途径寻求救济。主要有两种情形：一是行政复议机关的上级行政机关没有责令行政复议机关恢复审理，行政复议当事人或者利害关系人认为依法应当恢复审理；二是行政复议机关在上级行政机关责令后仍然不恢复审理。

（牛延佳 撰写）

第四十一条　【终止情形】行政复议期间有下列情形之一的，行政复议机关决定终止行政复议：

（一）申请人撤回行政复议申请，行政复议机构准予撤回；

（二）作为申请人的公民死亡，没有近亲属或者其近亲属放弃行政复议权利；

（三）作为申请人的法人或者其他组织终止，没有权利义务承受人或者其权利义务承受人放弃行政复议权利；

（四）申请人对行政拘留或者限制人身自由的行政强制措施不服申请行政复议后，因同一违法行为涉嫌犯罪，被采取刑事强制措施；

（五）依照本法第三十九条第一款第一项、第二项、第四项的规定中止行政复议满六十日，行政复议中止的原因仍未消除。

【立法背景】

2017年《行政复议法》第25条规定："行政复议决定作出前，申请人要求撤回行政复议申请的，经说明理由，可以撤回；撤回行政复议申请的，行政复议终止。"该条仅规定了撤回行政复议申请终止一种情形，不能满足复议实践的需求。《行政复议法实施条例》第42条中增加了行政复议终止的四种法定情形，并且将部分中止行政复议满六十日，中止的原因仍未消除的，纳入终止的法定情形。本条规定与《行政复议法实施条例》的规定保持一致，仅在部分表述上进行了完善。

【条文解读与法律适用】

本条前4项规定了行政复议终止的法定情形，而第5项的终止则是基于行政复议中止的转化。

一、行政复议终止法定化

行政复议终止的法定情形有以下三种。

一是申请人撤回行政复议申请，行政复议机构准予撤回。该项系基于申请人自愿,且应当在行政复议程序之中,即在行政复议作出最终处理之前,由行政复议机构经审查后准许的。

二是因主体原因而终止。分为两种情况:第一种是作为申请人的公民死亡,没有近亲属或者近亲属放弃复议权利;第二种是作为申请人的法人或者其他组织终止,没有权利义务承受人或者其放弃复议权利。

三是在行刑衔接的情况下,因行政行为转化为刑事行为,行政复议的对象不再存在,需要终止行政复议。行刑衔接必须满足以下条件:第一,必须是基于同一违法行为的转化,若是同一当事人的不同行为或者其他有关联性的行为,则不符合该条件;第二,必须是行政拘留或者限制人身自由的行政强制措施变更为刑事强制措施,即行政行为变更为刑事行为,行政复议机关不再具有管辖权,而应当移交刑事机关处理。需要注意的是,行政拘留或者行政强制措施变更为刑事拘留或者刑事强制措施,有可能处理的主体未发生变更,仍然是公安机关,但是由于公安机关同时具有行政强制权和刑事强制权,故应当通过行为的性质而非实施的主体进行判断,判断行为性质的主要依据有公安机关的书面通知、文书等。

二、从行政复议中止到终止

行政复议中止不设限可能侵害当事人的实体权利,在中止事由无法消除的情况下将中止变为终止,能够有效保证各方权利的平衡。第39条第1款第1项、第2项、第4项规定的中止情形并未设定中止的期限,但是在本条中规定了六十日的期限,超过期限的,行政复议程序终结。该项规定类似于行政复议的申请期限,即在原复议申请人不具备复议能力的情形下,重新赋予相关权利人继续行使的权利,但是亦需要限定相应的期限,以督促其及时行使权利。

三、行政复议终止的法定效果

行政复议终止不仅是程序救济权的终止,也对实体权利产生影响:一是行政复议从程序上终结,且不能再行启动,无论基于何种理由都无法继续;二是在未经法定程序作出处理的情况下,原行政行为继续产生效力;三是申请人撤回行政复议申请的,不得以同一事实和理由重新申请行政复议,即使后来申请人死亡或者终止,公民的近亲属或者代理人、法人和其他组织的权利承继者亦不得再就该事实和理由申请行政复议。

(牛延佳 撰写)

第四十二条 【行政行为停止执行情形】 行政复议期间行政行为不停止执行；但是有下列情形之一的，应当停止执行：

（一）被申请人认为需要停止执行；

（二）行政复议机关认为需要停止执行；

（三）申请人、第三人申请停止执行，行政复议机关认为其要求合理，决定停止执行；

（四）法律、法规、规章规定停止执行的其他情形。

【立法背景】

本条与 2017 年《行政复议法》第 21 条的规定相比，主要有三个变化：一是将停止执行的例外情形从"可以"变更为"应当"，增强了停止执行法定情形的保护力度；二是增加了第三人申请停止执行的情形，扩大了停止执行申请人的保护范围；三是将"法律规定停止执行"变更为"法律、法规、规章规定停止执行"，完善了停止执行法定情形的法律依据。

【条文解读与法律适用】

一、行政复议不停止执行原则

行政复议以行政行为不停止执行为原则，主要是考虑到行政行为一经作出就具有确定力、公定力，行政行为具有可执行力和不可争力，即行政行为的效力先定原则。这种效力先定原则在执行领域主要体现在行政复议与行政诉讼都不停止执行。根据《行政诉讼法》第 56 条的规定，诉讼期间，不停止行政行为的执行。诉讼停止执行和不停止执行在世界范围内都有国家推行，如德国以停止执行为原则、不停止执行为例外，法国以不停止执行为原则、停止执行为例外。[①] 不同模式的选择系基于每个国家的不同国情和特点，都有其合理性。我国行政诉讼和行政复议均以不停止执行为原则，在行政法相关

[①] 参见梁凤云：《新行政诉讼法讲义》，人民法院出版社 2015 年版，第 310—311 页。

部门法领域，对此也有明确规定，如《行政处罚法》第 73 条第 1 款规定："当事人对行政处罚决定不服，申请行政复议或者提起行政诉讼的，行政处罚不停止执行，法律另有规定的除外。"

二、行政复议不停止执行原则的例外规定

本条在确定行政复议不停止执行原则的基础上，明确了例外的具体情形。该条的例外规定与《行政诉讼法》第 56 条的规定有所差异，行政复议不停止执行原则更多考虑的是行政行为的效力以及效率，而例外规定则是对公共利益、第三人合法权益等各方利益的平衡。

（一）被申请人或者行政复议机关认为需要停止执行

行政机关对各种情况作出判断，如果认为停止执行并不损害社会公益，而不停止执行有可能带来难以弥补的损失，或者是基于其他特殊原因，应当作出停止执行的决定。需要注意的是，这里规定的是"应当"而非"可以"，行政复议机关认为需要停止执行的，被申请人应当停止执行，而被申请人认为需要停止执行的，也无须经过行政复议机关许可。

（二）行政复议申请人或者第三人申请停止执行，行政复议机关认为其要求合理，决定停止执行

不同于本条第 1 项和第 2 项的情形，行政复议申请人或者第三人仅具有停止执行的申请权，但最终是否停止执行，需要经过行政复议机关审查，经审查认为其要求合理的，才决定停止执行，而非当然停止执行。行政复议机关应当衡量停止执行与不停止执行之间的利益及法律后果等作出相应决定。

（三）法律、法规、规章规定停止执行

法律规定停止执行的主要有以下两种情形。

一是法律规定只要当事人提起行政复议或者行政诉讼，就应当停止执行的情形。这种情况主要涉及不动产拆除，此类行为执行回转难度较大，往往涉及的利益也较大。如《行政强制法》第 44 条规定："对违法的建筑物、构筑物、设施等需要强制拆除的，应当由行政机关予以公告，限期当事人自行拆除。当事人在法定期限内不申请行政复议或者提起行政诉讼，又不拆除的，行政机关可以依法强制拆除。"《国有土地上房屋征收与补偿条例》第 28 条第 1 款规定："被征收人在法定期限内不申请行政复议或者不提起行政诉讼，在补偿决定规定的期限内又不搬迁的，由作出房屋征收决定的市、县级人民政

府依法申请人民法院强制执行。"即在此类案件中，如果当事人申请行政复议或者提起行政诉讼的，在行政复议或者行政诉讼期间，行政机关不得实施强制执行行为。

二是法律赋予当事人暂停执行的申请权，符合法定条件的应当暂缓执行。如《行政处罚法》第73条第2款规定："当事人对限制人身自由的行政处罚决定不服，申请行政复议或者提起行政诉讼的，可以向作出决定的机关提出暂缓执行申请。符合法律规定情形的，应当暂缓执行。"《治安管理处罚法》第107条规定："被处罚人不服行政拘留处罚决定，申请行政复议、提起行政诉讼的，可以向公安机关提出暂缓执行行政拘留的申请。公安机关认为暂缓执行行政拘留不致发生社会危险的，由被处罚人或者其近亲属提出符合本法第一百零八条规定条件的担保人，或者按每日行政拘留二百元的标准交纳保证金，行政拘留的处罚决定暂缓执行。"上述两法均规定了可以暂缓执行的法定情形，即不停止执行的例外规定。《行政处罚法》笼统规定了符合法律规定情形应当暂缓执行，而《治安管理处罚法》明确了暂缓执行不致发生社会危险的，提供担保人或者交纳保证金后可暂缓执行。

此外，大量关于不停止执行的例外规定在法规、规章中，如《拘留所条例实施办法》第19条规定："收拘时或者收拘后，拘留所发现被拘留人有下列情形之一的，应当出具建议停止执行拘留通知书，建议拘留决定机关作出停止执行拘留的决定：（一）患有精神病或者患有传染病需要隔离治疗的；（二）病情严重可能危及生命安全的；（三）生活不能自理的；（四）因病出所治疗，短期内无法治愈。拘留决定机关应当立即作出是否停止执行拘留的决定并通知拘留所。"故本条规定中增加了法规、规章作为例外规定的法定形式。

（牛延佳　撰写）

第二节　行政复议证据

第四十三条　【行政复议证据种类】 行政复议证据包括：

（一）书证；

（二）物证；

（三）视听资料；

（四）电子数据；

（五）证人证言；

（六）当事人的陈述；

（七）鉴定意见；

（八）勘验笔录、现场笔录。

以上证据经行政复议机构审查属实，才能作为认定行政复议案件事实的根据。

【立法背景】

本条为新增条文。2017 年《行政复议法》未对证据作出明确规定，《行政复议法实施条例》也未就证据问题作出具体规定。完善行政复议中的证据制度是提升行政复议公信力的重要途径，本条关于证据的规定与《行政诉讼法》第 33 条关于证据的规定一致，也体现了行政复议与行政诉讼在证据方面的衔接。

【条文解读与法律适用】

一、证据的形式

根据本条规定，证据有 9 种形式，共划分为以下 8 项。

第1项为书证。书证在各种形式的证据中排于首位,在诉讼中,书证被广泛应用,保护的形式也非常丰富,行政复议中的书证与行政诉讼中的书证是一致的。书证是以文字、符号、图案等形式记载的,能够表达人的思想和行为的,能证明案件事实的物品。书证根据不同的制作主体可分为公文书证和私文书证,公文书证通常具有较高的证明力;根据来源不同可以分为原本、正本、副本等,原本的证明力最高,正本与原本具有同等效力,而副本须与正本核对无误。通常,行政机关作出的行政行为如行政处罚决定书等不属于证据,而为证明该行为合法性的相关材料则属于证据,如处罚决定事先告知书。

第2项是物证。物证是以其物质属性、外部特征、存在状况、空间方位等来证明案件事实的物品和痕迹。物证具有较强的稳定性和较高的证明力。如因生产假冒伪劣产品被行政处罚的,其使用的工具以及生产的产品都属于物证。物证的效力虽然较高,但往往也要与其他证据结合,而不能以单一物证证明。

第3项是视听资料。视听资料是以录音、录像及计算机等高科技设备取得的音像图像资料和利用电脑等设备取得、存储的数据材料。视听资料需要通过相关的载体存储,但是由于科技的发展,视听资料极易被篡改、伪造,需要结合其他证据综合判断其证明力。

第4项是电子数据。电子数据是指与案件事实有关的电子邮件、网上聊天记录、电子签名、网络访问记录等以数字形式存在的证据。电子数据同样不具有稳定性,容易被删改、破坏,故需要其他证据对其证明力予以补强。

第5项是证人证言。任何了解案件有关情况的非案件的当事人,符合证人资格的,都可以成为案件的证人。广义的证人包括鉴定人、专家证人和一般证人,且前两类证人的可信度和证明力往往大于一般证人。由于本条将鉴定意见单独列为一类证据,故这里的证人证言仅指一般证人。

第6项是当事人的陈述。行政复议中的当事人包括复议申请人、被申请人以及第三人,当事人应当就自己经历的案件事实作出陈述。

第7项是鉴定意见。鉴定意见是由具备专门知识的人员根据客观材料作出的鉴别和判断,通过分析、鉴别、检验和判断后作出的书面意见。鉴定意见具有专业性,但是在办理案件时仍然要进行认定而非当然采纳。

第 8 项是勘验笔录和现场笔录。勘验笔录是行政复议机关对案件的现场和物品进行就地检验、测量、勘查和分析所作的书面记录。现场笔录则是行政机关工作人员在执行职务过程中对有关管理活动的现场情况作出的书面记录，是行政案件中特有的证据形式。

二、证据的认定

由于客观真实和法律真实之间并不完全等同，本条第 2 款中的"审查属实"应当是符合法律真实并无限接近客观真实，具体而言就是证据必须具有关联性、真实性、合法性，同时具备这三性才能作为认定案件事实的根据。关联性是证据三性中首先应当考虑的问题，即作为证据的事实必须与待证的案件事实有内在联系。真实性是指证据须以客观存在的事实为依据。合法性是指证据的收集、调查必须符合法定程序，必须具有法律要求的特定形式，必须经过法定程序查证属实才能作为定案证据，非法证据应当予以排除。

（牛延佳　撰写）

第四十四条 【举证责任分配】被申请人对其作出的行政行为的合法性、适当性负有举证责任。

有下列情形之一的，申请人应当提供证据：

（一）认为被申请人不履行法定职责的，提供曾经要求被申请人履行法定职责的证据，但是被申请人应当依职权主动履行法定职责或者申请人因正当理由不能提供的除外；

（二）提出行政赔偿请求的，提供受行政行为侵害而造成损害的证据，但是因被申请人原因导致申请人无法举证的，由被申请人承担举证责任；

（三）法律、法规规定需要申请人提供证据的其他情形。

【立法背景】

本条系新增条文，明确了行政复议中的举证责任分配，既与行政诉讼中的举证责任分配原则相衔接，又体现了行政复议自身的特点。《行政诉讼法》第34条第1款规定："被告对作出的行政行为负有举证责任，应当提供作出该行政行为的证据和所依据的规范性文件。"本条第1款规定的行政复议举证责任原则与行政诉讼基本一致，但是突出了行政复议合理性审查的特点，规定了被申请人对行政行为适当性的举证责任。《行政诉讼法》第38条规定："在起诉被告不履行法定职责的案件中，原告应当提供其向被告提出申请的证据。但有下列情形之一的除外：（一）被告应当依职权主动履行法定职责的；（二）原告因正当理由不能提供证据的。在行政赔偿、补偿的案件中，原告应当对行政行为造成的损害提供证据。因被告的原因导致原告无法举证的，由被告承担举证责任。"本条区分了申请人与被申请人在行政复议中的举证责任，总体原则与行政诉讼一致，对于不履行法定职责类以及行政赔偿类案件的举证责任也作了特别规定。

【条文解读与法律适用】

一、被申请人举证原则

行政复议以合法性与合理性审查相结合为原则，这在本法第 1 条立法目的"为了防止和纠正违法的或者不当的行政行为"中已经予以明确。行政复议以行政行为的合法性和适当性为审查中心，对于行政机关作出的行政行为，应当由作为被申请人的行政机关证明该行为的合法性及适当性。行政机关应当提交其作出行政行为的证据以及依据的规范性文件等。行政机关在行政程序中形成的案卷材料应当作为证明行政行为合法的根据，在复议程序中向复议机关提供，行政复议机关应当基于案卷材料内的证据对行政行为的合法性、适当性作出判断。合法性的举证责任相对容易理解，只需要符合法律的规定。但是，如何判断行政行为适当，需要行政复议机关作出裁量。例如，对行政违法行为顶格处罚可能属于合法但不适当的行为，在征收安置过程中将老人安排在没有电梯的高层也可能属于不适当的行为，这都需要由行政机关对行为的适当性承担举证责任。

二、特殊类型案件的举证责任

本条第 2 款对特殊类型案件的举证责任作了规定，即在被申请人承担举证责任以外的特别规定。

（一）不履行法定职责

不履行法定职责类案件的举证责任因不同类型而有所区分：对于依职权应当履责而未履责的，行政机关应当就其不履行职责行为的合法性承担举证责任。对于依申请履责的案件，申请人应当提供证据证明其曾提出过申请。如果未经申请直接提起行政复议，行政复议机关应当引导申请人先行向行政机关提出申请，经过引导仍坚持直接提起行政复议的，因其未能向行政机关提供履行相应职责必要的申请材料，故其行政复议申请不能得到支持。行政复议机关不同于审判机关，其作为行政机关的内部监督部门，可以将申请人的相关材料交给具有法定职责的行政机关，督促行政机关尽可能按照法律规定作出处理。如果申请人提供证据证明其曾经提出过申请而行政机关未履行法定职责，则应当由行政机关对其不履行法定职责行为的合法性承担举证责任。

(二) 行政赔偿

在行政赔偿案件中，申请人应当就因违法行政行为造成的损害承担举证责任，通常应当提供损失的项目、明细、价值等证明材料。但是在实践中，由于行政机关实施违法行政行为等原因导致相关证据灭失或者相关损失无法被证明的，举证责任发生转移，即由于行政机关的原因导致申请人无法举证的，由行政机关承担举证责任。实践中，存在较多的是双方都无法提供证据的情况，本条没有再继续就该种情况如何处理作出明确规定，但是在行政诉讼中，《最高人民法院关于审理行政赔偿案件若干问题的规定》第 11 条第 2 款规定："人民法院对于原告主张的生产和生活所必需物品的合理损失，应当予以支持；对于原告提出的超出生产和生活所必需的其他贵重物品、现金损失，可以结合案件相关证据予以认定。"在行政复议中，亦可以参照该条规定作出处理。

本条第 2 款第 3 项为法律、法规在举证责任规定和发展方面留下了空间，且本项规定的申请人提供证据的情形不仅仅是一种义务，还可以是一种权利，如《行政诉讼法》第 37 条规定："原告可以提供证明行政行为违法的证据。原告提供的证据不成立的，不免除被告的举证责任。"

(牛延佳　撰写)

第四十五条　【行政复议机关调查取证】行政复议机关有权向有关单位和个人调查取证，查阅、复制、调取有关文件和资料，向有关人员进行询问。

调查取证时，行政复议人员不得少于两人，并应当出示行政复议工作证件。

被调查取证的单位和个人应当积极配合行政复议人员的工作，不得拒绝或者阻挠。

【立法背景】

本条为新增条文，是关于行政复议机关调查取证的规定。2017年《行政复议法》第22条规定，申请人提出要求或者行政复议机关负责法制工作的机构认为有必要时，可以向有关组织和人员调查情况，但是没有明确的关于行政复议机关的调查取证权的专门性规定。本条在修改过程中，有观点认为，行政复议程序应吸纳司法程序中的公平公正原则，以提升其程序正当性、公正性和公信力。同时，强化行政复议机关调查权和听取意见程序，弥补申请人举证能力不足，以便全面查明事实，实质性解决纠纷。行政复议的调查取证不同于行政执法程序中的调查取证，行政复议机关处于相对中立的地位，但行政复议程序中的调查取证也不完全等同于行政诉讼程序中的调查取证。本条借鉴了行政诉讼中人民法院调查取证的相关规定，同时结合了行政复议制度自身的特点。

【条文解读与法律适用】

一、行政复议机关的调查取证权

行政复议机关依法具有调查取证权，调查取证权的启动有两种方式，一种是依职权主动调查，另一种是根据申请人的申请调查取证。依职权主动调查是行政复议机关根据案件情况可以进行必要的调查取证，既可以调取各方当事人的证据，也可以调取案外人的证据，完全由行政复议机关根据案件审理需要来决定。根据申请调查取证通常是行政复议机关根据申请人的申请调查取证，而非根据行政机关的申请，因为行政机关具有较强的调查取证能力，其专业性往往高于普通的申请人，其地位与申请人相比也较为强势。

行政复议机关调查取证方式具有一定的灵活性。本条第1款规定了行政复议机关有权查阅、复制、调取有关文件和资料，向有关人员进行询问。即调查取证的证据既可以是书证、物证、鉴定意见、勘验笔录和现场笔录，也可以是证人证言、视听资料、电子数据。行政复议机关调取的证据也应当听取申请人与被申请人的意见，注重证据的关联性、合法性、真实性。

关于行政复议机关在复议程序中能否为证明行政行为的合法性调取证据的问题，本条没有明确规定。《最高人民法院关于执行〈中华人民共和国行政诉讼法〉若干问题的解释》（已失效）第31条第2款曾规定："复议机关在复议过程中收集和补充的证据，不能作为人民法院维持原具体行政行为的根据。"《最高人民法院关于行政诉讼证据若干问题的规定》第61条规定："复议机关在复议程序中收集和补充的证据，或者作出原具体行政行为的行政机关在复议程序中未向复议机关提交的证据，不能作为人民法院认定原具体行政行为合法的依据。"但是，2018年《最高人民法院关于适用〈中华人民共和国行政诉讼法〉的解释》第135条第3款中明确，"复议机关作为共同被告的案件，复议机关在复议程序中依法收集和补充的证据，可以作为人民法院认定复议决定和原行政行为合法的依据"。虽然《最高人民法院关于行政诉讼证据若干问题的规定》仍在施行，但是该条的部分规定已经为新法所取代。故理解本条时需注意，对行政复议机关的调查取证权不应过分限制，主要有以下两点原因：一是基于行政复议与行政诉讼的程序一体性。1989年《行政诉讼法》将原行政行为程序与行政复议程序视为相互独立的程序，现行《行政诉讼法》将原行政行为程序与行政复议程序视为一体，因此，在《行政诉讼法》有明确规定的情况下，应保持法律之间的统一性和相互衔接。二是突出了行政复议程序中复议机关与行政诉讼中人民法院在调查取证上的差别。《行政诉讼法》第40条规定，人民法院"不得为证明行政行为的合法性调取被告作出行政行为时未收集的证据"，这是基于人民法院诉讼中的中立地位，而行政复议机关的定位是内部监督机关，行政复议程序属于内部程序，"复议机关最终的行为还没有作出，行政程序还在进行中"[1]。故而应当尽可能发挥复议机关的内部有效监督作用，允许行政复议机关对原行政行为的补正和维持，避免两个程序的同质化。总之，要充分发挥行政复议在实质性解决行政争议中的作用，允许行政复议机关进行适当的补正以治愈原行政行为。

二、调查取证的规范化

本条第2款集中体现了调查取证的程序规范化。行政复议程序的规范化、公正性的体现之一就是行政复议工作人员依法行使行政复议权。行政复议体制改革后，将行政复议权集中统一，充实行政复议机关人员力量，发挥行政复议专业优势，改变以往行政复议人员不足、业务不精等状况，提升行政复议办案能力和质效，提升行政复议公信力。在调查取证环节，行政复议人员必须有两人以上，并且均应当出示行政复议工作证件，否则，被调查人员有权拒绝接受调查询问。

三、被调查人员的配合义务

被调查人员的主体既可能是作为行政相对人的公民、法人或者其他组织，也可能是行政机关，还可能是案外的公民、法人或者其他组织。无论是何种主体，只要与行政复议相关，均具有配合行政复议机关调查的义务。这种配合调查义务体现在作为证人的被调查人员应当提供证人证言、当事人方应当真实陈述并提供相关证据、行政机关亦应当积极配合调查取证，不应拒绝调查或者阻挠调查。一般而言，拒绝调查的主体是被调查人员，而阻挠调查既可能是被调查人亦可能是案外人。据此，本条第3款规定，被调查取证的单位和个人应当积极配合行政复议人员的工作，不得拒绝或者阻挠。

关于不履行配合调查义务，或者拒绝、阻挠调查的法律后果，本条没有规定，但是本法第84条中明确了"拒绝、阻挠行政复议人员调查取证，故意扰乱行政复议工作秩序的，依法给予处分、治安管理处罚；构成犯罪的，依法追究刑事责任"。

（牛延佳　撰写）

---

[1] 梁凤云：《行政诉讼法司法解释讲义》，人民法院出版社2018年版，第349页。

第四十六条 【被申请人收集和补充证据限制】行政复议期间，被申请人不得自行向申请人和其他有关单位或者个人收集证据；自行收集的证据不作为认定行政行为合法性、适当性的依据。

行政复议期间，申请人或者第三人提出被申请行政复议的行政行为作出时没有提出的理由或者证据的，经行政复议机构同意，被申请人可以补充证据。

【立法背景】

本条系对 2017 年《行政复议法》第 24 条的修改和完善，2017 年《行政复议法》第 24 条规定："在行政复议过程中，被申请人不得自行向申请人和其他有关组织或者个人收集证据。"但是对法律后果没有明确规定，并且没有对特殊情况下被申请人补充证据规则予以明确。本条的规定更加完善，一方面，明确了被申请人在行政复议程序中自行收集证据不作为认定行政行为合法性、适当性的依据。另一方面，规定了申请人或者第三人提出被申请复议的行政行为作出时没有提出的理由或者证据的，被申请人可以补充证据。

【条文解读与法律适用】

一、行政复议中的案卷排他主义

案卷排他主义规则又称案卷主义规则，是指行政机关在行政程序之外形成的证据不能作为证明行政主体的行为合法或者定案的根据。我国《行政诉讼法》规定被告不得在行政诉讼程序中自行收集证据就是案卷排他主义原则的体现。《最高人民法院关于行政诉讼证据若干问题的规定》第 59 条、第 60 条、第 61 条分别从对原告提供证据的限制、对被告提供证据的限制以及对行政复议程序证据的限制三个方面体现了案卷排他主义，即坚持先取证、后裁决的方式。因此，本条第 1 款明确规定"行政复议期间，被申请人不得自行向申请人和其他有关单位或者个人收集证据"。但行政复议程序中的案卷排他主义并非绝对的排他主义，而是相对的，这种相对性体现在两个方面：一是本法第 45 条规定的行政复议程序与行政程序一体化前提下的行政复议机关可以调取证据的规定；二是本条第 2 款补充证据的例外规定。

二、被申请人不得在行政复议程序中自行收集证据

行政程序中的证据是行政行为作出时形成的，被申请人为证明其行为的合法性、适当性，应当在行政复议程序中提供。若被申请人在行政复议程序中收集证据，则违背了先取证、后裁决的方式，即使后续收集到了相关证据，也无法证明原行政行为作出时该证据就存在或者系该行政行为作出时的依据，故行政复议机关不得据此认定其行政行为的合法性、适当性。被申请人在行政复议程序中收集到了相关证据，并且补正了原行政行为的瑕疵，也只是属于改变行政行为。在此种情形下，行政复议机关不得认定原行政行为合法，若申请人不再主张权利并申请撤回行政复议申请的，行政复议机关可以依法审查予以准许；若申请人仍然主张原行政行为违法的，行政复议机关则应当作出复议决定，确认原行政行为违法。

本条规定的被申请人不得自行收集证据的对象为"申请人和其他有关单位或者个人"，该对象原则上与《行政诉讼法》第 35 条规定的"原告、第三人和证人"是一致的，并且涵盖的范围既包括本人，也包括其诉讼代理人。

三、被申请人补充证据规则

本条第 2 款是第 1 款的例外规定，是关于经行政复议机构允许被申请人补充证据的规则，这一规则并未突破先取证、后裁决的原则。

第一，允许被申请人补充证据的前提，是申请人或者第三人提出了被申请行政复议的行政行为作出时没有提出的理由或者证据，这类似于证据突袭，即申请人或者第三人并未在行政程序中提出相关证据。如果不允许行政机关补充证据，则易引发不良导向，可能导致申请人或者第三人在行政程序中保留证据或者不完全提供证据，行政机关因此未能查清全部案件事实，从而作出的行政行为不完全符合客观事实。导致这一结果的责任并不完全是行政机关认定事实不清，申请人未能提供证据亦是原因之一。在行政复议程序中如果允许行政机关补充证据，就能够弥补这一缺陷，也让申请人或者第三人明白，保留证据或不完全提供证据并不能让其在行政复议中取得优势，还是应当在各个程序中依法提供相应的证据。

第二，补充证据需要经过行政复议机构的同意。申请人或者第三人在行

政程序中未提供证据而在行政复议程序中提供证据的,行政机关补充证据需要经过行政复议机构同意,即补充证据作为例外规定并非当然,需要经过严格审查。

以上原则和例外相结合的规定有助于行政复议机关在审查行政行为合法性、适当性时,使行政复议审查的法律真实能够更加接近客观真实,充分发挥证据的作用。

(牛延佳 撰写)

第四十七条 【申请人等查阅、复制权利】

行政复议期间,申请人、第三人及其委托代理人可以按照规定查阅、复制被申请人提出的书面答复、作出行政行为的证据、依据和其他有关材料,除涉及国家秘密、商业秘密、个人隐私或者可能危及国家安全、公共安全、社会稳定的情形外,行政复议机构应当同意。

【立法背景】

本条是对2017年《行政复议法》第23条第2款规定的完善,是关于申请人、第三人的查阅复制权的规定。2017年《行政复议法》第23条第2款规定:"申请人、第三人可以查阅被申请人提出的书面答复、作出具体行政行为的证据、依据和其他有关材料,除涉及国家秘密、商业秘密或者个人隐私外,行政复议机关不得拒绝。"本条主要做了以下调整:一是明确可以"按照规定"行使查阅、复制权;二是明确了委托代理人的查阅、复制权;三是将"具体行政行为"调整为"行政行为";四是在例外情形中增加了可能危及国家安全、公共安全、社会稳定三种情形;五是将"不得拒绝"正面表述为"应当同意"。

【条文解读与法律适用】

一、行政复议中的查阅、复制权

本条规定了申请人、第三人及其委托代理人在行政复议程序中可以按照规定查阅、复制被申请人提出的书面答复、作出行政行为的证据、依据和其他有关材料。该规定与行政诉讼中的查阅、复制权有所区别。《行政诉讼法》第32条规定:"代理诉讼的律师,有权按照规定查阅、复制本案有关材料,有权向有关组织和公民调查,收集与本案有关的证据。对涉及国家秘密、商业秘密和个人隐私的材料,应当依照法律规定保密。当事人和其他诉讼代理人有权按照规定查阅、复制本案庭审材料,但涉及国家秘密、商业秘密和个人隐私的内容除外。"二者的区别在于:第一,《行政诉讼法》规定的是当事人的查阅、复制权，而本条没有规定作为被申请人的行政机关的查阅、复制权。这是因为在行政复议程序中，行政机关是行政行为合法性、适当性的证明责任主体，申请人在行政程序中提供的相关证据，行政复议机关在行政复议程序中都已经掌握。而对于申请人、第三人在行政程序中没有提供的证据，本法第46条第2款已经明确了行政机关经过行政复议机构同意可以补充证据。本条规定体现了对复议申请人、第三人的有力保护，避免因行政复议机关和行政机关之间的上下级关系或者内部监督关系引发申请人、第三人认为自己处于不利地位而不愿选择复议程序。第二，《行政诉讼法》区分了律师和其他诉讼代理人的不同权利，而为了能够发挥行政复议高效、便民的优势，《行政复议法》并未作出类似《行政诉讼法》第31条对委托诉讼代理人的具体要求和规定，也没有区分律师和其他诉讼代理人在查阅、复制证据方面的不同权利。

查阅、复制的具体材料既包括被申请人作出行政行为时的证据，也包括被申请人提出的书面答复，还包括被申请人提供的其他依据和材料，通常可以查阅行政机关提供的案卷材料，但是不包括行政复议机关的内部材料以及涉密材料。

二、查阅、复制权的限制性规定

本条规定了查阅、复制权的限制性规定情形，即国家秘密、商业秘密、个人隐私或者可能危及国家安全、公共安全、社会稳定的情形。关于国家秘密的相关规定依法按照《保守国家秘密法》进行界定，国家秘密关系到国家安全，不具有公开性。商业秘密是一种较为特殊的知识产权，根据《民法典》第123条的规定，商业秘密是知识产权的保护客体之一，权利人对商业秘密享有专有权。商业秘密不为公众知悉，具有商业价值，并经权利人采取相应的保密措施。个人隐私是一种具体的人格权。《民法典》第1032条规定："自然人享有隐私权。任何组织或者个人不得以刺探、侵扰、泄露、公开等方式侵害他人的隐私权。隐私是自然人的私人生活安宁和不愿为他人知晓的私密空间、私密活动、私密信息。"隐私权保护的是自然人的隐私，个人隐私因与他人权益、公共利益等无关，故不具有公开性，在《政府信息公开条例》中也作为例外事项，本条基于对个人隐私权的保护，将其排除在可以查阅、复制裁量的范围之外。

本条还规定了可能危及国家安全、公共安全、社会稳定的情形作为例外规定。这里的"两安全、一稳定"与《政府信息公开条例》中的"三安全、一稳定"相比未明确提及经济安全。由于国家安全中已经涵盖了经济安全，行政复议审理的案件涵盖各个方面，不需要专门突出经济安全，并不意味着不考虑经济安全。对于可能危及国家安全、公共安全、社会稳定的情形，需要在个案中平衡和考量，属于行政复议机关裁量权范围。

作为被申请人的行政机关根据案情需要向行政复议机关提供以上证据和材料时，也应当说明相关证据和材料的涉密情况，做好相应的保密工作。

（牛延佳　撰写）

第三节 普通程序

第四十八条 【被申请人收到复议申请后的答复和举证】 行政复议机构应当自行政复议申请受理之日起七日内，将行政复议申请书副本或者行政复议申请笔录复印件发送被申请人。被申请人应当自收到行政复议申请书副本或者行政复议申请笔录复印件之日起十日内，提出书面答复，并提交作出行政行为的证据、依据和其他有关材料。

【立法背景】

本条规定源自2017年《行政复议法》第23条第1款，主要明确了被申请人的书面答复义务和举证责任，同时对行政复议机构向被申请人发送相关材料的要求和期限作出了规定。本条的主要内容系行政复议机关受理行政复议申请后，在审理前应当完成的相关准备工作，该项工作的主要目的是告知被申请人并获取证据、依据等相关材料，保障审理工作顺利进行，是行政复议审理的基础和必要阶段。修订后的《行政复议法》将2017年《行政复议法》第23条的两款拆分为两条，按照其内容分别列入"行政复议普通程序"和"行政复议证据"，更为准确明晰，是立法技术和立法质量进一步提高的具体表现。

本条对2017年《行政复议法》第23条第1款的修改主要有三处：一是将"行政复议机关负责法制工作的机构"改为"行政复议机构"；二是删除了申请人"提交当初作出具体行政行为的证据、依据和其他有关材料"义务中的"当初"，并技术性删除了"具体"；三是将申请书副本以及申请笔录复印件明确为"行政复议"申请书副本和"行政复议"申请笔录复印件。这三处修改既体现了立法用语的严谨性和整部法律对行政复议机关、行政复议机构主体确定的一致性，又体现了对《行政复议体制改革方案》要求的全面落实和行政行为瑕疵补正制度的具化。

【条文解读与法律适用】

一、行政复议机构的发送义务及期限

行政复议机构的发送义务是行政复议审理顺利开展的前提条件。通过行政复议机构的发送行为告知被申请人行政复议申请的受理状况,通知其参与行政复议活动、履行行政复议程序之义务,这是为了确保行政复议审理材料获取的全面性和及时性,是行政争议高质效解决的必要保障。行政复议机构应当自行政复议申请受理之日起七日内,将行政复议申请书副本或者行政复议申请笔录复印件发送被申请人,以便被申请人有针对性地准备书面答复和证据、依据等相关材料。申请人提交书面申请的,应向被申请人发送行政复议申请书副本,且应确保该副本与正本内容完全一致;申请人口头提出复议申请的,行政复议申请笔录与复议申请书具有相同效力,应将与原件内容相同的申请笔录复印件发送给被申请人。本条所规定的七日发送期间,一是指工作日,不包括法定休假日;二是指发出时间,而非接收时间;三是因不可抗力等非人为因素耽误的时间应予扣除。

二、被申请人的书面答复义务、举证义务及期限

依照本条规定,被申请人接到行政复议申请书副本或者行政复议申请笔录复印件后,负有书面答复以及提交证据、依据及其他相关材料的义务。本条规定与本法第44条第1款"被申请人对其作出的行政行为的合法性、适当性负有举证责任"的规定相呼应,是被申请人举证责任的具化。

针对申请人提出的复议申请,被申请人应向行政复议机构提交书面答复,一般以行政复议答复书的形式作出。行政复议答复书是被申请人针对行政复议申请书或行政复议申请笔录复印件所载明的复议请求、事实和理由,进行答复和辩解,全面说明其作出的行政行为的合法性、适当性的法律文书。行政复议答复书是行政复议机构审理行政行为合法性、适当性的基础,也是被申请人的答辩权和答复义务的载体,一般应由首部、正文和尾部组成。首部为被申请人的基本情况,包括名称、住所地、法定代表人或负责人等信息;正文则是对申请是否符合法定条件以及行政行为合法性、适当性的全面阐述,而不应仅限于对申请人请求、事实理由和依据的反驳,该部分说理应当做到

论据充分、论证有力、逻辑严密；尾部应标明时间，并加盖被申请人公章。

除行政复议答复书外，被申请人还应一并提交行政行为作出的证据、依据及其他相关材料。对于行政复议证据，修订后的《行政复议法》第四章第二节进行了专门、详尽的规定，在此不再赘述。依据是指被申请人作出行政行为时所依据的法律、法规和规章。其他相关材料则是指除证据、依据之外，行政行为作为参考的材料或是在行政程序中形成的相关材料，如相关规范性文件，上级行政机关依法制定和发布的具有普遍约束力的决定、命令，行政程序中的听证笔录、相关文书等。

与行政复议机构的发送期间一样，本处所指十日，从收到行政复议申请书副本或者行政复议申请笔录复印件之日起算，计算至寄出或具体提交时间，且系工作日。被申请人迟延提交或未提交书面答复并履行举证义务的，应向行政复议机构说明理由，无正当理由的，行政复议机构应视情况处理，可以认为被申请人作出行政行为没有依据。

需要指出的是，本条在修订过程中将 2017 年《行政复议法》和《行政复议法（修订草案）》中的"当初"一词去掉了。"当初"一词应重在强调行政案卷排他性原则，进一步明确被申请人提交的证据和其他相关材料均系作出行政行为时所依据和取得的，而不得是事后取得或补充的。本次修订去掉"当初"的表述，一是从法律规范表述精当的要求来说，"作出行政行为"即已内含了"当初"之义，无须再行强调，加上"当初"反而显得累赘重复。二是为违法行政行为补正制度预留空间。对于某些轻微的违法行政行为，行政机关可以采取补正等方式纠正错误。在一定范围内容许补正情形的存在，不仅出于行政管理的高效性与行政法律关系的稳定性考虑，尽早解决争议，也利于切实维护申请人的权益。故不宜一味强调提交所有的材料均系行政行为当初作出时所产生，对于因补正等情形产生的后续材料，亦应允许被申请人提交。

（谷国艳　撰写）

第四十九条 【听取意见程序】适用普通程序审理的行政复议案件,行政复议机构应当当面或者通过互联网、电话等方式听取当事人的意见,并将听取的意见记录在案。因当事人原因不能听取意见的,可以书面审理。

【立法背景】

本条系本次《行政复议法》修订的亮点之一,对行政复议审理方式作出了重大调整,将审理原则由书面审查修改为以通过灵活方式听取群众意见为原则,以书面审理为例外。

自1999年《行政复议法》始,就明确了行政复议的书面审理原则。该原则意味着行政复议机构受理行政复议申请后,一般仅在申请人和被申请人提交的证据、依据和相关材料的基础上对被申请人所作出的行政行为阅卷审查,无须经过调查、取证、询问、听取意见等程序,就可径行作出行政复议决定。但书面审理方式无法充分发挥行政复议制度功能,尤其是在大量书面审理使得行政复议机构与当事人之间缺乏充分沟通的情况下,在行政复议程序中,行政争议往往不能得到实质化解。《行政复议体制改革方案》明确指出,行政复议具有公正高效、便民为民的制度优势和化解行政争议的主渠道作用。2020年2月,习近平总书记在中央全面依法治国委员会第三次会议上要求,"要落实行政复议体制改革方案,优化行政复议资源配置,推进相关法律法规修订工作,发挥行政复议公正高效、便民为民的制度优势和化解行政争议的主渠道作用"[1]。因此,在本次《行政复议法》修订过程中,取消了原来的书面审查原则,而改为以通过灵活方式听取当事人意见为原则,以书面审理为例外。之所以如此调整,主要基于以下考虑:一是以人民为中心理念体现之要求。行政复议作为纠纷化解的渠道之一,应当充分保障人民群众的陈述申辩权。听取意见原则能让人民群众更为全面、有效地向行政复议机构表达自身意见,使其在行政复议过程中的程序性权利得到更好保障。二是《行政复

---

[1] 《习近平主持召开中央全面依法治国委员会第三次会议强调 全面提高依法防控依法治理能力 为疫情防控提供有力法治保障》,载《人民日报》2020年2月6日,第1版。

议法》立法目的实现之要求。本次《行政复议法》修订在立法目的中加入了"发挥行政复议化解行政争议的主渠道作用"的内容，在行政复议审查程序中确立听取意见原则，更有利于当事人诉求的充分表达和释法析理工作的顺利进行，强化争议化解针对性，提高争议化解效率。三是程序正义之要求。"任何人在受到不利影响之前都要被听取意见"是程序正义的核心要义之一，听取意见实质是一种沟通机制，其目的在于保障行政复议申请人能深度参与行政复议过程并能充分表达其诉求。

【条文解读与法律适用】

一、当事人意见的定义

本条所规定的当事人意见，是指行政复议机构在适用普通程序审理行政复议案件时，为公正、客观审理之需要，所应当听取的当事人对案件事实、法律适用、程序要求等案涉情况的看法、观点、提出的相应依据以及对行政复议机构的请求等。既可以是单方意见，也可以是各方对质或者辩论。以上意见的表达，有助于行政复议机构查清案件事实、了解诉求，有针对性地开展行政复议审理和行政争议化解工作。

此处的当事人，既包括申请人、被申请人和已经进入行政复议程序的第三人，也包括行政复议决定可能对其造成不利后果的其他利害关系人。

二、听取意见的方式

根据本条规定，听取意见可以采取当面、互联网或者电话等方式。听取意见不同于听证，既可以单独听取单方当事人意见，也可以一并听取双方当事人意见。在实践中，采取何种方式听取当事人意见，可以根据案情需要，结合当事人实际情况来作出选择。当事人对听取意见方式提出要求的，应当尽量尊重当事人选择，不能满足当事人要求的，应向当事人说明原因。

听取意见时，应有两名或两名以上行政复议机构工作人员在场。当面听取意见是指面对面听取当事人意见，可以采用询问、走访、座谈等方式。一般来说，行政复议人员应当在工作时间和工作场所接待当事人听取意见，确因正当原因需要在非工作时间或非工作场所进行的，应当依照工作规范要求办理审批手续，同时在笔录中载明原因。互联网方式听取意见可以采取视频、音频通话、视频会议等多种便于表达、听取意见的方式。

三、如实记录义务

对听取的当事人意见，行政复议机构负有如实记录义务。记录一般应采用书面笔录的方式，如调查笔录、走访笔录、电话记录等，有条件的也可以采取同步录音录像并同时做好书面笔录的方式进行记录。

对于涉及国家秘密、商业秘密和个人隐私的当事人意见，在记录过程中应注意保密，并采取相应的保护措施。

四、可以书面审理的情形

本次修订确定了听取意见原则，也规定了例外情形。即在因当事人原因不能听取意见的情况下，行政复议机构具有决定是否采取书面审理方式的自由裁量权。对于"因当事人原因不能听取意见的情形"，需要注意以下三点：一是"不能听取意见"是指直接或间接均不能听取，当面、互联网以及电话方式均不能听取，而非仅指不能直接听取或不能当面听取的情形。如果不能直接听取，但可以采用书面递交材料、通过第三人间接表达意见等方式听取意见的，仍应听取当事人意见；不能当面听取意见的，还可以采取电话、互联网等方式听取。二是因当事人原因不能听取意见是指因当事人存在客观上的困难或主观上明确表示拒绝表达意见，对不能听取意见的原因及相关情况，行政复议机构均应记录在案。三是对于部分当事人意见无法听取的，行政复议机构仍应当听取其他当事人意见。

（谷国艳　撰写）

第五十条　【听证情形和人员组成】审理重大、疑难、复杂的行政复议案件，行政复议机构应当组织听证。

行政复议机构认为有必要听证，或者申请人请求听证的，行政复议机构可以组织听证。

听证由一名行政复议人员任主持人，两名以上行政复议人员任听证员，一名记录员制作听证笔录。

【立法背景】

本条是对行政复议审理普通程序中的听证程序的规定，包括应当听证和可以听证的情形、听证的程序要求等。行政复议听证制度是行政复议公开的基本要求，也是体现行政复议公正公开和行政复议决定合理性的重要保障。行政复议听证是指行政复议机构在行政复议案件的普通程序中，为公正、公开审理，充分维护公民、法人和其他组织合法权益之需要，对于特别类型的行政复议案件，或者依申请人之申请，当面听取各方当事人就案件事实、证据采信、法律适用以及程序问题等进行陈述、辩论，以查明案件事实、确定法律适用的活动。

本条是新增条文。1999年《行政复议法》对听证程序并无规定和要求。2001年海南省人民政府制定的《海南省行政复议听证程序规则》首次引入听证制度，该地方规范性文件对行政复议听证的适用范围、听证的原则、听证参加人、回避制度、听证的程序和听证笔录的效力等作出了详细规定。此后，云南、湖北等省也制定了类似的地方规范性文件。2007年8月1日起施行的《行政复议法实施条例》首次在行政法规中规定了行政复议案件审理的听证程序，该条例第33条规定："行政复议机构认为必要时，可以实地调查核实证据；对重大、复杂的案件，申请人提出要求或者行政复议机构认为必要时，可以采取听证的方式审理。"该规定虽然明确了听证程序，但2009年《行政复议法》和2017年《行政复议法》中均未吸纳听证程序的相关规定。本次《行政复议法》修订，将听证程序纳入普通程序中予以明确规定，且将相关案件分为应当听证和可以听证的两种情形，既说明听证制度在行政复议实践中已趋成熟，也是行政复议公开原则的具体体现。

【条文解读与法律适用】

一、应当听证的案件类型

依据本条规定，对重大、疑难、复杂的行政复议案件，听证是审理的必经程序。对于如何理解重大、疑难、复杂，准确界定应当听证的案件类型，结合行政复议实践和各地规定，以下类型的案件属于应当听证的案件：（1）涉及人数众多或者涉及群体利益的案件；（2）具有涉香港特别行政区、澳门特别行政区和台湾地区或者涉外因素的案件；（3）社会影响较大或可能影响社会稳定的案件；（4）案件事实或法律关系复杂的案件；（5）新类型案件；（6）对行政行为依据的理解或法律适用存在较大争议的案件；（7）其他行政复议机构认为重大、复杂的案件。

二、可以听证的案件类型

在听证制度的设置上，修订后的《行政复议法》采取了原则性与灵活性相结合的方式，既规定了对重大、疑难、复杂的行政复议案件应当听证，也规定了其他行政复议案件可以听证的情形。依据本条规定，可以听证的情形有两种：一是行政复议机构认为有必要听证的；二是申请人请求听证的。行政复议机构认为有必要听证的，除案件本身事实认定、法律适用外，还应考虑听证审理有利于和解、调解以及适宜采取听证方式审理的情形。对于可以听证的案件，是否听证，由行政复议机构决定。

本条规定的听证申请主体仅限于行政复议申请人，被申请人及第三人并非享有听证申请权的主体。对于申请人请求听证的，虽然行政复议机构可以决定不予听证，但应有充分理由，且须向申请人阐明后记录在案。

三、听证的程序要求

根据本条规定，除听证主持人之外，听证须有两名以上行政复议人员以听证员身份参加，故行政复议机构听证的，至少有三名行政复议人员参与，另外还应有一名记录员承担听证笔录制作工作。行政复议听证主持人是听证程序的组织者和引导者，负责推动听证程序有序进行，其专业素养和能力水平是决定听证程序质量的重要因素。因此，听证主持人的选任十分重要，一般应由案件承办人或行政复议机构的相关负责人担任。当事人认为听证员和记录员与本案有利害关系申请回避的，由听证主持人决定是否回避；当事人认为听证主持人与本案有利害关系申请回避的，由行政复议机构负责人决定是否回避。

对于听证程序是否公开，本条没有规定。原则上，行政复议听证应当公开进行，但涉及国家秘密、商业秘密或者个人隐私的行政复议案件除外。

（谷国艳　撰写）

第五十一条 【听证程序和要求】 行政复议机构组织听证的，应当于举行听证的五日前将听证的时间、地点和拟听证事项书面通知当事人。

申请人无正当理由拒不参加听证的，视为放弃听证权利。

被申请人的负责人应当参加听证。不能参加的，应当说明理由并委托相应的工作人员参加听证。

【立法背景】

本条对行政复议机构组织听证时对当事人的通知义务、申请人无正当理由拒不参加听证的法律后果以及被申请人的负责人参加听证制度进行了规定。修订后的《行政复议法》之所以对听证制度作出明确规定，充分保障当事人的陈述和申辩权是其中的重要原因。因此，对行政复议机构而言，启动听证程序后的首要义务应当是对当事人的通知义务，确保当事人知晓听证的相关事项，为之做好充分准备并顺利参与到听证程序中，从而达到"理越辩越明"，查明案件事实、剖析法律适用的效果。故此，为保障当事人知晓并高效行使其充分表达意见、互相辩论质证的权利，本条第1款对行政复议机构的听证通知义务设定了合理时限。

本条系新增条文，但在修订过程中，出现了多次多处变化。《行政复议法（修订草案）》中，第2款表述为"申请人无正当理由拒不参加听证的，可以按照撤回行政复议申请处理"。《行政复议法（修订草案二次审议稿）》对此作出修订，调整为"申请人无正当理由拒不参加听证的，视为放弃听证权利"。二者对于申请人无正当理由拒不参加听证的法律后果的规定完全不同，前者丧失了本次获得救济的权利，后者仅丧失行政复议程序中的部分程序权利。之所以作此调整，主要有以下考虑：一是行政复议的功能实现问题。行政复议与行政诉讼虽有同为纠纷化解机制等类似性，但仍然存在本质区别，除个案救济外，行政复议还承载着层级监督、"把非诉讼纠纷解决机制挺在前面"等多种功能，应当实现行政复议对行政争议的"能收尽收"[1]，而非通过

---

[1] 参见章志远：《以习近平法治思想引领行政复议法修改》，载《法学评论》2022年第6期。

各种途径以各种理由把矛盾纠纷挡在外面。二是听证程序的辅助性。相较于行政诉讼中的庭审中心主义，行政复议案件中的听证程序更多地起到辅助作用，仅在必要时才会采取听证方式辅助行政复议案件的审理。申请听证和参与听证权均系当事人在行政复议案件审理中的程序性权利，是否行使以及是否正确行使该权利的法律后果均不应及于其实体权益的处理。因此，行政复议案件审理中的听证程序与行政诉讼中的开庭程序亦有根本不同，不能以原告无正当理由不参与行政诉讼庭审的后果来类同处理申请人不参与行政复议听证的情形，否则将导致行政复议功能虚化。三是参考《行政处罚法》中关于当事人无正当理由不参与听证后果的规定。根据《行政处罚法》第64条第1款第6项的规定，当事人及其代理人无正当理由拒不出席听证或者未经许可中途退出听证的，视为放弃听证权利，行政机关终止听证。修订后的《行政复议法》参照了上述规定，但对于行政复议机构是否终止听证，并未明确规定。除此之外，本次修订的最后审定稿将原本放在第50条第4款规定的被申请人的负责人参加听证制度挪到了本条，主要是考虑到第50条是对听证程序的整体要求，本条则涉及听证中当事人的义务，如此规定更具有逻辑性和合理性。

【条文解读与法律适用】

一、通知的内容、时限以及方式

行政复议机构组织听证，应当给予当事人合理恰当的准备时间，以便其完整提供材料、充分发表意见。根据本条规定，该通知应于听证举行五日前发出。此处的五日是最低时限规定，行政复议机构可以根据案件具体情况，决定发出通知的实际时间，但不应少于五日。通知的内容包括听证的时间、地点和拟听证事项，通知应以书面方式作出并送达申请人、被申请人、第三人以及其他听证参与人。

二、正当理由的判断

申请人因正当理由不能参加听证，并已向行政复议机构说明的，行政复议机构可以决定是否延期听证，不延期听证的，应当告知申请人并给予其表达意见的机会。

本条所称正当理由，是指无法预见的，非因当事人主观原因导致其无法正常参加听证的不可抗因素，如无法预见的自然灾害等。在行政复议案件的审理过程中，行政复议人员包括听证主持人和听证员对正当理由的认定具有一定的自由裁量权。一般而言，以下情形应属于本条规定的正当理由：（1）申请人死亡或者解散，需要等待权利、义务继承人或承受人的；（2）申请人因不可抗力，如洪涝、地震等自然灾害因素不能按时参加的；（3）申请人人身自由受到限制或丧失行为能力的；（4）因健康原因不能参加听证的；（5）因路途遥远，交通不便不能参加听证的；（6）行政复议机关认可的其他正当理由。

三、无正当理由不参加听证的法律后果

随着科技发展，听证不止当面听证一种方式。当事人在听证过程中通过互联网或其他视听传输技术进行陈述申辩或接受质询的，亦是参加听证的一种形式。

根据本条规定，申请人无正当理由拒不参加听证的，视为放弃听证权利。此处的听证权利，包括听证申请权，申请回避权，举证质证权，听证询问权，陈述辩论权，核对、补正听证笔录权以及依法应当享有的其他听证权利。申请人无正当理由拒不参加听证的，不得对同一事项再次申请听证。行政复议被申请人、第三人以及其他听证参与人经书面通知无正当理由不参加听证或者未经允许中途退场的，亦应视为放弃听证权利。

四、行政机关负责人参加听证制度

与行政机关负责人出庭应诉制度相对应，修订后的《行政复议法》规定了行政机关负责人参加听证制度，明确了被申请人的负责人应当参加听证。该负责人包含四类：正职负责人、副职负责人、参与分管被诉行政行为实施工作的副职级别的负责人和其他参与分管的负责人，被诉行政机关委托的组织或者下级行政机关的负责人不属于被申请人的负责人。被申请人的负责人不能参加的，应当说明理由并委托相应的工作人员参加听证。

该项制度的设定意义在于：一是充分体现行政复议听证程序的准司法性，实现程序上的平等。行政复议听证程序具有较强的准司法性，两造对抗的当事人亦应处于平等地位，行政机关负责人参与听证则是这种平等性的具化，为双方之间真正的平等对话提供了平台和空间。二是倒逼行政机关自省，推动法治政府建设。要求行政机关负责人参与听证，可以让负责人增加了解问

题的渠道，对行政机关的执法情况有更全面、充分的了解，从而对以后的行政执法行为有针对性地作出调整和要求。三是缓解行政相对人的对立情绪，提升争议化解实效。行政机关负责人参与听证，向社会传递了行政机关尊重法律、接受监督的信号，有助于人民群众树立对法治的信心信仰，同时有利于消解申请人的对立对抗情绪，助推行政争议的协调化解。

（谷国艳　撰写）

第五十二条　【行政复议委员会组成和职责】 县级以上各级人民政府应当建立相关政府部门、专家、学者等参与的行政复议委员会，为办理行政复议案件提供咨询意见，并就行政复议工作中的重大事项和共性问题研究提出意见。行政复议委员会的组成和开展工作的具体办法，由国务院行政复议机构制定。

审理行政复议案件涉及下列情形之一的，行政复议机构应当提请行政复议委员会提出咨询意见：

（一）案情重大、疑难、复杂；

（二）专业性、技术性较强；

（三）本法第二十四条第二款规定的行政复议案件；

（四）行政复议机构认为有必要。

行政复议机构应当记录行政复议委员会的咨询意见。

【立法背景】

本条系新增条文，对行政复议委员会的建立、职能、具体适用情形和程序要求作出了规定。行政复议委员会制度的逐步建立是以地方推动中央、实践推动立法的方式实现的。2006年12月，国务院召开全国行政复议工作会议部署"有条件的地方和部门可以开展行政复议委员会的试点"后，北京、黑龙江等地于2007年率先成立了行政复议委员会。2008年，原国务院法制办公室印发《关于在部分省、直辖市开展行政复议委员会试点工作的通知》，决定在北京、黑龙江、江苏、山东、河南、广东等8省市开展行政复议委员会试点工作，同时明确其他有条件的省、自治区、直辖市可以结合实际情况探索开展相关工作。2010年，国务院发布的《关于加强法治政府建设的意见》（已失效）再次强调了"探索开展相对集中行政复议审理工作，进行行政复议委员会试点"。

在实践中过程中，行政复议委员会试点取得了较大成效：一是提升了行政复议的公正性和说服力。外部专家学者的加入，提升了行政复议的中立性，减少了行政机关的不当干预。二是提升了行政复议的专业性和审理质量。高校教师、律师等法律专业人士通过行政复议委员会的形式参与案件审理，以其专业知识和技能为行政复议质效提供保障。三是行政复议职能得到进一步发挥，具体体现为行政复议的受案量增加、纠错率上升等。如黑龙江省，部门作为复议机关的复议案件的纠错率由试点前的 8.5% 大幅提升到试点后的 47%。[①] 鉴于行政复议委员会职能在各方面的优势，本次修法将该制度纳入法律规定范畴进行明确，广而行之。

本次修订过程中对该制度的规定和表述不断进行着科学化调整，主要体现为以下三个方面：一是参与主体的表述。《行政复议法（修订草案）》表述为"政府主导，相关政府部门、专家学者参与"，《行政复议法（修订草案二次审议稿）》及最终定稿中去掉了"政府主导"的内容，改为"相关政府部门、专家、学者等参与"。这一调整弱化了行政复议委员会的政府主导色彩，旨在提升行政复议委员会的公正性和公信力。二是将可以提请咨询的情形改为应当提请咨询的情形，同时增加了"申请人对省、自治区、直辖市人民政府作出的行政行为不服"这一应当提请咨询的情形，体现了对行政复议委员会职能的强化。三是行政复议委员会的组成和开展工作的具体办法，由国务院行政复议机构制定，这意味着《行政复议法》为国务院行政复议机构制定行政复议委员会的组成和开展工作的具体办法进行了法律授权，诸如行政复议委员会咨询意见的效力问题等可能通过《行政复议法实施条例》或相关规范性文件规定的方式得到解决。

【条文解读与法律适用】

一、行政复议委员会的建立

根据本条规定，行政复议委员会的建立主体是县级以上各级人民政府，则国务院及省、市、县级人民政府均有建立行政复议委员会的法定义务。

行政复议委员会的组成具有复合型特征，其成员既包括相关政府部门，还包括专家、学者等法律专业人士。应当注意的是，从本条规定来看，行政机关工作人员并不能以个人名义作为行政复议委员会的委员，而只能作为其

[①] 参见马怀德、李策：《行政复议委员会的检讨与改革》，载《法学评论》2021 年第 4 期。

所在政府部门的委托代理人参与到行政复议委员会的相关工作中。另外，本条规定中对行政复议委员会组成人员使用了"等"字，对该"等"字应当做等外解释，此处使用"等"字是为新情况的出现预留一定裁量空间，即应当容许具备相关知识和经验且符合一定条件的行政机关内部或外部的人员参与到行政复议过程中来，为行政复议决定的公信力和权威性提供更为充分的保障。

二、行政复议委员会的职责职能

依据本条规定，行政复议委员会具有咨询机构的功能定位，其并非决议机构，其提出的意见并非行政复议案件审理作出决定所必须遵循的依据。在职能定位上，除了对个案提出咨询意见以外，行政复议委员会还有就其他重大事项和共性问题进行研究并提出意见建议的职能，这些重大事项和共性问题是指有别于具体个案处理，涉及行政复议审理规则尺度统一或行政复议制度建设等，需要具有专业知识的人士提供中立意见建议的事项或问题，如行政复议指导案例的甄选评析、行政复议制度运行的经验总结或改革完善等。

在个案咨询上，本条对应当提请行政复议委员会讨论的四类案件作出了规定，即案情重大、疑难、复杂，专业性、技术性较强，以及本法第24条第2款规定的行政复议案件即申请人对省、自治区、直辖市人民政府作出的行政行为不服和行政复议机构认为有必要的。对于以上四种情形以外的其他案件，行政复议机构可以自行决定是否提请行政复议委员会讨论。

三、行政复议委员会的运行程序

对于行政复议委员会的运行程序，其咨询意见如何产生及效力如何，修订后的《行政复议法》没有明确规定，本条仅要求行政复议委员会的咨询意见应当记录在案。但从立法目的和法理上而言，行政复议委员会的运行程序应遵循中立性、专业性和正当性三项原则。

一是中立性原则。行政复议委员会成员的中立性是行政复议委员会客观公正提出咨询意见的前提和保障。中立性原则要求行政复议委员会的选任规则公平公开公正，行政复议委员会具有一定独立性且参与讨论的行政复议委员会委员与所讨论的事项利益无涉。基于以上原则，行政复议委员会开展咨询、讨论相关事项时具有独立性；且参与讨论的委员不具有应当回避的情形，否则应当提请回避。

二是专业性原则。专业保障是行政复议委员会存在及运行的基础和核心要求。因此，在行政复议委员会讨论相关事项时，应当通过合理机制保障具备相关知识的专业人员占讨论总人数的比例，此处所指专业人员不仅指法律专业人员，还有讨论事项所需的专业人员，二者在具体事项讨论时人数比例应占多数。[1]

三是正当性原则。为防止不当干预，提高运行程序的正当性，鉴于行政复议的准司法性，行政复议委员会提出咨询意见的运行程序亦可借用司法领域的相关机制。借鉴地方的试点经验，这些机制包括类似于审判委员会的集体讨论决定机制、咨询意见书的签发机制、必要时的听取意见机制等。

（谷国艳　撰写）

---

[1] 参见黄学贤：《行政复议委员会机制新论》，载《苏州大学学报（法学版）》2021年第2期。

第四节 简易程序

第五十三条 【简易程序适用情形】 行政复议机关审理下列行政复议案件,认为事实清楚、权利义务关系明确、争议不大的,可以适用简易程序:

(一)被申请行政复议的行政行为是当场作出;
(二)被申请行政复议的行政行为是警告或者通报批评;
(三)案件涉及款额三千元以下;
(四)属于政府信息公开案件。

除前款规定以外的行政复议案件,当事人各方同意适用简易程序的,可以适用简易程序。

【立法背景】

本节是关于行政复议简易程序的规定,规定了适用简易程序的五种情形。相对于普通程序而言,简易程序在审理方式上更为灵活、程序上更为简便,有利于案件的高效审结,也有助于行政复议资源的节约。1999年、2009年和2017年《行政复议法》中均没有关于简易程序的规定,《行政复议法实施条例》中对此也未作规定。简易程序先在行政诉讼制度中推行,最高人民法院2009年3月印发的《人民法院第三个五年改革纲要(2009—2013)》首次提出了"完善民事、行政诉讼简易程序,明确适用简易程序的案件范围,制定简易程序审理规则"的改革任务。此后,为进一步推广简易程序的适用,推动行政诉讼繁简分流,最高人民法院发布了一系列文件。简易程序在行政诉讼司法实践中发挥了提升审判质效、完善行政审判体制、优化司法资源配置等方面的积极作用。修订后的《行政复议法》之所以在行政复议过程中引入简易程序,既是对行政复议力量配备不足、专业队伍建设滞后、案多人少现实困境的有力应对，也是行政复议体制机制改革、科学配置和高效运用行政复议资源的制度变革刚性需求，还是对行政诉讼中简易程序运行实践的肯定与吸收。

从域外诉讼程序中对简易程序范围的规定来看，主要有概括式、数额式、列举式、混合式以及依当事人申请五种立法模式。修订后的《行政复议法》在简易程序范围的立法模式上采取了复合式，既有概括性的总体要求"事实清楚、权利义务关系明确、争议不大的"，又有列举的四种情形，同时辅以当事人合意选择模式，允许当事人自主选择。这种复合式立法模式具有全面性和科学性，能有效避免单一立法模式的局限性。

在修订过程中，最终的修订稿与《行政复议法（修订草案）》比较，除文字表述上的些微调整外①，实质性的调整体现为第1款增加了"被申请行政复议的行政行为是警告或者通报批评"这一情形，进一步扩大了行政复议简易程序的适用范围，也是在具体条文中体现了"将行政复议打造成化解行政争议主渠道"的改革方向和目标。

【条文解读与法律适用】

一、行政复议简易程序的适用前提

本条以"概括+列举"的方式对行政复议简易程序的适用情形进行了规定。

适用简易程序进行审理的行政复议案件，以行政复议机构认为事实清楚、权利义务关系明确、争议不大为前提。"事实清楚"是指当事人各方对案涉事实陈述基本一致，并且可以提供相应证据，无须行政复议机关调查收集证据即可查明事实。"权利义务关系明确"是指所涉权利义务关系简单明了，权利义务内容、主体等基本明确，不必经过复杂冗长的程序即可准确区分权利享有者和义务承担者。"争议不大"是指当事人之间争点明确，对案件的是非、责任承担以及复议标的的争执没有原则性分歧。以上几个条件属并列式，应

---

① 最终修订稿去掉了适用简易程序情形中对案件类型表述的"的"字以及"被申请行政复议的行政行为是依法当场作出的"中的"依法"二字。

同时满足，方可适用简易程序。

二、适用简易程序的案件类型

本条第 1 款列举了四种符合"事实清楚、权利义务关系明确、争议不大"情形的案件类型。

1. 被申请行政复议的行政行为是当场作出

一般而言，当场作出的行政行为亦是适用简易程序作出，或者作出程序相对简单。如《行政处罚法》在第五章"行政处罚的决定"第二节"简易程序"中，以第 51 条明确规定，违法事实确凿并有法定依据，对公民处以二百元以下、对法人或者其他组织处以三千元以下罚款或者警告的行政处罚的，可以当场作出行政处罚决定。又如《行政许可法》第 34 条第 2 款规定，申请人提交的申请材料齐全、符合法定形式，行政机关能够当场作出决定的，应当当场作出书面的行政许可决定。从常理论，当场作出的行政行为往往事实清楚、法律依据明确，当事人之间权利义务明晰且行政行为对之影响较小，可以适用简易程序。

2. 被申请行政复议的行政行为是警告或者通报批评

警告、通报批评均系行政处罚，涉及对行政相对人声誉的减损，《行政处罚法》第 51 条将警告纳入了简易程序范畴。警告与通报批评在其后果上的主要区别在于通报批评不仅限于行政相对人知晓，还需通报一定范围内的公民、法人和其他组织，对行政相对人的声誉影响范围更广，损害更大。但因行政处罚决定公示制度的建立，二者在此方面的区别已并不明显。警告、通报批评属于涉及事实简单清楚，后果较轻，对当事人权利义务影响较小的行政处罚，因此可以适用简易程序进行审理。

3. 案件涉及款额三千元以下

本项是以涉案标的大小作为判断是否可以适用简易程序的标准。这类案件因标的数额小，对当事人的权益影响也小，相对而言事实也会较为简单清楚，没有适用普通程序的必要性。值得注意的是，相较于《行政诉讼法》中简易程序规定的"涉及款额二千元以下"，修订后的《行政复议法》将这一标的金额确定为三千元，既是对我国经济发展现状的对照和回应，也体现出将更多的纠纷纳入更为高效化解争议的简易程序从而节约行政复议资源。

4. 属于政府信息公开案件

政府信息公开系保障公民知情权的重要途径，其不仅所涉事实和权利义务关系简单清楚、争点集中、审理标准明确，且案件数量较大，存在滥诉情况，往往对此类案件的处理还不能实质化解行政争议。实践中甚至因这类案件导致基层人民政府的行政复议机构应接不暇，无法处理其他行政复议案件。因此，将之纳入简易程序的适用范围，更有利于节约行政复议资源。

应当指出的是，虽设定了简易程序，但该程序亦应严格依法适用，避免因不当扩大简易程序适用范围而减损当事人程序权利的情形。因此，除同时满足"事实清楚、权利义务关系明确、争议不大"的前提外，还应当是属于上述四种情形的案件类型，方可适用简易程序进行审理。同时，即使符合简易程序适用条件的，行政复议机构亦可因个案具体情况，而适用普通程序进行审理。

三、合意选择适用简易程序的情形

本条第2款规定了当事人合意选择适用简易程序的情形，即除前款规定以外的行政复议案件，当事人各方同意适用简易程序的，可以适用简易程序。允许各方当事人对法定情形外的案件选择适用简易程序，亦是对当事人程序选择权的尊重。

需要注意的是：第一，此处的当事人各方，既包括申请人、被申请人，还应当包括第三人。只有申请人、被申请人以及第三人都同意适用简易程序的，方可适用，有一方不同意的，则不符合该款规定的条件。第二，当事人同意适用简易程序的方式可以有多种形式。既可以当事人自行申请，也可以经行政复议机构询问同意；既可以口头同意经由行政复议机构书面记录，也可以做出书面的同意意见。第三，是否适用简易程序的决定权在行政复议机构。各方当事人均同意适用简易程序，但行政复议机构认为不宜适用简易程序的，可以不接受当事人申请而决定适用普通程序审理。

（谷国艳　撰写）

第五十四条 【简易程序的答复、举证和审查方式】 适用简易程序审理的行政复议案件,行政复议机构应当自受理行政复议申请之日起三日内,将行政复议申请书副本或者行政复议申请笔录复印件发送被申请人。被申请人应当自收到行政复议申请书副本或者行政复议申请笔录复印件之日起五日内,提出书面答复,并提交作出行政行为的证据、依据和其他有关材料。

适用简易程序审理的行政复议案件,可以书面审理。

【立法背景】

本条为新增条文,是对简易程序的审理方式和审理要求的规定。简易程序的合理科学设置是行政复议繁简分流改革的必然要求,在其设定以及运行过程中应当遵循以下原则:一是保障权利原则。设定简易程序的目的是更为高效地化解行政争议,而不是以此减损当事人权益,因此,在对程序事项进行设定时要注意,不能因程序的简化而减损当事人的程序或实体权益。二是公正高效原则。既要通过程序的简化设计合理配置行政复议资源,快速化解矛盾纠纷,也要保证处理程序和处理结果的公平公正,实现效率与公正的有机统一。三是依法运行原则。无论是普通程序还是简易程序,都应当在法律框架内严格依法运行。对普通程序而言,不得以增设法律规定之外的程序来加重当事人的程序义务;对简易程序而言,在依法缩短送达、答复、审理期限时,不得省略法定的意见表达等程序,不得减损当事人的程序权利。本次修法在行政复议中引入简易程序,体现了繁简分流的改革要求和复议资源的科学配置趋向,但修订后的《行政复议法》对简易程序的规定过于简单原则,仅有三条,且许多细节性的程序尚未明确,需要在实践中进一步细化。之所以如此,也许是为行政复议法实施条例留下余地,考虑以行政法规的形式在行政执法实践中先行先试,避免法律规定得过细过死,不利于制度的执行和完善。

从本条规定的内容来看,与普通程序相较,简易程序在审理程序上作出了简化,在审理期限上进行了缩减,这一设定主要是考虑到适用简易程序审理行政复议案件的效率问题。与本法第 48 条相同，本条在二次审议时将《行政复议法（修订草案）》中被申请人"提交当初作出行政行为的证据、依据和其他有关材料"义务中的"当初"删除了，体现了立法的严谨性和上下条文一致的要求。

【条文解读与法律适用】

一、简易程序中的相关义务和期限

根据本条规定，在简易程序中，行政复议机构依然负有发送相关材料的义务，被申请人亦有书面答复义务，但是以上义务的履行期限均大幅缩短。

根据本法第 48 条规定，在普通程序中，行政复议机构应当自行政复议申请受理之日起七日内，将行政复议申请书副本或者行政复议申请笔录复印件发送被申请人。被申请人应当自收到行政复议申请书副本或者行政复议申请笔录复印件之日起十日内，提出书面答复，并提交作出行政行为的证据、依据和其他有关材料。而基于简易程序所适用的均是"事实清楚、权利义务关系明确、争议不大"的案件，无论是发送通知还是进行答复并提交材料，工作均相应简单，故本条对简易程序中的相应期限大幅缩短，行政复议机构的发送期限缩短至三日，被申请人的书面答复、举证义务期限则缩短至五日，这也有本法第 62 条规定的适用简易程序审理的行政复议案件的审理期限只有三十日的原因。该期限同样指工作日，以发出时间计，因不可抗力等非人为因素耽误的期间亦应予扣除。

本条未规定简易程序中发送及提交相应材料的要求，在没有其他法律法规规定的情形下，应视为与普通程序的要求相同。也就是说，在简易程序中，行政复议机构发送行政复议申请书副本或者行政复议申请笔录复印件与被申请人书面答复、提交证据、依据和其他有关材料的内容并未简化。

二、简易程序的审理方式

本条第 2 款规定，适用简易程序审理的案件，可以书面审理。从本款规定来看，本条确定了简易程序的书面审理原则，听取意见不是简易程序的必要程序，行政复议机构在简易程序中有更大的程序决定权。需要注意的是，第一，简易程序中行政复议机构有权决定是否书面审理。本条规定的是"可以"书面审理,而非"应当"书面审理。是否书面审理,无须经当事人同意,由行政复议机构根据案情需要选择审理方式。第二,在简易程序中,行政复议机构自身或者基于当事人申请认为有必要听取意见的,仍可以听取当事人的意见。第三,依照简易程序审理行政复议案件,在尊重和保护当事人依法享有的程序权利的前提下,行政复议机构可以结合案件情况和本地区的经济文化交通等实际,参照普通程序并以之为基础进行一定简化。需要注意的是,简化不得剥夺或减损当事人的陈述申辩等程序权利。

(谷国艳 撰写)

第五十五条　【简易程序向普通程序转换】适用简易程序审理的行政复议案件，行政复议机构认为不宜适用简易程序的，经行政复议机构的负责人批准，可以转为普通程序审理。

【立法背景】

本条是关于简易程序转为普通程序的规定，属于程序转换机制。之所以在行政复议审理程序中区分简易程序和普通程序，主要是基于行政复议案件类型的扩大化和多样化，取决于行政复议案件事实和法律适用的复杂程度不一。因此，实现繁简分流可以提升审理效率，也意味着为审理方式的选择提供了空间。[①] 但规定简易程序、实现繁简分流并不意味着程序的固化和不得逆转，科学合理地设定程序转换机制体现了当简则简、该繁则繁、繁简得当的原则，实现了在准确界定案件性质的基础上不同审理程序之间的有序衔接，是行政复议法律制度系统化、结构化的必然要求，也对多样化的解纷需求进行了有效回应。

【条文解读与法律适用】

一、程序转换的主体

根据本条规定，对于已经适用简易程序审理的行政复议案件，在审理过程中发现不宜适用简易程序的，可以转为普通程序审理。"不宜适用简易程序"的判断主体以及转为普通程序审理的决定主体，从本条规定的内容来看，均只能为行政复议机构。复议案件的承办人可以基于其对案件具体情况的了解，提出程序转换的请求，但其并不具有决定审理程序转换的权力，程序转移决定必须经审批后以行政复议机构名义作出。同样的，当事人有提供意见和提出建议权，亦可以向行政复议机构提出转为普通程序的申请，但并不具有决定权。

因此，对于简易程序转换为普通程序，具有程序启动权的包括案件承办

[①] 参见沈斌晨：《论行政复议审理方式的变革》，载《湖湘法学评论》2022年第2期。

人、参与审理的行政复议工作人员、当事人以及其他参与行政复议程序的人员，但是具有决定权的只有行政复议机构。

根据《行政诉讼法》的规定，在行政诉讼中，简易程序转为普通程序的，人民法院应当作出裁定，但在行政复议中并无此类要求。对于简易程序转为普通程序采取何种方式作出，是否要作出相关的决定文书，修订后的《行政复议法》并无明确规定。但基于保障当事人程序权利以及提高行政复议效率之考量，行政复议机构经审查决定将案件审理由简易程序转为普通程序的，应当作出决定并以书面方式通知各方当事人以及其他参与复议程序的人。同时，在简易程序中已经进行的相关程序活动，仍然有效。

二、不宜适用简易程序的情形

对于什么是"不宜适用简易程序的情形"，修订后的《行政复议法》没有作出明确规定，结合行政复议实践，参照《行政诉讼法》的相关规定和司法实践，"不宜适用简易程序的"可能有以下几种情形。

一是当事人依法改变或增加复议请求，导致案情复杂化、案件性质发生改变，不再适合简易处理的。在复议过程中，当事人可能基于其认识的发展和改变依法变更其行政复议请求，从而导致案件的性质发生变化，处理也相对复杂。在此种情况下，如果仍然适用简易程序，可能因为审理方式或者审理期限的原因无法查清事实，此时行政复议机构可以决定转为普通程序审理。

二是当事人或者申请人以外的同申请行政复议的行政行为或者案件处理结果有利害关系的公民、法人或者其他组织提出追加第三人的申请，行政复议机构认为需要追加第三人的。在行政复议程序进行一段时间后，新加入的第三人可能导致案件事实的变化，为充分保障当事人的合法权益，行政复议机构可以决定将案件转为普通程序审理。

三是案件本身较为简单，但社会影响或法律影响较大的。包括案件涉及国计民生问题，社会关注度较高的；案件涉及类案法律适用，可能需要统一审理尺度和标准的；案件存在尖锐的矛盾冲突，可能引发群体性事件的。

四是其他行政复议机构认为需要转为普通程序审理的案件。这类情形需要行政复议机构结合案件实际情况来作出具体分析和判断，如因部分当事人送达地址或联系方式错误，无法送达的情形等。

三、转为普通程序审理的其他要求

一是简易程序转换为普通程序是单向转换。程序转换机制应严格依法进行，修订后的《行政复议法》仅规定了简易程序可以转换为普通程序，未规定普通程序可以转换为简易程序，故对于适用普通程序审理的案件，不得转换为简易程序审理。

二是所有适用简易程序审理的行政复议案件均可转为普通程序审理，既包括修订后的《行政复议法》第 53 条第 1 款规定的法定适用简易程序范围内案件，也包括该条第 2 款规定的当事人合意选择适用简易程序的案件。

三是转为普通程序的，应当经行政复议机构负责人批准。此处负责人的范围包括正职负责人、副职负责人、参与分管被诉行政行为实施工作的副职级别的负责人和其他参与分管的负责人。

四是行政复议机构应当及时作出转为普通程序审理的决定。对于转为普通程序审理的案件，行政复议机构应当在简易程序审理期限届满前作出决定，且转为普通程序审理后，审理期限仍然应当从案件受理的次日起计算，而不能从转为普通程序时另行起算。

五是应当严格控制简易程序转为普通程序的案件数量和适用条件。已经选择简易程序审理的案件，只有在案件本身确实不宜适用简易程序的情况下，方可转为普通程序进行审理。不能因复议案件多、审理压力大，以不当延长审理期限为目的而决定转为普通程序审理，从而导致行政复议案件审理的拖延、低效。

（谷国艳　撰写）

第五节　行政复议附带审查

第五十六条　【规范性文件审查处理】申请人依照本法第十三条的规定提出对有关规范性文件的附带审查申请，行政复议机关有权处理的，应当在三十日内依法处理；无权处理的，应当在七日内转送有权处理的行政机关依法处理。

【立法背景】

本条是关于行政复议机关如何处理复议申请人根据本法第 13 条规定对规范性文件提起附带审查申请的规定，是在 2017 年《行政复议法》第 26 条基础上修改而来，将"有关规定"的表述修改为"有关规范性文件"，以与本法第 13 条规定保持一致。本法第 13 条规定："公民、法人或者其他组织认为行政机关的行政行为所依据的下列规范性文件不合法，在对行政行为申请行政复议时，可以一并向行政复议机关提出对该规范性文件的附带审查申请：（一）国务院部门的规范性文件；（二）县级以上地方各级人民政府及其工作部门的规范性文件；（三）乡、镇人民政府的规范性文件；（四）法律、法规、规章授权的组织的规范性文件。前款所列规范性文件不含规章。规章的审查依照法律、行政法规办理。"本法第 13 条在 2017 年《行政复议法》第 7 条的基础上修改而来，将行政复议机关附带审查"具体行政行为所依据的下列规定"的表述修改为"行政行为所依据的下列规范性文件"，一方面是因为此次修订本法第 2 条将行政复议的范围由"具体行政行为"修改为"行政行为"，另一方面是因为 2018 年国务院办公厅先后发布的《关于加强行政规范性文件制定和监督管理工作的通知》《关于全面推行行政规范性文件合法性审核机制的指导意见》，构建了我国行政规范性文件管理的基础性框架，"有关规定"有了正式准确的名称，即"行政规范性文件"。

【条文解读与法律适用】

一、行政复议附带审查的理解

行政复议附带审查是一种依附于对行政行为的行政复议而存在的审查制度。[1] 具体体现在以下几个方面：第一，审查启动的依附性。（1）必须是行政复议的被申请人依据某一规范性文件作出了一个或多个行政行为，行政复议机关才能依申请对此规范性文件进行审查。（2）一般认为审查启动的时间也只能在行政复议程序的存续期间，一旦行政复议程序结束则不能提出。（3）申请对规范性文件附带审查的合法主体是行政复议的申请人，其他主体不能成为申请规范性文件附带审查的申请人。第二，审理的依附性。对争议的规范性文件的审理以行政复议程序存续为前提。如果行政复议机关经审查认定复议申请不符合法定受理条件，驳回行政复议申请人的申请，那么规范性文件的审查也应当终止。第三，审查结论表现形式的附带性。对规范性文件的审查结果，应当在行政复议决定书中一并写明。

二、复议申请人申请附带审查规范性文件的条件

根据本法第12条的规定，行政法规、规章或者行政机关制定、发布的具有普遍约束力的决定、命令等规范性文件不属于行政复议的范围。公民、法人或者其他组织不能单独对规范性文件提出审查申请，而只能在提出行政复议申请时，认为行政机关作出的行政行为所依据的规范性文件不合法的，一并提出对规范性文件的审查申请。因此，本条适用时需要注意：第一，请求审查的有关规范性文件不包括法律、行政法规、地方性法规和规章。第二，请求审查的有关规范性文件必须是行政机关作出行政行为的依据。第三，须在对行政行为提起行政复议时一并向行政复议机关提出审查请求，不能在行政复议程序已经终结，行政复议机关已经作出行政复议决定时，才提出审查请求。第四，对于有关规范性文件的审查请求必须是明确的并附有理由，指明具体的条款或者具体的内容。

---

[1] 参见周佑勇：《完善对行政规范的复议审查制度》，载《法学研究》2004年第2期。

三、行政复议机关对附带审查规范性文件的处理

行政复议机关对附带审查规范性文件的处理，区分以下两种情形进行。

（一）有权处理的

应当在三十日内按照本法第 58 条、第 59 条规定的处理程序和要求在法定时限内依法处理。行政复议机关根据本法第 39 条的规定中止行政复议案件审理后的三日内，书面通知规范性文件的制定机关就相关条款的合法性提出书面答复，必要时可以要求规范性文件的制定机关当面说明理由。行政复议机关认为相关条款合法的，在行政复议决定书中一并告知；认为相关条款超越权限或者违反上位法的，决定停止该条款的执行，并责令制定机关予以纠正。这种情形包括：行政机关对于自己发布的规范性文件有权处理；上级人民政府对于下级人民政府发布的规范性文件有权处理；有领导权的上级人民政府工作部门对于下级政府工作部门发布的规范性文件有权处理；人民政府对本级政府工作部门中不受上级机关垂直领导的行政机关发布的规范性文件有权处理；法律规定的其他情况。[①]

（二）无权处理的

应当在七日内按照法定程序转送有权处理的行政机关依法处理，接受转送的行政机关应当自收到转送之日起六十日内，将处理意见回复转送的行政复议机关。需要注意的是，本条规定针对复议申请人提起的规范性文件附带审查，审查范围限于本法第 13 条规定的四类行政规范性文件，制定机关为行政机关，审查机关也仅限于有权处理的行政机关，而不包括其他国家机关，应与本法第 57 条区别开来。

另外，根据本法第 64 条第 1 款第 3 项的规定，被申请人作出行政行为适用的依据不合法的，行政复议机关应当决定撤销或者部分撤销该行政行为，并可以责令被申请人在一定期限内重新作出行政行为。

四、行政复议的中止以及附带审查规范性文件的时限要求

2017 年《行政复议法》第 26 条规定了"处理期间，中止对具体行政行为的审查"，修订后的本法第 39 条第 1 款第 9 项规定"有本法第五十六条或

[①] 参见马原、孙秀君主编：《行政复议法及配套规定新释新解》，人民法院出版社 2003 年版，第 847 页。

者第五十七条规定的情形"行政复议中止,为了避免前后重复,故此处将"处理期间,中止对具体行政行为的审查"删除。

本条关于"三十日内"和"七日内"的理解,结合本法第39条第1款第9项的规定和本法第88条第2款的规定,一般指从行政复议机关作出中止行政复议的通知之日起算,不包含法定休假日。行政复议机关根据本条的规定在三十日内依法处理或者在七日内转送有权处理的行政机关,有权处理的行政机关根据本法第60条的规定在六十日内将处理意见回复转送的行政复议机关,规范性文件附带审查程序结束,行政复议中止事由消除,应及时恢复审理,防止因为附带审查规范性文件导致行政复议案件久拖不决。行政复议机关决定中止或恢复行政复议的,应当告知行政复议的各方当事人。

(戴澧兰 撰写)

第五十七条 【行政行为依据审查处理】

行政复议机关在对被申请人作出的行政行为进行审查时，认为其依据不合法，本机关有权处理的，应当在三十日内依法处理；无权处理的，应当在七日内转送有权处理的国家机关依法处理。

【立法背景】

本条是行政复议机关依职权主动附带审查被申请人作出的行政行为的依据是否合法的规定，是在 2017 年《行政复议法》第 27 条基础上修改而来，其中将"具体行政行为"修改为"行政行为"，以与本法第 2 条有关"行政行为"的使用保持一致。

【条文解读与法律适用】

一、行政行为"依据"的认定及审查性质

本条与本法第 56 条都是关于行政行为的"依据"的处理的规定，但实际含义并不相同：一是启动审查的原因不同。本条针对的是行政复议机关在审查被申请复议的行政行为时，主动发现作出该行政行为的依据存在合法性问题，即属于行政复议机关主动审查。而本法第 56 条针对的是申请人不服行政机关作出的行政行为提出行政复议申请时，一并对作出该行政行为所依据的规范性文件提出审查申请，即申请人已经对规范性文件的合法性问题提出了审查申请，行政复议机关是应申请人的申请而进行审查的。二是两个"依据"的范围不同。本条中的"依据"，即被申请人作出行政行为的"依据"，包括法律、行政法规、地方性法规、部门规章、地方政府规章，还包括法律、法规、规章以外的其他规范性文件。换言之，本条中的"依据"，是一个包括法律等在内的所有规范性文件。而本法第 56 条中的依据即"规范性文件"，限于本法第 13 条规定的范围，即国务院部门的规范性文件；县级以上地方各级人民政府及其工作部门的规范性文件；乡、镇人民政府的规范性文件；法律、法规、规章授权的组织的规范性文件。因此，本条中的"依据"，其范围远远大于第 56 条规定的范围。

二、关于"依据不合法"的认定

本条所规定的"依据"具体包括：法律、行政法规、地方性法规、规章以及具有普遍约束力的其他决定、命令。民族自治地方的行政机关在实施行政管理时，还要以该民族自治地方的自治条例、单行条例为依据。"依据不合法"主要是指作出行政行为的依据"超越权限或者违反上位法"。主要表现在：制定依据的主体不合法；依据的内容不合法；制定依据的程序和形式不合法；法律、法规、规章、规定尚未生效等。[①] 需要注意的是，这里所说的不合法是指依据本身不合法，与本法第 63 条第 1 款第 2 项规定的"未正确适用依据"不同，后者指在依据适用上的不合法。

三、对"依据不合法"的处理

根据本条的规定，行政复议机关在对被申请人作出的行政行为进行审查时，依职权主动审查其依据，认为不合法的区分以下两种情形进行。

（1）有权处理的。应当在三十日内按照本法第 58 条、第 59 条规定的处理程序和要求在法定时限内依法处理。行政复议机关根据本法第 39 条的规定中止行政复议案件审理后的三日内，书面通知依据的制定机关就相关条款的合法性提出书面答复，必要时可以要求依据的制定机关当面说明理由。行政复议机关认为相关条款超越权限或者违反上位法的，决定停止该条款的执行，并责令制定机关予以纠正。这种情形包括：国务院对于自己发布的行政法规和各部门、各地方发布的规章、规定的处理，行政复议机关对于本级及下级行政机关发布的规章、规定的处理；行政复议机关依据领导或者监督关系对其有撤销权的规范性文件的处理。

（2）无权处理的。这里"有权处理的国家机关"，根据《立法法》第 108 条关于改变或者撤销法律、行政法规、地方性法规、自治条例和单行条例、规章的权限的以及《法规、司法解释备案审查工作办法》等关于审查处理权限的规定确定。另外，从学理上说，"依据"的制定机关一般也有处理权限。

（戴澧兰　撰写）

[①] 参见马原、孙秀君主编：《行政复议法及配套规定新释新解》，人民法院出版社 2003 年版，第 1323 页。

第五十八条　【附带审查处理程序】 行政复议机关依照本法第五十六条、第五十七条的规定有权处理有关规范性文件或者依据的，行政复议机构应当自行政复议中止之日起三日内，书面通知规范性文件或者依据的制定机关就相关条款的合法性提出书面答复。制定机关应当自收到书面通知之日起十日内提交书面答复及相关材料。

行政复议机构认为必要时，可以要求规范性文件或者依据的制定机关当面说明理由，制定机关应当配合。

【立法背景】

本条是本次修订的新增条款，对行政复议机关有权处理附带审查的规范性文件和依据的处理程序及制定机关的配合义务进行了规定。本法修订过程中，《行政复议法（修订草案）》中关于本条第 1 款规定的是"制定机关应当自收到书面通知之日起十日内提交书面答复及相关证据材料"。《行政复议法（修订草案二次审议稿）》将"相关证据材料"修改为"相关材料"，也就是说，制定机关提交的材料包括但不限于证据材料。根据《国务院办公厅关于全面推行行政规范性文件合法性审核机制的指导意见》，起草单位报送的审核材料，包括文件送审稿及其说明，制定文件所依据的法律、法规、规章和国家政策规定，征求意见及意见采纳情况，本单位的合法性审核意见，以及针对不同审核内容需要的其他材料等。

此外，需要注意的是，行政复议中止的原因，必须由法律、法规作出明确规定。2017 年《行政复议法》没有专门条款规定行政复议的中止问题，因此 2017 年《行政复议法》第 26 条、第 27 条均规定了"处理期间，中止对具体行政行为的审查"。新修订后的本法第 39 条专门规定了行政复议中止的情形，其中第 1 款第 9 项规定"有本法第五十六条或者第五十七条规定的情形"行政复议中止。因此，本法第 56 条和第 57 条删除了 2017 年《行政复议法》第 26 条、第 27 条规定的"处理期间，中止对具体行政行为的审查"，以避免本法前后内容重复。

【条文解读与法律适用】

一、制定机关的配合义务

此次修订的亮点之一就是新增了规范性文件和依据的附带审查程序中制定机关的配合义务，包括自收到书面通知之日起十日内提交书面答复及相关材料以及必要时当面说明理由。需要注意的是，制定机关提交书面答复及相关材料不限于证据材料，包括与被附带审查的规范性文件或者依据相关的其他材料，如规范性文件或者依据的制定背景、法律法规和政策依据、起草说明、合法性审查意见和其他相关材料等。此次修订增加此项内容主要是基于以下几点考虑：一是规范性文件或者依据合法是行政行为合法的必要条件。本法第44条第1款规定："被申请人对其作出的行政行为的合法性、适当性负有举证责任。"而实践中，制定规范性文件作为行政机关行使行政职权的一种行政活动方式，其目的是实现特定的行政管理目标。可制定规范性文件的行政机关和行政层级多样，包括国务院部门、地方各级人民政府及其工作部门和乡、镇人民政府等。对处于行政机关外部的公民、法人或其他组织而言，及时、全面、准确掌握规范性文件并非易事。制定机关有义务对该规范性文件或依据制定的合法性进行说明。二是对于规范性文件是否真实、是否与案件存在关联、条文的理解等问题的审查，制定机关有解释权，就相关条款的合法性提出书面答复且必要时当面说明理由，有利于行政复议机关对复议案件的全面审理。三是对规范性文件的附带审查也是对行政规范性文件进行内部监督管理的一种方式。《国务院办公厅关于加强行政规范性文件制定和监督管理工作的通知》规定，健全行政规范性文件备案监督制度，制定机关要及时按照规定程序和时限报送备案，主动接受监督；充分发挥政府督查机制作用，将行政规范性文件制定和监督管理工作纳入法治政府建设督察的内容。因此，行政复议机关对于有权处理的规范性文件或依据进行审查时，制定机关有义务配合。

二、关于处理期间行政复议的中止

在规范性文件或依据的合法性得到最终确认之前，无从判断行政行为的合法性，因此有必要中止对行政行为的审查。行政复议中止的时间可能比较长，恢复行政复议的时间在中止时也难以确定。为了防止因此影响复议工作，中止的期间不计入行政复议机关作出行政复议决定的期限。行政复议机关根据本法第 56 条、第 57 条的规定在三十日内依法处理或七日内转送有权处理的行政机关、国家机关，有权处理的行政机关、国家机关根据本法第 60 条的规定六十日内将处理意见回复转送的行政复议机关，规范性文件或依据的附带审查程序结束，行政复议中止事由消除，行政复议机关应当及时恢复行政复议审理程序。行政复议机关决定中止或恢复行政复议的，应当告知行政复议的各方当事人。

（戴澧兰　撰写）

第五十九条　【附带审查处理结果】行政复议机关依照本法第五十六条、第五十七条的规定有权处理有关规范性文件或者依据，认为相关条款合法的，在行政复议决定书中一并告知；认为相关条款超越权限或者违反上位法的，决定停止该条款的执行，并责令制定机关予以纠正。

【立法背景】

本条是新增条款。对于复议机关有权处理的有关规范性文件或者依据，复议机关对规范性文件的附带审查权，与备案机关对规范性文件的审查权具有相似性，本质上构成抽象判断权，即可以直接对规范性文件的合法性作出判断。[①] 由于 2017 年《行政复议法》第 26 条、第 27 条只规定了"依法处理"，并没有规定处理的具体程序。在实践中，出于程序效率与便利当事人的考虑，一般将复议程序与审查程序一并进行。同时在人民法院对复议决定的审查方面，也有将规范性文件审查程序和结论的合法性纳入对复议决定合法性的审查范围的案例。此次修订，在法律层面上对复议程序与审查程序一并进行予以明确，规定行政复议机关附带审查规范性文件或依据，认为相关条款合法的，在行政复议决定书中一并告知，认为相关条款超越权限或违反上位法的决定停止条款执行。

【条文解读与法律适用】

行政复议机关依法受理行政复议申请后，对申请人一并提出的对规范性文件的审查申请或者对行政行为依据的附带审查，一般从以下三个方面进行[②]。

一、制定主体资格的审查

行政机关制定和发布规范性文件，应当严格遵守宪法和法律的规定，不

[①] 参见曹鎏：《中国特色行政复议制度的嬗变与演进》，法律出版社 2020 年版，第 562 页。
[②] 参见吴高盛主编：《〈中华人民共和国行政复议法〉释义及实用指南》，中国民主法制出版社 2015 年版，第 482 页。

得超越法定权限制定和发布规范性文件。因此，行政复议机关在审查规范性文件时，首先应当进行主体资格的合法性审查，即审查规范性文件的制定机关是否具有制定该类规范性文件的主体资格。

二、内容的审查

对规范性文件内容的合法性审查，既要审查这类规范性文件的制定依据是否符合法律法规的规定，也要审查这类规范性文件的具体规定是否符合法律、法规、规章以及上级机关制定的规范性文件的要求。党的十八届四中全会通过的《中共中央关于全面推进依法治国若干重大问题的决定》中提出："行政机关不得法外设定权力，没有法律法规依据不得作出减损公民、法人和其他组织合法权益或者增加其义务的决定。"此外，行政机关制定规范性文件，还必须在其职权范围之内进行，不得超越职权范围或者授权范围制定和发布规范性文件，不得增加本部门的权力或减少本部门的法定职责。

三、程序的审查

行政机关制定规范性文件，应当遵循法律、法规、规章以及上级机关制定的规范性文件规定的程序，不得违反法定程序制定和发布规范性文件。不同层级的行政机关，在制定和发布规范性文件时，所遵循的具体程序不完全相同，但通常要经过规划、计划、起草、审定、发布、备案等具体程序。《国务院办公厅关于加强行政规范性文件制定和监督管理工作的通知》中明确，行政规范性文件必须严格依照法定程序制发，重要的行政规范性文件要严格执行评估论证、公开征求意见、合法性审核、集体审议决定、向社会公开发布等程序。

需要注意的是，《最高人民法院关于适用〈中华人民共和国行政诉讼法〉的解释》第148条规定："人民法院对规范性文件进行一并审查时，可以从规范性文件制定机关是否超越权限或者违反法定程序、作出行政行为所依据的条款以及相关条款等方面进行。有下列情形之一的，属于行政诉讼法第六十四条规定的'规范性文件不合法'：（一）超越制定机关的法定职权或者超越法律、法规、规章的授权范围的；（二）与法律、法规、规章等上位法的规定相抵触的；（三）没有法律、法规、规章依据，违法增加公民、法人和其他组织义务或者减损公民、法人和其他组织合法权益的；（四）未履行法定批准程序、公开发布程序，严重违反制定程序的；（五）其他违反法律、法规以及规章规定的情形。"区别于行政诉讼，行政复议中规范性文件或依据不合法在法律层面确定的审查标准为"是否超越权限"或者"是否违反上位法"，对于规范性文件或依据制定和发布的程序审查此次修订中没有明确规定。但根据本法第 3 条第 2 款"行政复议机关履行行政复议职责，应当遵循合法、公正、公开、高效、便民、为民的原则，坚持有错必纠，保障法律、法规的正确实施"的规定，行政复议机关可以依据法律、法规对有权审查的规范性文件和依据进行全面审查，对不符合法定程序的规范性文件和依据决定停止该条款的执行，并责令制定机关予以纠正。

（戴澧兰　撰写）

第六十条　【接受转送机关的职责】依照本法第五十六条、第五十七条的规定接受转送的行政机关、国家机关应当自收到转送之日起六十日内，将处理意见回复转送的行政复议机关。

【立法背景】

2017 年《行政复议法》第 26 条规定，"有权处理的行政机关应当在六十日内依法处理"，本条是对该条的延续和扩展。在实践中，有权处理机关如果迟迟不作答复，行政复议机关只能中止行政复议，不利于行政争议的及时解决，也不利于对申请人权利的及时救济。因此，此次《行政复议法》修订对规范性文件的有权处理机关、处理程序、处理时限、处理形式都进行了明确规定，以强化规范性文件审查程序的可操作性。本条在修订过程中，《行政复议法（修订草案）》的表述为"接受转送的行政机关、国家机关应当自收到转送之日起六十日内，将处理结论回复转送的行政复议机关。行政复议机关应当在行政复议决定书中载明有权机关的处理结论"。《行政复议法（修订草案二次审议稿）》中，将"处理结论"改成了"处理意见"，并删除了"行政复议机关应当在行政复议决定书中载明有权机关的处理结论"。

【条文解读与法律适用】

一、接受转送的行政机关、国家机关的审查处理程序

接受转送的行政机关、国家机关对规范性文件和依据的审查不属于行政复议程序的内容，审查机关应当在法定时限内将处理意见及时回复转送的行政复议机关。被审查机关认定不合法的规范性文件，行政复议机关不能再将该规范性文件作为维持行政行为合法的依据。并且根据本法第 64 条第 1 款第 3 项的规定，被申请人行政行为适用的依据不合法的，行政复议机关应当决定撤销或者部分撤销该行政行为，并可以责令被申请人在一定期限内重新作出行政行为。审查机关除了要将规范性文件是否合法的处理意见告知行政复议机关外，对认定违法的规范性文件，还应当按照《立法法》等的规定予以撤

销、修改或者责令修改。

二、行政复议附带审查与行政诉讼一并审查的区别

（一）是否可以依职权主动审查不同

根据本法第 57 条的规定，行政复议机关可以依职权主动对申请复议的行政行为的依据进行附带审查。而人民法院一般不能依职权主动审查规范性文件的合法性。根据《行政诉讼法》第 53 条的规定，公民、法人或者其他组织认为行政行为所依据的国务院部门和地方人民政府及其部门制定的规范性文件不合法，在对行政行为提起诉讼时，可以一并请求对该规范性文件进行审查。

（二）当事人可以提出审查申请的时间不同

根据《行政复议法实施条例》第 26 条的规定，申请人在对行政行为提出行政复议申请时尚不知道该行政行为所依据的规定的，可以在行政复议机关作出行政复议决定前向行政复议机关提出对该规定的审查申请。根据《最高人民法院关于适用〈中华人民共和国行政诉讼法〉的解释》第 146 条的规定，公民、法人或者其他组织请求人民法院一并审查《行政诉讼法》第 53 条规定的规范性文件，应当在第一审开庭审理前提出；有正当理由的，也可以在法庭调查中提出。因此，行政复议中，申请行政复议附带审查规范性文件应当在行政复议决定作出前提出；行政诉讼中，当事人向人民法院申请一并审查规范性文件应当在一审开庭审理前或者有正当理由的在法庭调查中提出。

（三）制定机关的权利和义务不同

本法第 58 条、第 60 条规定了规范性文件或依据的制定机关的配合义务，即在收到行政复议机构书面通知之日起十日内提交书面答复及相关材料，必要时还要当面说明理由；接受转送的行政机关、国家机关应当自收到转送之日起六十日内，将处理意见回复转送的行政复议机关。行政诉讼中，制定机关陈述意见或者申请出庭陈述意见的属于程序性权利，人民法院应当准许。《最高人民法院关于适用〈中华人民共和国行政诉讼法〉的解释》第 147 条规定："人民法院在对规范性文件审查过程中，发现规范性文件可能不合法的，应当听取规范性文件制定机关的意见。制定机关申请出庭陈述意见的，人民法院应当准许。行政机关未陈述意见或者未提供相关证明材料的，不能阻止人民法院对规范性文件进行审查。"

第六十条 【接受转送机关的职责】 | 179

(四) 审查后的处理方式不同

规范性文件或依据经审查认为合法的，行政复议和行政诉讼的处理大体一致。根据本法第59条规定，行政复议机关认为相关条款合法的，在行政复议决定书中一并告知。在行政诉讼中，人民法院可以在裁判理由部分对规范性文件是否合法进行认定。根据《最高人民法院关于适用〈中华人民共和国行政诉讼法〉的解释》第149条的规定，"人民法院经审查认为行政行为所依据的规范性文件合法的，应当作为认定行政行为合法的依据"。根据《最高人民法院关于印发〈关于审理行政案件适用法律规范问题的座谈会纪要〉的通知》，规范性文件不是正式的法律渊源，对人民法院不具有法律规范意义上的约束力。但是，人民法院经审查认为被诉行政行为依据的规范性文件合法、有效并合理、适当的，在认定被诉行政行为合法性时应承认其效力；人民法院可以在裁判理由中对规范性文件是否合法、有效、合理或适当进行评述。

规范性文件或依据经审查认为不合法的，行政复议和行政诉讼的处理程序则差别较大。根据本法第59条、第60条的规定，行政复议机关对于附带审查的规范性文件或依据，认为相关条款超越权限或者违反上位法的，有权处理的行政复议机关可以直接决定停止该条款的执行并责令制定机关予以纠正，无权处理的则转送有权处理的行政机关、国家机关处理。人民法院对规范性文件的一并审查表现为个案适用判断权，即"不作为认定行政行为合法的依据"，不能直接对规范性文件本身的合法性作出认定，而要以司法建议方式提请有权机关处理。[①] 根据《行政诉讼法》第64条的规定，人民法院在审理行政案件中，经审查认为规范性文件不合法的，不作为认定行政行为合法的依据，并向制定机关提出处理建议。根据《最高人民法院关于适用〈中华人民共和国行政诉讼法〉的解释》第149条的规定，人民法院经审查认为规范性文件不合法的，不作为人民法院认定行政行为合法的依据，并在裁判理由中予以阐明。作出生效裁判的人民法院应当向规范性文件的制定机关提出处理建议，并可以抄送制定机关的同级人民政府、上一级行政机关、监察机关以及规范性文件的备案机关。规范性文件不合法的，人民法院可以在裁判生效之日起三个月内，向规范性文件制定机关提出修改或者废止该规范性文

[①] 参见曹鎏：《中国特色行政复议制度的嬗变与演进》，法律出版社2020年版，第562页。

件的司法建议。规范性文件由多个部门联合制定的，人民法院可以向该规范性文件的主办机关或者共同上一级行政机关发送司法建议。接收司法建议的行政机关应当在收到司法建议之日起六十日内予以书面答复。情况紧急的，人民法院可以建议制定机关或者其上一级行政机关立即停止执行该规范性文件。因此，对经附带审查后被认定为不合法的规范性文件的处理方式，体现了司法监督和行政机关内部监督的区别。

（戴澧兰　撰写）

第五章　行政复议决定

本章概述

行政复议决定是行政复议机关对行政行为进行审查之后的法律结论。本次《行政复议法》修订，以实质性化解行政争议为目标，主要就行政复议决定的程序、行政复议决定的类型、调解协议与和解、行政复议意见书、行政复议决定的履行和公开等作了新的规定。本章就有关问题作一阐释。

第六十一条　【行政复议决定程序】 行政复议机关依照本法审理行政复议案件，由行政复议机构对行政行为进行审查，提出意见，经行政复议机关的负责人同意或者集体讨论通过后，以行政复议机关的名义作出行政复议决定。

经过听证的行政复议案件，行政复议机关应当根据听证笔录、审查认定的事实和证据，依照本法作出行政复议决定。

提请行政复议委员会提出咨询意见的行政复议案件，行政复议机关应当将咨询意见作为作出行政复议决定的重要参考依据。

【立法背景】

行政复议案件受理之后，作出行政复议决定的具体工作由行政复议机构负责。2017 年《行政复议法》第 3 条第 1 款规定了行政复议机构的职责，具体如下：受理行政复议申请；向有关组织和人员调查取证，查阅文件和资料；审查申请行政复议的具体行政行为是否合法适当，拟订行政复议决定；处理或者转送对第 7 条所列有关规定的审查申请；对行政机关违反本法规定的行为依照规定的权限和程序提出处理建议；办理因不服行政复议决定提起行政诉讼的应诉事项；法律、法规规定的其他职责。《行政复议法实施条例》第 3 条规定："行政复议机构除应当依照行政复议法第三条的规定履行职责外，还应当履行下列职责：（一）依照行政复议法第十八条的规定转送有关行政复议申请；（二）办理行政复议法第二十九条规定的行政赔偿等事项；（三）按照职责权限，督促行政复议申请的受理和行政复议决定的履行；（四）办理行政复议、行政应诉案件统计和重大行政复议决定备案事项；（五）办理或者组织办理未经行政复议直接提起行政诉讼的行政应诉事项；（六）研究行政复议工作中发现的问题，及时向有关机关提出改进建议，重大问题及时向行政复议机关报告。"本条明确了行政复议决定作出的原则程序。

【条文解读与法律适用】

一、行政复议机构审查、提出意见、报批程序

本条第1款内容，主要包括以下几个方面：

一是行政复议机构对行政行为进行审查。审查主要包括程序审查和实体审查。行政复议机构应当按照《行政复议法》规定的程序进行审查，确保程序合法。同时，行政复议机构还应当对行政行为的合法性和适当性进行审查。通过审查，确保案件认定事实清楚、证据充分、依据正确，如果涉及规范性文件附带审查，还应当审查规范性文件的合法性，等等。

二是行政复议机构提出审查意见。经过审查之后，行政复议机构应当综合在案的证据、依据，形成案件的初步审查意见。初步审查意见是作出决定的基础。

三是经过报批程序。行政复议机关实行行政首长负责制。行政复议机构提交的审查意见须经行政复议机关负责人同意，才能形成行政复议机关对外发生法律效果的终局意见。如果需要通过集体讨论，则在集体讨论之后，行政复议机关负责人再根据讨论情况作出结论。

四是以行政复议机关的名义作出决定。行政复议机构是具体承担审查工作的内设机构，并非行政机关，因此，对外发生法律效力的行政复议决定应当是以行政复议机关的名义作出。

二、案卷排他规则

案卷排他规则，是指行政机关作出行政行为必须根据案卷载明的事实理由作出，不得依据案卷之外的事实理由作出。这主要是保障行政相对人在行政程序中发表意见的权利。相对人在行政程序中发表的意见如果没有被行政机关记录，就会质疑行政行为的合法性；如果行政机关没有依据记录的事实理由作出行政复议决定，就会质疑相关事实理由是否未经考虑。案卷排他规则不仅体现在行政程序（包括行政复议程序）中，也体现在诉讼程序中。在行政诉讼中，人民法院对行政行为的合法性审查也局限在行政案卷中记载的事实理由，人民法院一般不采纳案卷之外的证据。我国法律中第一次明确案卷排他规则的是《行政许可法》。2004年《行政许可法》第48条规定，行政

机关应当根据听证笔录，作出行政许可决定。修订后的《行政复议法》第 50 条规定，审理重大、疑难、复杂的行政复议案件，行政复议机构应当组织听证。据此，本条第 2 款规定，经过听证的行政复议案件，行政复议机关应当根据听证笔录、审查认定的事实和证据，依照本法作出行政复议决定。

理解本款规定需要注意的是：第一，行政复议机关作出行政复议决定应当根据听证笔录。听证笔录记载了当事人的意见。行政复议机关作出行政复议决定时必须以听证笔录为依据。如果依据听证笔录以外的事实理由，或者完全不考虑听证笔录记载的事实理由作出行政复议决定，在行政诉讼中可能被人民法院根据《行政诉讼法》第 70 条的规定认定为"主要证据不足"。同时，也可能被人民法院认定为应当考虑相关因素而未考虑，或者不应当考虑相关因素而考虑相关因素，从而构成《行政诉讼法》第 70 条规定的"滥用职权"。第二，行政复议机关应当在审查认定事实和证据的基础上作出行政复议决定。行政复议机关应当根据听证笔录作出复议决定，是指行政复议机关必须完整记录当事人的意见理由，但不等于行政复议机关不对事实和证据进行审查。行政复议机关审查的过程就是"考虑相关因素"的过程，而"相关因素"是记载于听证笔录中的。因此，两者并不矛盾。

三、咨询意见参考规则

修订后的《行政复议法》第 52 条规定了行政复议委员会的组成和职责、应当提请行政复议委员会提出咨询意见的情形。主要情形如下：一是所涉案情重大、疑难、复杂。对于重大、疑难、复杂案件，需要提请行政复议委员会提供论证意见，确保行政复议案件合法稳妥。二是所涉问题专业性、技术性较强。行政复议案件审理中涉及许多专业性、技术性强的事项，需要依托有关专家提供咨询意见，确保案件事实认定准确。三是涉及省级人民政府的行政行为。省级人民政府的行政行为往往具有一定普遍性，影响面较大，案件处理可能涉及今后类似案件的处理。四是行政复议机构认为有必要。行政复议案件如有其他情形，需要提请行政复议委员会提供咨询意见的，行政复议机构可以根据案件的具体情况酌定。对于行政复议委员会提出的咨询意见，行政复议机构应当准确详细记录。咨询意见代表了行政复议委员会的事实或者法律判断，是行政复议决定作出时的考量因素，因此，《行政复议法》第 52 条第 3 款规定，行政复议机构应当记录行政复议委员会的咨询意见。由于提请行政复议委员会提出咨询意见的案件重要性非一般案件可比，行政复议机构应当充分尊重咨询意见。据此，本条第3款规定，提请行政复议委员会提出咨询意见的行政复议案件，行政复议机关应当将咨询意见作为作出行政复议决定的重要参考依据。

需要注意的是，第一，这里的"应当"，意味着对于经过行政复议委员会讨论形成的咨询意见，行政机关有义务在作出行政复议决定时充分考虑。特别是，咨询意见构成行政案卷的重要组成部分。第二，这里的"重要参考依据"，意味着行政复议机关作出行政复议决定时，咨询意见只是"参考依据"，而不是"唯一依据"或者"直接依据"。行政复议机关对是否采纳行政复议委员会的咨询意见，具有裁量余地和空间。"重要"意味着，除非行政复议机关有足够证据、充分理由能够推翻、削弱行政复议委员会的咨询意见，一般情况下应当采纳该咨询意见。

（梁凤云　撰写）

第六十二条　【行政复议审理期限】 适用普通程序审理的行政复议案件，行政复议机关应当自受理申请之日起六十日内作出行政复议决定；但是法律规定的行政复议期限少于六十日的除外。情况复杂，不能在规定期限内作出行政复议决定的，经行政复议机构的负责人批准，可以适当延长，并书面告知当事人；但是延长期限最多不得超过三十日。

适用简易程序审理的行政复议案件，行政复议机关应当自受理申请之日起三十日内作出行政复议决定。

【立法背景】

为了确保行政复议工作高效、为民、便民，《行政复议法》第 62 条规定了行政复议审理期限。这一内容是从 2017 年《行政复议法》第 31 条的规定修改而来的，基本内容保持一致，增加了简易程序的审理期限。

【条文解读与法律适用】

本条可以从以下几个方面来理解。

第一，行政复议审理的一般期限是六十日。行政复议机关自受理申请之日起须在六十日内完成整个行政复议工作。审理期限的起算点是"受理申请之日"。在六十日内，行政复议机关应当完成受理、听取意见、审查被申请行政行为的依据和证据、查明事实和依据、提出审查意见、行政复议机关负责人决定或者集体讨论后决定等工作。与行政诉讼案件中人民法院应当在立案之日起六个月内作出第一审判决相比，这个期限是比较短的。需要注意的是，如果行政复议案件需要转送其他行政机关处理，接收转送的行政机关对于属于自身管辖范围内的申请，收到转来的申请之日属于"受理申请之日"。根据《行政复议法》第 88 条的规定，行政复议期间的计算和行政复议文书的送达，本法没有规定的，依照《民事诉讼法》关于期间、送达的规定执行。本法关于行政复议期间"三日"、"五日"、"七日"和"十日"的规定是指工作日，不含法定休假日。

第二，行政复议审理的特别期限由法律规定。在规定了审理的一般期限之后，《行政复议法》规定了特别期限，即法律规定的行政复议期限少于六十日的除外。这就意味着，其一，如果法律规定行政复议期限少于六十日，是对行政复议机关更高、更严的要求，也是对申请人更快捷、更高效的期限保护，《行政复议法》规定的一般期限就不再适用。其二，如果法律规定的行政复议期限多于六十日的，按照《行政复议法》一般期限计算。这是因为《行政复议法》规定一般期限是为了保障申请人的复议请求得到快捷高效的处理。如果法律规定的行政复议期限多于六十日，就失去了行政复议快捷高效的优势，不利于行政复议机关及时办理复议案件。其三，如果法律以下的规范性文件规定了较短的行政复议期限，应当分情况处理。法律以下规范性文件一般不能也没有必要规定行政复议期限。但是，如果法律以下规范性文件规定了少于六十日的较短行政复议期限，属于行政机关对于自身更高的期限要求。这类案件如果进入诉讼，原告（原行政复议申请人）认为被告（原行政复议被申请人）应当在较短期限内作出复议决定的，人民法院可以行政复议机关的自我约束为由予以认可；原告（原行政复议申请人）未提出被告（原行政复议被申请人）应当在较短期限内作出复议决定的，人民法院亦可不主动审查被告是否遵守该较短期限，按照《行政复议法》规定的一般期限确定被告是否遵守行政复议期限。

第三，延长期限有一定限制。情况复杂，不能在规定期限内作出行政复议决定的，可以适当延长。"情况复杂"包括案件事实认定过程复杂、法律适用问题疑难等。延长期限须"经行政复议机构的负责人批准"，而非"行政复议机关负责人批准"，这主要是为了提高复议审理工作的效率。"适当延长"是指根据案件具体情况决定合适的期限，可以选择五日、十日等。但是，"延长期限最多不得超过三十日"，包括不能一次延长超过三十日，也不能数次累计延长超过三十日，这主要是为了防止多次延长变相延长复议期限。同时，延长期限应当"书面告知当事人"，包括书面告知申请人、被申请人、第三人等。告知应当说明理由以及延长的期限。延长期限属于行政复议机关的内部工作期限，当事人不能也不必就此提出异议。法律规定行政复议机关可以延长一定的期限，本身就授权行政复议机关可以根据案件具体情况决定是否延长期限。

第四，适用简易程序审理行政复议案件的期限是三十日。《行政复议法》第四章第四节规定了简易程序。适用简易程序的行政案件一般是事实清楚、权利义务关系明确、争议不大的案件，行政复议机关审查内容、审查过程相比适用一般程序的案件更为简单、快捷，《行政复议法》确定适用简易程序审理案件的期限为三十日。三十日的审理期限较行政诉讼简易程序审理期限的四十五日也要短。

（梁凤云　撰写）

第六十三条 【变更决定】 行政行为有下列情形之一的,行政复议机关决定变更该行政行为:

(一) 事实清楚,证据确凿,适用依据正确,程序合法,但是内容不适当;

(二) 事实清楚,证据确凿,程序合法,但是未正确适用依据;

(三) 事实不清、证据不足,经行政复议机关查清事实和证据。

行政复议机关不得作出对申请人更为不利的变更决定,但是第三人提出相反请求的除外。

【立法背景】

行政复议决定的类型与行政复议申请人的请求类型直接相关。行政复议发挥化解行政争议主渠道作用,应当首先在"化解行政争议"方面有所突破。"化解"既需要行政复议机关对行政行为的合法性、适当性作出评断,也需要关注申请人的申请和请求。"行政争议"既需要行政复议机关对行政法律行为进行审查,还需要针对申请人的复议请求,对行政事实行为、履行法定职责请求、给付请求等作出回应。同时,也要注意行政复议和行政诉讼的区别。不同于基于司法权对行政权的外部监督,行政复议主要是内部监督和上下级监督,对于职权划分没有行政诉讼那么严格。因此,在适用《行政复议法》作出行政复议决定时,也和行政诉讼有着较大的区别。

修订前的《行政复议法》规定了维持决定、撤销决定、履行法定职责决定、变更决定、确认违法五种决定。《行政复议法实施条例》则增加了驳回行政复议申请决定形式。《行政复议法》高度强调行政复议机关通过行政复议活动对行政行为的保障和监督。《行政复议法》明确,行政复议机关对行政行为进行合法性和适当性审查。与此相适应,行政复议机关的职责是针对"行政行为的合法性和适当性"而不是"申请人的复议请求"作出决定。在逻辑上,既然行政复议机关的审理活动是围绕行政行为的合法性和适当性展开的,那么行政复议机关在决定中必须对行政行为的合法性和适当性状况作出判断,即合法适当的就维持,违法不当的就撤销。这一思路在《行政复议法》修订前后均无太大变化。

变更决定是行政复议机关对被申请的行政行为进行审查之后，直接改变被申请行政行为内容、依据等的决定。变更决定是行政复议机关作出的各类决定中最严厉、最具有形成效力的决定。行政复议机关此时居于类似被申请人的法律地位，直接对被申请的行政行为进行调整。这种决定也被称为"替代决定"。行政复议机关行使变更的权力，来源于《宪法》第108条的规定。《宪法》第108条规定，县级以上的地方各级人民政府领导所属各工作部门和下级人民政府的工作，有权改变或者撤销所属各工作部门和下级人民政府的不适当的决定。2017年《行政复议法》第28条第1款第3项规定，具体行政行为有下列情形之一的，决定撤销、变更或者确认该具体行政行为违法；决定撤销或者确认该具体行政行为违法的，可以责令被申请人在一定期限内重新作出具体行政行为：(1) 主要事实不清、证据不足的；(2) 适用依据错误的；(3) 违反法定程序的；(4) 超越或者滥用职权的；(5) 具体行政行为明显不当的。根据这一规定，适用撤销、变更或者确认违法决定的情形一致，具体适用何种决定，由行政复议机关决定。但是，从行政复议实践来看，一般认为，对于"违反法定程序""超越或者滥用职权"的情形，不适用变更决定。对于违反法定程序而言，其违反程序的行为已经发生，无法通过变更决定实现变更；对于超越或者滥用职权而言，该违法情形应当通过有权机关以撤销决定等方式予以纠正，如果采用变更决定等于认可了超越或者滥用职权的行为。同时可以看出，2017年《行政复议法》将撤销、变更、确认三种决定统一适用，不够科学，也不准确。据此，《行政复议法实施条例》作了进一步的规定。该条例第47条规定了独立适用"变更决定"的情形："具体行政行为有下列情形之一，行政复议机关可以决定变更：(一) 认定事实清楚，证据确凿，程序合法，但是明显不当或者适用依据错误的；(二) 认定事实不清，证据不足，但是经行政复议机关审理查明事实清楚，证据确凿的。"该条例规定了适用变更决定的两种情形：一种是"事证明确"情形下的变更决定。也就是说，如果原行政行为所认定的事实不清，证据不够充分，行政复议机关经审理仍无法查明事实的，则不宜作出变更决定，因为复议机关不能在事实不清、证据不足的情况下准确判断原行政行为应如何变更。也就是说，变更决定的前提是该案件事实清楚、证据确凿，如果不是事实清楚、证据确凿，则复议机关一般应当撤销该行政行为，或者撤销后一并责令原机关重新作出行政行为。在原行政行为已经查明事实、掌握确凿证据、适用程序合法时，行政复议机关可以根据查清的事实和确凿的证据，直接对原行政行为予以处理，变更其中明显不当和适用依据错误部分，既提高了行政复议效率，又能客观公正处理申请人和被申请人之间的行政争议。[1] 另一种是"事证瑕疵"情形下的变更决定。对于被申请人的行政行为认定事实不清、证据不足的，行政复议机关审查后查明事实、补充完善证据后，可以直接处理申请人和被申请人之间的行政争议，对原行政行为予以变更。修订后的《行政复议法》吸收了上述规定。

【条文解读与法律适用】

一、"事证明确"类变更决定的条件

"事证明确"类变更决定的条件包括三个：事实清楚、证据确凿、程序合法。一般而言，构成合法适当的行政行为的条件包括：事实清楚、证据确凿、程序合法、适用法律法规规章正确、不存在超越或者滥用职权情形。违反一个条件，行政复议机关就可以作出撤销决定。但是，在原行政行为事实清楚、证据确凿、程序合法的情况下，原行政行为在事实认定、证据采信、程序遵守方面已经具备了复议机关变更原行政行为的条件。

二、"事证明确"类变更决定适用的两类情形

根据《行政复议法》的规定，原行政行为在事实清楚、证据确凿、程序合法的前提下，复议机关可以基于两种理由变更决定：其一，适用依据正确，但是内容不适当。复议机关经过对原行政行为审查，认为事实清楚、证据确凿、程序合法、适用依据正确、内容合法的，可以作出维持决定。但是，复议机关发现原行政行为虽然合法，但是不适当，可以对原行政行为进行调整和纠正。这是复议机关基于"拟制的作出机关"的身份所具有的酌处权。其二，未正确适用依据。"未正确适用依据"包括违法适用依据和不当适用依

---

[1] 参见部风涛主编：《〈中华人民共和国行政复议法实施条例〉释解与应用》，人民出版社2007年版，第182页。

据。违法适用依据包括违反上位法优于下位法、特别法优于一般法、后法优于前法、应当适用未予适用等；不当适用依据包括适用依据正确但援引法条错误等。"未正确适用依据"的条件比"错误适用依据"的条件低。《行政复议法实施条例》第47条第1项规定的就是"适用依据错误"。但如果仅规定错误适用依据，就不能包括不当适用依据的不合理情形，也会束缚行政复议机关的酌处权限。这样规定，既有利于提高行政效率，也有利于实质化解行政纠纷。

三、"事证瑕疵"类变更决定适用条件

一般来说，行政复议机关认为原行政行为事实不清、证据不足，属于违法的情形的，应当作出撤销决定。但是，原行政行为撤销后，行政法律关系不复存在，在特定情形下，有重新处理的必要。例如，行政相对人违法事实和后果是清楚的，被申请人在作出行政处罚决定时，认定事实不清、收集的证据不充分。行政复议机关撤销该决定，违法行为没有得到处理；责令被申请人重作可能不符合行政效率要求。此时，行政复议机关可以在调查取证后，"治愈"原行政行为。根据《行政复议法》第45条的规定，行政复议机关有权向有关单位和个人调查取证，查阅、复制、调取有关文件和资料，向有关人员进行询问。行政复议机关具有调查取证的权力，且没有不得为证明原行政行为合法性而调取证据的限制，意味着行政复议机关可以基于其与被申请人的行政隶属关系，代替被申请人行使行政职权。有观点认为，对于行政复议机关不具有的专属于被申请人职权的，行政复议机关不能"越俎代庖"。对于这一问题，根据《宪法》第108条的规定，上级行政机关有权改变或者撤销下级行政机关的不适当的决定。可见，《行政复议法》规定的行政复议机关作出变更决定的依据是充分的。

四、变更决定适用范围和变更判决适用范围

行政诉讼中的变更判决与行政复议中的变更决定，都属于有权机关行使形成权，但是两者的适用范围存在较大差别。《行政诉讼法》第77条第1款规定："行政处罚明显不当，或者其他行政行为涉及对款额的确定、认定确有错误的，人民法院可以判决变更。"这一规定赋予了法院有限变更的权力。之所以这样规定，主要原因是：行政权和审判权之间具有界限，行政机关熟悉主管的行政事务，行政行为是否适当，一般由行政机关决定。该条主要解决

行政处罚明显不当的问题。行政处罚存在"三多"(实施行政处罚的机关多、行政处罚种类多、行政处罚数量多),对相对人的权益影响较大。其他行政行为涉及对款额的确定、认定确有错误的,人民法院基于司法裁量权,可以对相关款额直接调整。可见,人民法院变更判决的适用范围远远小于行政复议变更决定的适用范围。主要原因是,行政复议机关对原行政行为的变更,是基于上下级领导关系所作的调整,不涉及外部权力的监督问题。通过变更决定纠正违法的或者不当的原行政行为,也符合行政效率和及时救济原则。

五、行政复议中禁止不利变更的适用

考虑到申请人提起行政复议无非为了免除、减轻行政行为给予的处罚或者其他负担,如果行政复议机关加重对其的处罚,就会导致申请人在提起行政复议时存在"不可测"的风险。《行政复议法》的宗旨之一是保护公民、法人和其他组织的合法权益。被申请人作出行政行为后,申请人不服提起行政复议,行政复议机关对行政行为的审查,属于对法律的第二次适用。从这个意义上讲,申请人提起行政复议,类似于在诉讼中提起上诉,而在上诉程序中,要受到禁止不利变更原则的约束。

"行政复议机关不得作出对申请人更为不利的变更决定",是指复议决定与原行政行为相比,不能加重义务或者减损权利。例如在行政处罚中,加重义务是指行政复议机关对被申请人作出的行政处罚予以加重的情形。不能加重义务主要包括:(1)对于可以并处的行政处罚,不能加重行政处罚的数量。例如,根据《治安管理处罚法》第50条的规定,对于阻碍国家机关工作人员依法执行职务的,处五日以上十日以下拘留,可以并处五百元以下罚款。行政机关作出拘留五日的决定后,相对人提起诉讼。法院经过审理认为,相对人的行为已经构成情节严重,应当并处五百元罚款。此时,法院不能判决并处罚款。(2)不得加重改变行政处罚的种类。例如,将警告变更为罚款。当然,对于行政处罚的轻重,也是一个比较有争议的问题。以《治安管理处罚法》为例,有的违法行为既可以处以五日拘留,还可以处以二千元罚款。对于"五日拘留"和"二千元罚款"孰轻孰重,不同地区、不同职业、不同收入水平的相对人可能有着不同的判断。行政复议机关在作出变更决定时,可以根据案件具体情况,在征求当事人意见的基础上,作出相应的判断。(3)不得延长限制人身自由的期限。(4)不得增加罚款数额。(5)不得将暂扣许可证、执照变更为吊销许可证、执照。(6) 不得对行政机关未予处罚的人直接给予处罚。

加重义务和减损权利，是一个问题的两个方面。对于课予义务的行政处罚来讲，行政复议机关不能加重对其的处罚；对于赋予权利的行政行为来讲，行政复议机关也不能减损其权益。例如，行政复议机关不能决定行政机关支付少于申请人已经得到的抚恤金的数额。比较难的问题是，在课予义务的行政处罚中，作为受害人的申请人是否具有"不得减轻或者加重侵害人处罚"的权利。也就是说，行政复议机关如果决定减轻对加害人的处罚，是否属于"减损权利"？一般认为，禁止不利变更保护的是申请人的申请权利。行政复议机关经过审理认为，侵害人的行为属于轻微情形并作出从轻处罚，并不减损申请人的权益。如原罚款五百元，不能说罚款一千元就是增加了申请人的权利，罚款一百元就是减损了申请人的权利。

根据本款规定，禁止不利变更原则的例外是"第三人提出相反请求"。禁止不利变更原则主要是用于请求相对立的两方之间。如果行政复议程序中，既有申请人、被申请人，也有第三人，第三人具有独立的申请权利，对于第三人提出相反请求要求减损申请人权利或者增加申请人义务的，不适用禁止不利变更原则。以行政处罚案件为例，被处罚人和受害人同为利害关系人，一方为申请人，一方为第三人。行政机关作出处罚后，被处罚人认为过重，受害人认为过轻。被处罚人和受害人之间的复议请求完全相反，存在相逆的利益。行政复议机关为了保障受害人的权益，可以加重对被处罚人的处罚。

比较疑难的问题是，数个受害人同为第三人，是否适用禁止不利变更原则，即如果数个受害人同为第三人，且复议请求相反，是否可以加重对被处罚人的处罚呢？例如，行政机关作出行政处罚之后，数个受害人中，有的认为行政机关处罚过重，有的认为行政机关处罚过轻，同时提起复议请求。根据本款规定，复议机关可以作出对被处罚人更重的处罚。此外，本款规定的禁止不利变更原则，表述为不得作出对"申请人"更为不利的决定，没有针对第三人的禁止不利变更，也可以佐证以上结论。

此外，本款规定的"第三人"，真正的含义是行政行为的利害关系人，而非狭义上的"第三人"。

（梁凤云　撰写）

第六十四条 【撤销或者部分撤销、责令重作】行政行为有下列情形之一的,行政复议机关决定撤销或者部分撤销该行政行为,并可以责令被申请人在一定期限内重新作出行政行为:

(一) 主要事实不清、证据不足;

(二) 违反法定程序;

(三) 适用的依据不合法;

(四) 超越职权或者滥用职权。

行政复议机关责令被申请人重新作出行政行为的,被申请人不得以同一事实和理由作出与被申请行政复议的行政行为相同或者基本相同的行政行为,但是行政复议机关以违反法定程序为由决定撤销或者部分撤销的除外。

【立法背景】

撤销,是指行政复议机关撤除、废弃、取消原行政行为,并从撤销之日原行政行为不复存在。由于涉及可能的行政赔偿的问题,因此,被撤销的原行政行为从行政行为作出之时就没有效力。本次《行政复议法》修订,再次明确了撤销决定。

【条文解读与法律适用】

一、主要事实不清、证据不足

规定本项内容的主要目的在于贯彻"以事实为根据,以法律为准绳"原则。证据是复议机关认定案件事实的基础,只有查明事实,才能正确适用法律。主要事实不清、证据不足必须从质和量两个方面进行把握。"质"的方面要求证据必须确实;"量"的方面要求证据必须充分,足以证明待证事实。如果主要事实不清、主要证据不足,则行政行为在质或者量上均不能证明行政行为合法,复议机关可以判决撤销。主要事实不清、证据不足是指行政机关作出的行政行为缺乏基本的事实和根据。如果收集的证据已能认定基本事实情况，即使缺少一些枝节情况的证据，也不能认为是主要事实不清、证据不足。

二、违反法定程序

违反法定程序是行政行为违法的主要形式之一。这里的"法定程序"不仅包括法律法规规章明确规定的程序，也包括正当法律程序。我国尚未制定行政程序法，但是，对于涉及公民、法人或者其他组织重大权益的，应当遵循正当的行政程序。《行政复议法》规定了许多法定的程序，但其中也有一些正当程序。例如，《行政复议法》第50条规定，审理重大、疑难、复杂的行政复议案件，行政复议机构应当组织听证。行政复议机构认为有必要听证，或者申请人请求听证的，行政复议机构可以组织听证。这里的"应当组织听证"属于法律规定的行政程序；"认为有必要听证"属于正当法律程序。此外，从行政程序的一般原理来讲，通知程序和评论程序是两个必备的程序。行政机关在作出行政行为时，应当保障公民、法人或者其他组织的知情权、陈述权、辩论权和申辩权。不得未经正当程序作出对公民、法人或者其他组织不利的行政行为。例如，行政许可机关变更或者撤回行政许可的，应当保障公民的陈述权和申辩权，行政许可机关不得以《行政许可法》没有规定这一程序而拒绝履行该行政程序。这一程序是行政机关作出任何不利行政行为的必要程序，即便法律没有规定，也不能认为法律允许缺乏这一程序。

三、适用的依据不合法

《行政复议法》第37条规定，行政复议机关依照法律、法规、规章审理行政复议案件。行政复议机关审理民族自治地方的行政复议案件，同时依照该民族自治地方的自治条例和单行条例。据此，这里的"依据"是指法律、法规和规章。适用的依据不合法，包括依据本身不合法，即不符合上位法优于下位法、特别法优于普通法的法律适用规则等。对于是否构成本项规定的撤销事由，主要观察适用的依据不合法的原因。有的是因为对事实的认定错误，有的是属于忽略事实的有关情节，有的是属于对法律法规的理解错误，有的是因为长期错误适用某一低层级的法律法规，有的是因为对法律法规不熟悉或者工作马虎，等等。行政复议机关在审查时应当充分考虑被申请人在适用依据时的主观心理状态，对于有意片面适用法律法规规章、曲解法律法规规章原意的，要依法决定撤销；对于某些技术性错误（例如纯属于笔误的情形），不宜依照此项条件撤销。

四、超越或者滥用职权

超越职权，是指行政行为超出了由法律明文规定的该机关的职责权限。超越职权既涉及行政机关与其他国家机关的问题，也涉及行政机关行使其他行政机关职权的问题。是否超越职权一般应当从对象、事项、条件、手段、程序、时间、地域等方面综合判定。

滥用职权，是指行政机关在自己权限范围内，不当行使行政裁量权的行为。滥用职权情形下，虽然行政机关在自己权限范围内作出行政行为，但不符合行政行为行使的目的。滥用职权要求有违反法律规定的目的以及客观上明显不合理、不正当等情况的存在，包括出于私人利益、部门利益、考虑不相关因素、不考虑相关因素、同等情况不同对待、不同情况同等对待、畸轻畸重等不符合法律授予职权的目的的情形。

五、责令重作决定

行政复议机关在作出撤销或者部分撤销决定的同时，还可以责令被申请人在一定期限内重新作出行政行为。重作决定适用的条件主要有：第一，行政复议机关已经认定原行政行为违法并且已撤销。这是由重作决定依附（或称补充）性质所决定的。第二，原行政行为需要得到重新处理。例如，撤销原行政行为之后，法律关系仍然处于未定或者不稳定状态，需要将行政机关行政行为予以恢复。第三，有重作的现实性。即重作事项必须属于现时能够重作。如果在行政行为中作为相对人的一方已经死亡等，则不宜作出重作决定。第四，重作决定不应当带来新的侵权或者损失。即行政复议机关应当充分考虑重作决定可能对国家利益、公共利益或者他人合法权益造成的损害。

行政复议机关可以责令被申请人"在一定期限内"重新作出行政行为。那么，如何确定"一定期限内"呢？一般可以采取以下方法：法律、法规、规章对期限有明确规定的，此期限为重作决定的最长期限。没有法律、法规规定的，可以参照作出行政行为的通常时间。"通常时间"一般应当参考其他规范性文件或者行政机关的内部办事规则；如果没有办事规程规定时限，则应当参照以往处理同类案件所需要的时间。如果没有通常时间，可以根据行政行为适用的不同程序确定相应的时限，如适用简易程序的，以一个月为宜；适用普通程序的，以二个月为宜；适用听证程序的，以三个月为宜。对于情况紧急，不立即作出行为可能对国家利益、公共利益或者他人合法利益造成不可弥补的损害的，应当决定立即重作。同时要注意设定的时间可能对申请人造成的权利损害、被申请人现实情况等因素。

六、不得以同一事实和理由作出与原行政行为相同的行政行为

一般情况下，行政复议机关在作出撤销并重作决定时，应当对撤销并重作决定的理由作详细说明，指明违法之处。同时，行政复议机关应当根据案件具体情况，确定重新作出行政行为的条件和期限。涉及事实不清的，宜作附条件的决定；如果事实已经清楚，只涉及定性或者适用法律方面的问题，宜作附期限的决定，以避免被申请人久拖不决。被申请人如果在行政复议机关已经有明确的决定意旨的情况下仍然以同一事实和理由作出与原行政行为基本相同的行政行为，实际上是藐视行政复议机关的决定，应当承担相应的不利后果。据此，为了尊重被申请人的判断权，同时为了限制被申请人的判断权，法律一般规定被申请人不得作出与原行政行为"相同"或者"基本相同"的行政行为。

但是，行政复议机关以违反法定程序为由决定撤销的，不在此限。行政复议机关对原行政行为实行全面的合法性审查，由于原行政行为违反法定程序被撤销的，说明原行政行为在认定事实、适用法律等方面符合法律规定。而从《行政复议法》第 64 条第 2 款的规定来看，主要是禁止行政机关在实体认定、理由阐述以及行政行为结果上出现与行政复议机关意旨不一致。由此，被申请人因违反法定程序被行政复议机关决定撤销之后，被申请人在原行政程序中经过合法程序收集的证据等，仍可以作为重新作出的行政行为的依据。对于可以补正的瑕疵，行政机关亦可以就相关程序进行纠正、治愈，无须机械地重新履行行政程序。

（梁凤云　撰写）

第六十五条 【确认违法】 行政行为有下列情形之一的,行政复议机关不撤销该行政行为,但是确认该行政行为违法:

(一) 依法应予撤销,但是撤销会给国家利益、社会公共利益造成重大损害;

(二) 程序轻微违法,但是对申请人权利不产生实际影响。

行政行为有下列情形之一,不需要撤销或者责令履行的,行政复议机关确认该行政行为违法:

(一) 行政行为违法,但是不具有可撤销内容;

(二) 被申请人改变原违法行政行为,申请人仍要求撤销或者确认该行政行为违法;

(三) 被申请人不履行或者拖延履行法定职责,责令履行没有意义。

【立法背景】

与行政诉讼判决相类似,确认违法决定在各类行政复议决定中具有基础性的地位。无论是撤销决定、课予义务决定还是一般给付决定,都隐含着一个确认决定。本条增加规定了单独作出确认违法决定情形。

【条文解读与法律适用】

一、行政行为依法应予撤销,但是撤销会给国家利益、社会公共利益造成重大损害

这是关于情势决定的规定。这一内容参考了《行政诉讼法》关于情况判决的规定。根据《行政诉讼法》第74条第1款的规定,行政行为依法应当撤销,但撤销会给国家利益、社会公共利益造成重大损害的,人民法院判决确认违法,但不撤销行政行为。情况判决是法益衡量的产物。情况判决属于确认判决,是指法院在对行政行为合法性审查之后,认为行政行为违法,符合作出否定判决的条件时,参酌可能导致国家利益以及公共利益遭受损失的可

能性，而作出的确认违法或者驳回原告诉讼请求的判决。

情势决定与情况判决适用的条件类似，主要包括两个方面：一是行政行为违法。即完全满足撤销决定的条件。在一般情况下，被申请的行政行为符合撤销条件的，应当撤销。二是撤销被申请行政行为将会给国家利益或者公共利益造成重大损失。特别是在一些重大工程建设中，如果撤销批准文件，公共工程将面临巨大的损失，国家利益或者社会公共利益将会受损。在这种情况下，行政复议机关可以根据案件具体情况作出确认行政行为违法的决定。这一决定形式实际上是撤销决定的"变体"决定。

值得注意的是，《行政复议法》规定，在决定主文中明确被申请的行政行为违法应当撤销，最终作出确认被申请行政行为违法的决定。应该说，显示了行政复议机关作为内部监督机关，对被申请行政行为在合法性上的否定，而没有决定驳回申请人请求或者维持原行政行为。这个规定也和我国《行政复议法》具有"客观法"的特性相呼应，强调了对行政机关依法行使行政职权的监督作用。

二、行政行为程序轻微违法，但是对申请人权利不产生实际影响

本项内容借鉴了《行政诉讼法》第 74 条第 1 款的规定，即行政行为程序轻微违法，但对原告权利不产生实际影响的，人民法院不撤销行政行为，判决确认该行政行为违法。本项内容也作了同样的规定。一般来说，行政行为如果符合撤销决定中"违反法定程序"的条件，应当予以撤销。行政程序由于环节众多，有的程序是为了保障当事人合法权益的，有的程序是为了提高行政效率的，有的程序是为了规范行政管理流程的，其设立目的并不相同。对于涉及当事人合法权益的程序，法律一般规定了严格的条件、形式和流程。例如《行政处罚法》和《行政许可法》规定的听证程序，其中的"通知"程序和"听证"程序就属于对原告合法权益有实际影响的程序。再如，行政机关强制执行程序中的催告程序等。违反了这些程序，将直接影响申请人的合法权益，行政复议机关应当决定撤销。但是，也有一些程序，例如行政决定书超过了送达时间但是并未影响申请人权益等，在这种情况下，行政复议机关经审查认为该程序瑕疵并不对申请人产生实际影响的，可以确认其违法但保持行政行为的效力。这一决定形式也是撤销决定的"变体"决定，属于广义上的情势决定。

三、行政行为违法，但是不具有可撤销内容

这一内容也是借鉴了《行政诉讼法》的相关规定。《行政诉讼法》第74条第2款规定，行政行为违法，但不具有可撤销内容的，人民法院判决确认违法。一般认为，本项内容是针对事实行为（例如，殴打等暴力行为、强制拆除等执行行为）的规定。由于这类行为已经实施完毕，行政复议机关经过审查认为该类行为违法，但是无法撤销这类行为。"不具有可撤销内容"，是指对于撤销的对象而言，一般须是行政法律行为，行政事实行为不具有可撤销的内容。从实际情况来讲，这类行为已经完成，且并无行为载体，也不具有撤销的现实性。之所以出现这种情况，主要是由于申请人申请行政复议时，应当请求行政复议机关确认违法，但是其错误选择了请求行政复议机关撤销原行政行为。对于殴打等事实行为而言，既没有行为的载体，且已实施完毕，"不具有可撤销内容"在提起行政复议时其就已经知道。如果通过行政复议程序救济，适当的方式应当是请求行政复议机关决定确认被诉行为违法并给予赔偿，即通过一个确认决定来解决保障自身合法权益的问题。从这个角度来讲，如果在提起行政复议时，行政复议机关给予必要的指导，申请人就能通过确认原行政行为违法的方式得到救济。

四、被申请人改变原违法行政行为，申请人仍要求撤销或者确认该行政行为违法

这一内容借鉴了《行政诉讼法》关于继续确认判决的有关规定。继续确认判决与继续确认诉讼相关。继续确认诉讼，又称事后确认诉讼，是指公民、法人或者其他组织请求确认已经执行完毕或者因其他事由归于消灭的行政行为违法的诉讼。继续确认诉讼不是一个独立的诉讼类型，而是根据不同的诉讼类型（形成诉讼、给付诉讼和确认诉讼）引起的代替性的、补充性、最后选择式的诉讼。有的行政行为需要经历一个比较长的过程，有的行政行为可能经历时间很短甚至是即时完成的，特别是在诉讼过程中，被诉的行政行为可能已经不复存在、已经改变，法院在事实上已经失去了撤销的标的。原告因此蒙受的冤屈并未因被诉行政行为的消失而获得救济，因此法院必须继续对被诉行政行为的合法性作出判断。据此，《行政诉讼法》第74条第2款第2项规定，被告改变原违法行政行为，原告仍要求确认原行政行为违法的，人民法院判决确认违法。

在特定情况下，原行政行为在行政复议程序中已经不复存在。"不复存在"的情形主要是：（1）原行政行为已经改变。改变包括撤销和变更。原行政行为可能由其自身或者上级行政机关撤销、变更而不复存在。这种情形属于"法律上的终结"。（2）原行政行为因事实上的原因而不复存在。例如，有期限的行政行为因期限的经过而结束；涉案房屋已经倒塌；竞争权人已经死亡等。这种情形属于"事实上的终结"。（3）拟制的终结。这种终结包括：行政行为已经执行完毕；行政行为已经得到自愿遵守等。

原行政行为不复存在，行政复议机关对其合法性进行继续确认的理由是，行政行为虽已消失，但因其引发的争议仍然存在。也就是说，申请人仍然具有确认利益。申请人的确认利益可能是：（1）申请人要讨说法。即申请人要求消除不利影响。行政行为特别是课予义务的行政行为，对申请人的名誉、商誉已经造成了一定的影响，这种影响使得申请人在社会中处于被关注、被歧视的地位。例如，巨额的行政处罚使企业生产经营受到了严重影响，即便行政机关已经退还罚款，撤销罚款决定，但是不利后果已经造成。申请人可以要求对行政行为的违法性作出确认，减轻行政处罚带来的影响。（2）申请人要保证。即申请人要求行政机关避免重犯。根据《行政复议法》第64条第2款的规定，行政复议机关责令被申请人重新作出行政行为的，被申请人不得以同一事实和理由作出与原行政行为相同或者基本相同的行政行为。在这种情况下，如果行政复议机关不确认原行政行为违法，行政机关就有可能作出同样的行政行为。行政复议机关作出确认行政行为违法的决定后，申请人实际上获得了行政机关不得重犯的保证。（3）申请人要索赔。原行政行为虽然已经消失，但是其损害后果还将继续存在。根据《国家赔偿法》的规定，行政赔偿的前提是原行政行为违法。行政复议机关对原行政行为作出确认违法的决定，属于有权机关对原行政行为违法的确认，符合了行政赔偿的前提，有利于申请人取得行政赔偿。

在理解本项规定时，需要注意以下几个问题：一是必须是被申请人在行政复议过程中改变原违法行政行为。如果被申请人在提起行政复议之前就已经改变原行政行为，申请人应当就改变后的行政行为提起行政复议。这里的"改变"可以是撤销，也可以是变更。此外，被改变的行政行为还须是"违法"的。这就意味着，行政复议机关已经审查认定原行政行为违法。如果行政复议机关经审查认为原行政行为是合法的，不适用本项规定。二是必须是申请人"仍"要求撤销或者确认原行政行为违法。一般来说，申请人在被申请人改变行政行为的情况下，已经达到自己复议的目的，可以申请撤回复议申请。但是，如果申请人坚持认为原行政行为已经对其造成了伤害或者基于其他原因，仍然要求对其违法性确认的，行政复议机关决定确认行政行为违法。三是对于不作为案件，仍然参照适用。也就是说，原告提起复议要求被申请人履行法定职责或者给付义务的，被申请人在行政复议中作出行政行为，申请人不撤回复议申请，仍要求对不作为违法性作出确认的，行政复议机关应当作出确认不作为行为违法的决定。

五、被申请人不履行或者拖延履行法定职责，责令履行没有意义

本项规定借鉴了《行政诉讼法》第74条第2款第3项内容，即被告不履行或者拖延履行法定职责，判决履行没有意义的，人民法院应当作出确认行政行为违法的判决。这种情况主要适用于原告请求法院判决行政机关履行法定职责，但人民法院经过审查认为，行政机关已经履行或者时过境迁根本没有履行的必要和可能，为了保证原告能够得到赔偿，人民法院应当判决确认不履行或者拖延履行法定职责的行为违法。《行政复议法》作了几乎相同的规定。例如，申请人要求公安机关履行保障其人身安全的法定职责，行政复议机关经审查认为目前作出履行决定没有实际意义。这里的"时过境迁"也是指提起行政复议后发现的事实。如果提起行政复议前就发现"履行没有意义"的，申请人应当提出确认不作为违法的复议请求。

（梁凤云　撰写）

第六十六条 　【责令履行】被申请人不履行法定职责的，行政复议机关决定被申请人在一定期限内履行。

【立法背景】

履行决定属于给付决定的重要类型。履行决定是指行政复议机关对被申请人不履行或者拖延履行法定职责，作出的要求其在一定期限内履行的决定。2017 年《行政复议法》第 28 条第 1 款第 2 项规定，被申请人不履行法定职责的，决定其在一定期限内履行。行政机关为了实现行政管理的职能，均有其特定职责，行使特定的职权。行政机关不履行或者拖延履行法定职责的，属于失职行为。行政复议机关可以决定被申请人作出特定行政行为或者行政行为。"作出特定行政行为"的决定属于要求具体履行决定。基于行政复议机关一般是被申请人的上级机关，在事实和法律适用比较明确的情况下，也就是"裁量空间缩减为零"时，直接而非经由被申请人作出具有具体内容的行政行为。例如，行政复议机关认为被申请人应当颁发许可证照而没有颁发的，可以直接决定被申请人颁发证照。"作出行政行为"的决定属于要求概括履行决定。如果行政复议机关认为被申请人对特定职责存在裁量空间，需要进一步斟酌的，可以作出笼统的、概括的要求被申请人作出行政行为的决定。例如，行政复议机关认为申请人要求被申请人作出行政许可的理由成立，但颁发许可证照需要被申请人进行审查，即被申请人存在裁量空间的，行政复议机关可以决定被申请人作出行政许可行为，具体内容由被申请人把握。同时为了保证被申请人及时履行法定职责，行政复议机关应决定被申请人在一定期限内履行法定职责。据此，修订后的《行政复议法》再次明确了履行决定。

【条文解读与法律适用】

一、"法定职责"应当作广义解释

从字面意思上看，法定职责似乎只是"法律规定的职责"之意。按照我国法律的位阶，宪法、法律、行政法规、地方性法规、规章等广义上都可以称为"法律"。法定职责的含义不能局限于"法律规定的职责",还应当包括"法律认可的职责"。也就是说,既包括法律、法规、规章和其他规范性文件规定的职责,也包括法律认可的行政机关基于行政协议、先行行为、信赖利益等名义履行的职责。从这个意义上讲,《行政复议法》第 66 条的履行决定条款属于给付决定的统摄条款。

法定职责的来源主要是:

第一,法律法规规章明确规定的履行义务。这是最狭义的理解。法律法规规定的履行义务是行政机关履行法定职责的主要来源。这类规定有两种:一种是有相对明确和详尽的规定。例如,《婚姻登记条例》规定,婚姻登记机关对当事人符合结婚条件的,应当当场予以登记,发给结婚证。另一种是概括式的规定。法律法规规章对特定行政事项采取了一揽子的、相对空泛和抽象的规定。例如,法律规定,公民可以对行政管理事项进行举报,行政机关有权查处。

第二,特定行政机关的履行义务。特定行政机关的履行义务,是指行政机关由于从事某项特定的公共服务,申请人可以依法要求其履行的职责。例如,公安机关有保护人民生命、财产安全的行政作为义务;消防机关有扑灭大火的行政作为义务等。这些履行义务实际上也是由法律法规规章规定的,但是由于其具有的特殊性而成为行政机关作为义务的独特来源。这种特殊性表现在:这种职责通常涉及公民重大的健康权利和财产权利;这种职责即使没有法律规定亦应当积极行使;履行这种职责的行政机关通常具备其他行政机关不具备的专业和人员优势。例如,根据《人民警察法》的规定,人民警察的任务是维护国家安全,维护社会治安秩序,保护公民的人身安全、人身自由和合法财产,保护公共财产,预防、制止和惩治违法犯罪活动。某公民因举报行为受到人身威胁,要求公安机关提供保护,公安机关以法律没有明确规定、警力不足为由拒绝作出保护措施,结果某公民不幸遇害。公安机关作为最有能力保护公民生命安全的行政机关,其不作为行为(实质意义上)与某公民的遇害有相当因果关系,应当承担行政赔偿责任。行政机关不能因法律没有明确规定而拒绝履行作为义务。法律明确规定通常是当事人处于合法或者无辜状态(例如公民上下班途中受到匪徒劫持),对于当事人存在违法状态的保护却是没有规定,此时要不要保护公民的生命、财产权呢?例如,某人因盗窃高层住宅而被困于高层建筑物等。此时，因公安机关本身的特殊行业性质，纵然法律没有规定警察在此种情形下有作为义务，公安机关亦有保护之义务。

第三，行政协议、行政承诺等合意行为产生的履行义务。广义上讲，行政协议等合意行为的履行义务也属于法律认可的履行义务。与法律法规规章规定的履行义务不同，行政协议中的履行义务通常在订立行政协议中发生。我国的行政协议立法大多强调通过单行法律明确授予行政机关订立行政协议权的倾向。《行政复议法》第11条第13项规定，"认为行政机关不依法订立、不依法履行、未按照约定履行或者违法变更、解除政府特许经营协议、土地房屋征收补偿协议等行政协议"属于行政复议范围，"不依法订立、不依法履行、未按照约定履行"亦属于本条广义上的"不依法履行法定职责"情形。当然，行政复议范围的规定属于列举式、择要式的规定，目的是明确具体的行政复议范围，相互之间存在交叉内容在所难免。在作出履行决定时，对于被申请人的履行义务，可以援引更加直接明确的条款。

行政承诺实际上不是一个学术上的专有名称。在合同法理论中存在要约和承诺两个阶段。但是，在行政法学上，行政承诺既可以由相对人的申请产生，也可以由行政机关的单方行为作出。例如，税务机关发布公告对举报偷税漏税行为的公民给予奖励。行政机关的此种行为类似民法上的要约邀请，但在行政法上这种行为通常被认为是公民只要有属实的举报行为，行政机关的承诺就应当兑现，否则也属于行政机关的不作为。行政机关的这种义务是基于契约或者合意产生的。值得注意的是，这里的契约性义务并不包括行政机关签订的民事合同。

第四，先行行为引起的履行义务。先行行为是大陆法系国家的一个重要概念。所谓先行行为的义务，是指行政机关因自己的行为导致产生一定危害结果的危险而负有采取积极措施防止危害结果发生的行政义务。与一般的被诉行政行为的审查标准不一样，对先行行为的审查不在于此行为是否违法，而在于先行行为产生的结果是否超出了合理的范围并且增加了行为之外的危险。先行行为即使合法，也存在防止危险发生的行政义务。例如，行政机关依法拆除违章建筑，使用爆破手段对周围的房屋造成了损害而产生的恢复原状的行政义务。也有一部分先行行为是由于违法行为产生的。例如，公安机关违法采取限制人身自由措施后发现违法，将受害人置于离限制人身自由地点几百公里的派出所等。先行行为在行政法学上是一个不易理解的概念，主要是由于传统的行政复议主要研究行政机关的合法性和适当性问题，即主要判断行政机关是否依法或者适当履行行政职责，对于行政机关其他的行政义务如对危险源的监督义务等缺乏关注。由先行行为导致的危险源监督义务主要包括三个方面：一是危险的先行行为产生了对他人的危险，对于此种危险，先行行为人有消除的义务，这是主要情形；二是对于行政管理范围之内的危险源，可产生危险源监督义务；三是行政机关对于受其监督人的行为进行监督的义务。

第五，信赖利益引发的履行义务。信赖利益是行政法学上的重要概念，主要是指公民基于行政机关的公益性和作出行为的先定性而产生的合理期待和信赖。信赖利益实际上来源于民法上的诚信原则，诚信原则被视为实现公平正义的最高指导原则。这种诚信是基于民事主体之间的平等关系和意思自治。行政法上的信赖原则是基于一个假定，行政机关被假设为公益代表，行政权力的设置要求将公民对于行政机关的信任置于头等位置。当然，信赖利益本身不是行政义务，而是因信赖利益而产生的给付义务和附随义务。这种附随义务不是双方义务，而是行政机关的单方义务。给付义务可以分为主给付义务和从给付义务。附随义务可以分为解释义务（包括通知义务、指示义务、建议义务、开导义务、公开义务和警告义务等）、保护义务（包括保守秘密义务、竞业禁止义务、检查义务等）等。信赖利益通常是基于行政机关的作为行为而产生的。例如，根据《行政许可法》的规定，行政机关核发了行政许可证照，次年年审时，行政机关无故拒绝年审。行政机关在作出某项行政行为时，与相对人之间已经形成了信赖，而行政机关对于公民合法的信赖利益负有作为之义务，正常情况下应当予以年审，对于不履行年审义务的，构成基于信赖利益的不履行法定职责。

二、"不履行"

《行政复议法》规定的"不履行"是一个含义广泛的概念，主要包括以下几种形态。

第一，拒绝履行。拒绝履行，是指被申请人以明示的方式拒绝履行法定职责。但是，拒绝履行因行政行为的不同样态而有所区别。对于有法定期限的行政行为，被申请人只有超出法定期限拒绝履行的，才属于拒绝履行；对于没有法定期限，但是有合理期限的，被申请人只有超出合理期限拒绝履行的，才属于拒绝履行。这是因为，被申请人虽然有拒绝行为，但是如果被申请人在法定或者合理期限内履行的，法律仍然是认可的。

第二，部分履行。被申请人履行法定职责，应当遵循全面履行的原则。部分履行，是指被申请人虽然履行部分义务，但是没有履行全部义务。例如，申请人向被申请人提出数个申请，只有部分申请获得核准。

第三，拖延履行。拖延履行，是指被申请人在法定或者合理的期限内以不作为的方式不履行行政义务。

需要注意的是，还有以下几种"不履行"的情况需要讨论：一是履行不能。被申请人由于特定原因，事实上已不可能履行法定职责。例如，被申请人收到申请人的申请之后，由于机构改革，不再承担相应的法定职责，事实上不可能履行法定职责。对于履行不能的，申请人可以申请继续行使其职权的行政机关履行法定职责。"履行不能"不属于本条规定的不履行。二是预期不履行。预期不履行，是指被申请人在法定期限或者合理期间届满之前，明确表示或者以自己的行为表示将不履行法定职责的行为。对于行政机关履行法定职责有法定期限或者合理期限的，行政机关即便明确表示将不履行法定职责，但由于其仍在期限内，其表示并不具有最终效力。"预期不履行"亦不属于本条规定的不履行。三是不适当履行。被申请人具有法定职责的，负有适当履行的义务。不适当履行又称瑕疵履行，是指被申请人虽然实施了履行法定职责的行为，但是没有达到履行目的的情形。例如，公安机关接到报警称某地可能有人自杀，公安机关查看后认为没有异样随后离去，公安机关走后有人自杀。对于不适当履行，应当属于广义上的"不履行"。

三、"一定期限"

为了确保被申请人及时履行法定职责，行政复议机关在作出履行决定时，应当明确履行期限。履行期限包括法定履行期限和指定履行期限。法定期限是指法律、法规、规章明确规定的期限；指定期限是指法律、法规、规章没有明确规定履行期限的情况下，行政复议机关指定的适当履行期限。需要注意的是，对于法定履行期限，下位法只能规定比上位法更严的履行期限。如果下位法规定的履行期限长于上位法，应当执行上位法的规定。对于指定履行期限，行政复议机关可以按照履行特定法定职责的合理期限确定。对于合理期限的判定，行政复议机关可以参照适用《行政诉讼法》第 47 条"两个月"的规定，即"公民、法人或者其他组织申请行政机关履行保护其人身权、财产权等合法权益的法定职责，行政机关在接到申请之日起两个月内不履行的，公民、法人或者其他组织可以向人民法院提起诉讼"。此外，对于情况紧急，需要被申请人即时履行的，行政复议机关可以参照《行政诉讼法》第 47 条第 2 款的规定，作出立即（零期限）履行法定职责的决定。

（梁凤云　撰写）

第六十七条 【确认无效】行政行为有实施主体不具有行政主体资格或者没有依据等重大且明显违法情形，申请人申请确认行政行为无效的，行政复议机关确认该行政行为无效。

【立法背景】

确认无效决定借鉴了《行政诉讼法》关于确认无效判决的规定。《行政诉讼法》第 75 条规定，行政行为有实施主体不具有行政主体资格或者没有依据等重大且明显违法情形，原告申请确认行政行为无效的，人民法院判决确认无效。无效的行政行为，在法律上是无效的，但因其具有行政行为的外观，可能对人民的合法权益造成侵害，因此允许申请人对此提起行政复议。无效的行政行为不同于违法的行政行为。无效行政行为的"无效"具有如下特征：一是自始无效。即行政行为从作出之时起就没有法律上的约束力。如果不从作出之时就否定其效力，对可能的行政赔偿的起算点确定就会出现偏差。二是当然无效。即该行政行为无效不是由于行政复议机关的决定导致的，而是其本身就无效，行政复议机关的确认只是对该事实予以宣告而已。三是绝对无效。即该行政行为所包含的意思表示完全不被法律承认。行政复议机关宣告无效，如同该行政行为从来没有存在过。无效行政行为因其脱离了一般理性人的判断，达到"匪夷所思"的地步，其根本不具有任何效力，任何机关和个人都可以无视它的存在。这就将"无效行政行为"与一般意义上的"违法的行政行为"区别开来。

在大陆法系国家，对于无效行政行为一般规定在行政程序法中。我国的法律没有对无效行政行为的实体规定。德国《行政程序法》第 44 条第 2 款规定了六种法定无效的情形：以书面形式作出但没有注明作出机关的行为；通过颁发证书作出但没有遵守形式规定的行为；违反针对不动产等有关地域管辖规定作出的行为；因客观原因无法实施的行为；要求实施将导致犯罪或者处罚的行为；违背善良风俗的行为。这六种情形即使没有达到"重大且明显"的标准，也是无效的。此外，该法还规定一些行政行为只有达到"明显"的标准，才是无效的。主要包括内容瑕疵、管辖权瑕疵、形式瑕疵和程序瑕疵。

具体包括：行政行为没有任何法律依据；违反法律禁止性规定；没有行政管辖权；僭越行政管辖权；无事务管辖权；未遵守法定的行政行为形式的规定；不遵守硬性的行政程序规定；不遵守行政行为关于明确性的规定。借鉴《行政诉讼法》和域外立法例，《行政复议法》对确认无效决定作了规定。

【条文解读与法律适用】

一、本条采取了列举具体表现情形的方式

与大陆法系国家的一般做法不同，《行政复议法》借鉴了《行政诉讼法》的规定，采取了对"重大且明显"进行列举的方式。也就是说，列举的情形就属于"重大且明显"。而在域外，"行政行为有实施主体不具有行政主体资格或者没有依据"尚须符合"重大且明显"的标准。《行政复议法》对重大且明显作出的客观的列举方式，有利于行政复议机关正确审查和准确认定。

二、对"实施主体不具有行政主体资格"的理解

行政主体，是指具有行使行政管理职能，能够以自己名义作出行政行为和独立承担法律后果的行政机关或者法律、法规、规章授权的组织。一般认为，"行政机关"和"法律、法规、规章授权的组织"是适格的行政主体。对于行政机关而言，是否具有行政主体资格，主要是看有关法律规定和是否符合编制。如果甲行政机关行使了乙行政机关的行政职权，属于"超越职权"的情形。实施主体不具有行政主体资格，更多的是指法律法规规章授权组织的行为。法律、法规、规章一般赋予被授权组织特定的职权，其在授权范围内才具有行政主体资格。例如，行政机关的内设机构、派出机构或者其他组织，如果行使法律法规规章授权的职权，其具有行政主体资格；该组织如果超出授权范围作出行政行为，该行政行为将被认定为无效。

值得注意的是，本条规定的"实施主体"是指"作出主体"之意。大多数行政机关既是作出主体也是实施主体。但是，在特定情形下，作出主体与实施主体并不一致。例如，《城乡规划法》第68条规定，城乡规划主管部门作出责令停止建设或者限期拆除的决定后，当事人不停止建设或者逾期不拆除的，建设工程所在地县级以上地方人民政府可以责成有关部门采取查封施工现场、强制拆除等措施。可见，行政行为的作出主体是"城乡规划主管部

门",而实施主体则是"县级以上人民政府""有关部门"等。

三、对"行政行为没有依据"的理解

行政行为没有依据,是指行政主体作出行政行为时没有法律、法规、规章等的依据。"行政行为没有依据"主要分为以下几种情况:(1)行政行为毫无依据。即行政机关在作出行政行为时,缺乏任何法律依据,包括缺乏各个层级的规范性文件依据。也就是说,行政行为在作出之时,已经达到恣意妄为的程度。(2)行政行为虽然有规范性文件的依据,但是该规范性文件与上位法直接、明显抵触,视为没有依据。例如,根据《行政处罚法》的规定,限制人身自由的行政处罚,只能由法律设定。如果法律之下的规范性文件设定限制人身自由的处罚,即便有该规范性文件,依此作出的该行政处罚也属于没有依据。

四、"重大且明显违法"不仅限于列举的两类情形

本条列举规定了"行政行为有实施主体不具有行政主体资格""没有依据"两种重大且明显违法情形。除此之外,只要属于重大且明显违法的行政行为的,均属于无效行政行为。在适用时,可以参照《最高人民法院关于适用〈中华人民共和国行政诉讼法〉的解释》第99条的规定,即"有下列情形之一的,属于行政诉讼法第七十五条规定的'重大且明显违法':(一)行政行为实施主体不具有行政主体资格;(二)减损权利或者增加义务的行政行为没有法律规范依据;(三)行政行为的内容客观上不可能实施;(四)其他重大且明显违法的情形"。再如,行政机关要求行政相对人作出违反法律规定的行为;行政机关的行为违反公序良俗、违反法律禁止性规定、违反保障相对人权益的重大程序(例如听证程序)等。

五、须经申请人申请

一般情况下,申请人不会直接提起确认无效的行政复议。这是因为,无效行政行为与一般违法行政行为具有一定的相似性。无效行政行为的标准是存在"重大且明显"的违法情形,应当提起确认行政行为无效的行政复议;对于一般的瑕疵,应当提出撤销原行政行为的行政复议。但是,当事人可能并不知道行政行为的违法状况。行政复议机关经过审查后,认为存在无效情形的,可以转换作出确认行政行为无效决定。可见,这里的"申请人申请"包含两种情形:一种情形是申请人在提起行政复议时,就要求确认行政行为

无效。另一种情形是申请人提出撤销原行政行为的行政复议，行政复议机关对行政行为经过审查后，认为行政行为存在重大且明显违法，且申请人转而申请确认行政行为无效的，行政复议机关可以针对申请人的申请作出相应决定。

（梁凤云　撰写）

第六十八条 【维持决定】行政行为认定事实清楚，证据确凿，适用依据正确，程序合法，内容适当的，行政复议机关决定维持该行政行为。

【立法背景】

在行政程序中，被申请人作出行政行为是第一次法律适用，行政复议机关对行政行为的合法性、适当性审查是第二次法律适用。两者的关系类似于一审法院和二审法院的关系。因此，行政复议机关对于合法适当的行政行为，可以作出维持决定。修订前后的《行政复议法》关于维持决定的内容一致。

【条文解读与法律适用】

事实清楚，是指被申请人的行政行为认定的事实是客观清晰存在的；证据确凿，是指被申请人的行政行为认定的事实是有证据充分证明的；适用依据正确，是指被申请人在作出行政行为时，认定事实与适用依据之间的涵摄关系，具有对应性和联系性；程序合法，是指被申请人按照法律、法规、规章规定的方式、形式、手续、顺序和时限作出行政行为；内容适当，是指被申请的行政行为载明的权利义务关系不仅合法，而且合理，符合一般理性人的判断。从本条的规定来看，上述五个方面包括了被申请行政行为合法性和适当性的要件，即符合上述条件的，被申请的行政行为即可判定为合法适当。

在适用本条规定时，需要注意以下几个问题。

一是复议维持决定和诉讼驳回原告诉讼请求判决的适用条件不同。前已述及，"防止和纠正违法的或者不当的行政行为"是《行政复议法》的首要宗旨。行政复议是行政机关内部纠错和上下级监督的重要法律机制。通过行政复议案件的审理，展示行政行为的合法适当状态，从而防止违法不当的行政行为，表明了行政复议制度具有"客观法"的属性。因此，行政行为合法适当的，行政复议机关作出维持原行政行为的决定。相比之下，《行政诉讼法》第 69 条规定了针对原告诉讼请求的驳回判决。之所以这样规定，主要原因是：维持判决与法院的中立性、裁决性的地位不符，容易让社会产生"官官相护"的误解；行政行为的效力无须通过法院的裁判予以确定；维持判决也给行政机关自我纠错带来障碍等。因此，《行政诉讼法》第 69 条规定，行政行为证据确凿，适用法律、法规正确，符合法定程序的，人民法院判决驳回原告的诉讼请求。同时，立法者明确："以驳回原告诉讼请求判决取代维持判决，本意不是改变我国行政诉讼是客观诉讼的定位，而是为了解决司法实践中的实际问题而作的修改。作出驳回原告诉讼请求判决，法院仍要坚持对被诉行政行为合法性审查和由被告负举证责任，而不能将审查对象转为原告诉讼请求和提出的证据，更不能以原告诉讼请求和提出的证据不成立就直接判决驳回原告诉讼请求。"[1] 这一阐述实际上是在提示行政诉讼属于客观诉讼，坚持对行政行为合法性审查的原则不变。《行政诉讼法》规定的驳回原告诉讼请求判决，虽然立法者不断强调不能审查原告诉讼请求，必须审查行政行为合法性，但是，司法实践中确实出现了有的法院滥用该类判决，该类判决比例增长的苗头。据此，本次《行政复议法》修订，明确行政复议机关须在满足认定事实清楚、证据确凿、适用依据正确、程序合法、内容适当的条件下，才能作出维持决定，表明立法者对行政复议机关审查职权的规范和限制。这是与《行政诉讼法》规定的驳回原告诉讼请求判决不同的地方。

二是维持决定不适用于给付类请求。以复议请求论，申请人的请求分为形成类请求、给付类请求、确认类请求三类。形成类请求包括申请人请求撤销或者变更行政行为，该类行政行为往往是行政法律行为。对于该类案件的审理，重在表达行政复议机关对行政行为合法性、适当性的态度，所以，行政复议机关作出维持决定彰示行政行为合法适当，达到预防减少行政争议的客观法效果。给付类请求包括申请人请求行政机关作出一定的行政行为或者给予一定的物、事实行为等。对于该类案件的审理，重在回应申请人的请求，具有强烈的主观法的特征。所以，行政复议机关应当针对申请人的请求作出相应的决定。确认类请求包括申请人请求行政机关确认行政法律关系是否存在以及行政行为的效力等。对于该类案件的审理，如果涉及行政行为合法性、

---

[1] 全国人大常委会法制工作委员会行政法室编著：《中华人民共和国行政诉讼法解读》，中国法制出版社 2014 年版，第 192 页。

有效性、适当性的评断，一般具有客观法的特征；如果涉及行政法律关系是否存在的评断，一般具有主观法的特征。如上所述，如果申请人请求行政机关履行法定职责或者给付义务，针对的是行政机关的不作为，对于不作为行为往往并非采用五个方面的合法适当要件审查，所以维持决定就不是合适的决定形式。如果申请人的请求成立，行政复议机关应当作出相应的履行法定职责决定或者给付决定；如果申请人的请求不能成立，行政复议机关可以作出驳回申请人请求的决定。

（梁凤云　撰写）

第六十九条　【驳回行政复议请求】行政复议机关受理申请人认为被申请人不履行法定职责的行政复议申请后，发现被申请人没有相应法定职责或者在受理前已经履行法定职责的，决定驳回申请人的行政复议请求。

【立法背景】

2017年《行政复议法》没有规定驳回复议请求的决定。《行政复议法实施条例》第48条规定了驳回复议申请的决定形式："有下列情形之一的，行政复议机关应当决定驳回行政复议申请：（一）申请人认为行政机关不履行法定职责申请行政复议，行政复议机关受理后发现该行政机关没有相应法定职责或者在受理前已经履行法定职责的；（二）受理行政复议申请后，发现该行政复议申请不符合行政复议法和本条例规定的受理条件的。上级行政机关认为行政复议机关驳回行政复议申请的理由不成立的，应当责令其恢复审理。"对于第一种情形，如果行政复议机关受理后发现该行政机关没有相应法定职责或者在受理前已经履行法定职责，说明申请人认为行政机关不履行法定职责的理由不能成立，行政复议机关可以作出驳回行政复议申请的决定以便终结行政复议案件。"受理前已经履行法定职责"意味着被申请的不作为不存在。如果受理之后行政机关履行法定职责，申请人仍然不撤回申请的，行政复议机关应当继续审理。对于第二种情形，行政复议机关受理行政复议申请后，发现该行政复议申请不符合《行政复议法》及其实施条例规定的受理条件，则说明申请人的复议申请不成立。如果在受理行政复议申请之前发现，应当作出不予受理决定；如果在受理行政复议之后发现，因其仍然不符合受理条件，行政复议机关可以作出驳回复议申请的决定。

这个条文在行政复议实践中存在较大争议。主要是，第一种情形是一种实体审理，行政复议机关对被申请人是否具有法定职责以及是否已经履行法定职责等作了审理；后一种情形则是一种程序审查，行政复议机关仅仅对被申请人的申请是否符合法定的受理条件作了审查。第一种情形类似于行政诉讼中的"驳回原告的诉讼请求"，后一种则是类似于行政诉讼中的"驳回起诉"。对于这个问题，在行政诉讼法司法解释起草过程中就有一定的研究。《最高人民法院关于适用〈中华人民共和国行政诉讼法〉的解释》第133条对此进行了区分："行政诉讼法第二十六条第二款规定的'复议机关决定维持原行政行为'，包括复议机关驳回复议申请或者复议请求的情形，但以复议申请不符合受理条件为由驳回的除外。"也就是说，只有实体上驳回复议请求而非程序上的驳回申请决定，才属于广义上的"维持原行政行为"。本次《行政复议法》修订，采取了与《最高人民法院关于适用〈中华人民共和国行政诉讼法〉的解释》一致的方法，将以复议申请不符合受理条件为由驳回的情形排除在外。

【条文解读与法律适用】

理解这一条文，需要注意以下几个问题。

第一，法定职责应当作扩大解释。《行政复议法》第11条第11项规定"申请行政机关履行保护人身权利、财产权利、受教育权利等合法权益的法定职责，行政机关拒绝履行、未依法履行或者不予答复"属于行政复议受案范围。据此，行政复议机关经审理认为申请人没有相应法定职责或者在受理前已经履行法定职责的，可以决定驳回申请人的请求。不依法履行法定职责是行政不作为的典型形态。但是，行政不作为并非仅仅包括"不依法履行法定职责"。因此，对于法定职责应当作扩大理解。在修法过程中，笔者曾经建议将本条"受理前已经履行法定职责"修改为"受理前已经履行法定职责或者给付义务"，以便扩大本条的适用范围。立法机关认为，为了简化表述，对于"履行法定职责"可以作广义解释。综上，对于行政机关基于法律法规规章规定、行政协议约定、先行行为、信赖利益等事由履行相应的职责的，均属于广义上的"已经履行法定职责"。例如，申请人根据《行政复议法》第11条第12项（而非第11项"不履行法定职责"）的规定，申请社会保障部门发放最低生活保障费，社会保障部门在受理前已经发放的，行政复议机关也可以作出驳回申请人复议请求的决定。这是需要注意的。

第二，驳回复议请求决定和驳回复议申请决定不同。前已述及，驳回复议请求决定是对申请人实体权利主张的否定。驳回复议申请则是行政复议机关在受理后经过审查发现申请不符合受理条件，从程序上予以驳回。这个做法属于通行做法。《行政复议法》第33条规定，行政复议机关受理行政复议申请后，发现行政复议申请不符合本法第30条第1款规定的，应当决定驳回申请并说明理由。《行政复议法》第30条第1款规定："行政复议机关收到行政复议申请后，应当在五日内进行审查。对符合下列规定的，行政复议机关应当予以受理：（一）有明确的申请人和符合本法规定的被申请人；（二）申请人与被申请行政复议的行政行为有利害关系；（三）有具体的行政复议请求和理由；（四）在法定申请期限内提出；（五）属于本法规定的行政复议范围；（六）属于本机关的管辖范围；（七）行政复议机关未受理过该申请人就同一行政行为提出的行政复议申请，并且人民法院未受理过该申请人就同一行政行为提起的行政诉讼。"可见，如果行政复议申请不符合行政复议受理条件，在受理之前，行政复议机关发现行政复议申请不符合受理条件的，可以根据《行政复议法》第30条第2款的规定，作出不予受理决定；如果在受理之后，行政复议机关发现行政复议申请不符合受理条件，可以根据《行政复议法》第33条的规定，作出驳回申请决定。两者类似于行政诉讼中"不予立案裁定"和"驳回起诉裁定"，适用的条件均为不符合受理条件，但是由于行政复议机关发现时所处的阶段不同，作出的决定也就不同。

（梁凤云　撰写）

第七十条　【被申请人不提交书面答复等情形的处理】被申请人不按照本法第四十八条、第五十四条的规定提出书面答复、提交作出行政行为的证据、依据和其他有关材料的，视为该行政行为没有证据、依据，行政复议机关决定撤销、部分撤销该行政行为，确认该行政行为违法、无效或者决定被申请人在一定期限内履行，但是行政行为涉及第三人合法权益，第三人提供证据的除外。

【立法背景】

证据失权是举证期限制度的核心，是指申请人丧失提出证据的权利，实质是丧失证明权。申请人如果丧失了证明权，就意味着无法行使主张权和陈述权，进而导致在行政复议中承担不利后果。2017 年《行政复议法》没有对证据失权作出规定。《行政诉讼法》第 34 条第 2 款规定，被告不提供或者无正当理由逾期提供证据，视为没有相应证据。但是，被诉行政行为涉及第三人合法权益，第三人提供证据的除外。修订后的《行政复议法》借鉴了这一内容，对证据失权作了规定。

【条文解读与法律适用】

一、被申请人未依法履行提交相关材料、证据义务

《行政复议法》第 48 条规定了普通程序中被申请人的提交相关材料和证据的义务。即行政复议机构应当自行政复议申请受理之日起七日内，将行政复议申请书副本或者行政复议申请笔录复印件发送被申请人。被申请人应当自收到申请书副本或者申请笔录复印件之日起十日内，提出书面答复，并提交作出行政行为的证据、依据和其他有关材料。第 54 条规定了简易程序中被申请人的提交相关材料和证据的义务。即适用简易程序审理的行政复议案件，行政复议机构应当自受理行政复议申请之日起三日内，将行政复议申请书副本或者行政复议申请笔录复印件发送被申请人。被申请人应当自收到申请书副本或者申请笔录复印件之日起五日内，提出书面答复，并提交作出行政行为的证据、依据和其他有关材料。根据这两条的规定，不管事实上被申请人是否有证据和依据，只要拒绝提供或者逾期提供，在法律上就视同没有相应的证据和依据。此时，行政复议机关可以决定撤销、部分撤销该行政行为，确认该行政行为违法、无效或者决定被申请人在一定期限内履行，即被申请人要承担证据失权的不利后果。

值得注意的是，有观点认为，被申请人逾期不提交相关材料和证据包括"被告拒不提交""无正当理由逾期提交"两种。前者是一种故意行为，后者是一种过失行为。实际上，"无正当理由逾期提交"包含了"拒不提交"。被申请人"拒不提交"只有在逾期的前提下才有意义。如果被申请人虽然表示不提交，但是仍然在举证期限内，并不构成实质意义上的"不提供证据"，因为被申请人完全可能在举证期限届满之日前举证。

二、证据失权的例外

一般而言，行政行为的合法性、适当性的举证责任在被申请人。不过，行政行为经常会涉及第三人的合法权益。一般情况下，第三人不承担举证责任，但是如果被申请人不履行举证责任，可能导致第三人合法权益受到损害。在行政复议实践中，有的行政机关与申请人联合起来恶意进入复议程序，申请人提起行政复议后，行政机关故意不提供或者无正当理由逾期提供证据，以使行政复议机关作出撤销生效行政行为的决定，从而转嫁矛盾，利用行政复议程序损害第三人的合法权益。因此，对于第三人提供证据能够证明行政行为合法性的，行政复议机关应当客观公正作出评断，而不应当直接认定该行政行为没有证据、依据。

在行政复议实践中，需要注意以下两个方面的问题。

第一，对本条中"第三人"应当作狭义的理解。《行政复议法》第16条第1款规定："申请人以外的同被申请行政复议的行政行为或者行政复议案件处理结果有利害关系的公民、法人或者其他组织，可以作为第三人申请参加行政复议，或者由行政复议机构通知其作为第三人参加行政复议。"根据这一规定，行政复议中的第三人有两种："同被申请行政复议行政行为有利害关系"的第三人和"同行政复议案件处理结果有利害关系"的第三人。前者属于错过行政复议或者没有行政复议的申请人；而后者情形则比较复杂，包括了与行政行为合法性有关系的行政机关等。以行政许可为例，第三人既可能是对行政许可享有权利的公民、法人或者其他组织，也可能是与行政许可行为相关的行政机关（类似被告地位的第三人）。本条规定针对的是前者，对于后者没有规定。行政机关作为第三人，由于其与被诉行政许可行为不具有合法权益，一般不适用本条规定。

第二，第三人提供证据，广义上也包括第三人申请行政复议机关调取证据或者行政复议机关主动调取证据的情形。如果第三人不能自行收集与本案有关的证据，可以申请行政复议机关调取。本法第45条规定，行政复议机关有权向有关单位和个人调查取证、查阅、复制、调取有关文件和资料，向有关人员进行询问。在行政复议中，行政复议机关调取的证据能够证明行政行为合法的，允许将之作为原行政行为合法的依据，基于行政机关的层级监督关系，属于对原行政行为的矫正，法律上是允许的。

（梁凤云　撰写）

第七十一条 【行政协议案件处理】 被申请人不依法订立、不依法履行、未按照约定履行或者违法变更、解除行政协议的,行政复议机关决定被申请人承担依法订立、继续履行、采取补救措施或者赔偿损失等责任。

被申请人变更、解除行政协议合法,但是未依法给予补偿或者补偿不合理的,行政复议机关决定被申请人依法给予合理补偿。

【立法背景】

本条为新增条文。本法第 11 条第 13 项规定行政协议属于行政复议受案范围。本法第 71 条来源于《行政诉讼法》第 78 条关于行政协议判决方式的规定,明确了行政协议复议案件的决定类型。

【条文解读与法律适用】

一、依法订立

前已述及,被申请人是否依法订立行政协议,属于行政复议审查的重要方面。订立协议的行为,是行政协议当事人意思表示一致的体现。如果法律规定行政机关应当依法订立行政协议的,行政机关具有订立行政协议的义务;如果行政协议当事人约定订立行政协议的,在订立行政协议的条件成就时,行政机关也具有订立行政协议的义务。对于后者,行政机关的义务是行政协议项下的义务,该订立行为属于事实行为,复议机关可以作出要求行政机关依照协议约定订立行政协议的决定。对于前者,行政机关的义务由法律所明确,行政机关的订立行为属于法定职责。因此,复议机关也可以作出要求行政机关依照法定义务订立行政协议的决定。

二、继续履行

《民法典》第 577 条规定,当事人一方不履行合同义务或者履行合同义务不符合约定的,应当承担继续履行、采取补救措施或者赔偿损失等违约责任。本条参照上述规定对继续履行作了规定。一般情况下,为了维护公共利益和实现公共服务目标，行政复议机关应当尽可能保证行政协议的有效性，尽可能使行政协议得到继续履行。因此，继续履行是首先要考虑的违约承担方式。这就是行政法上的"第一次权利保护"优先原则。当公民、法人或者其他组织在行政法上的权利受到侵害时，应当首先考虑如何将侵害排除，使其权利不再受到侵害。如果公民、法人或者其他组织所遭受的权利侵害已经形成财产或者精神上的损害，则应当由"第二次权利保护"补偿其损害。第二次权利保护的主要功能在于填补既成之损害。据此，本条规定，被申请人不依法订立、不依法履行、未按照约定履行或者违法变更、解除协议的，行政复议机关可以决定继续履行协议。决定继续履行协议，是指行政复议机关决定被申请人继续履行行政协议约定的义务。例如，在政府特许经营协议中，政府可以承诺与特许经营项目有关的土地使用、相关城市基础设施的提供、防止不必要的竞争性项目建设、必要合理的补贴等内容，如果被申请人未履行相应的约定义务的，行政复议机关可以决定由被申请人继续履行协议。

在行政复议实践中，需要注意两个方面的问题：一是为了便于被申请人继续履行，行政复议机关应当审查被申请人不依法履行、未按照约定履行的具体情况，对应当继续履行的具体内容进行明确，不能笼而统之地要求被申请人按照约定履行。例如，行政机关与被征收人签订征收补偿协议，约定回迁具体的房屋，被征收人搬入房屋居住多年后，行政机关仍没有协助办理房屋产权变更登记手续，此时，相对人提起行政复议，要求行政机关履行协议，行政复议机关在查明事实的基础上，应当直接决定被申请人协助相对人办理房屋产权变更登记手续。二是在三方协议或者多方协议中，行政复议机关还可以对行政协议中的第三人作出继续履行协议的决定。例如，《海南省土地征收补偿安置管理办法》第 25 条规定，土地出让合同约定用地单位有招工义务的，用地单位应当按照约定招收被征地农民就业；不按照约定招收的，应当承担违约责任。如果行政协议中的第三人"用地单位"未按照约定招收被征地农民就业的，行政复议机关可以决定由第三人继续履行约定义务。

三、采取补救措施

补救措施，是指在行政协议有效的前提下，行政机关采取的消除争议或者缓解矛盾的措施。例如，根据《海南省土地征收补偿安置管理办法》第 21—23 条的规定，土地被征收后被征地集体的剩余土地不能满足生产需要的，市、县、自治县人民政府应当按照便利、就近的原则，安排一定数量的土地给被征地集体发展农业生产；被征地集体用征地补偿安置费用发展生产、安置劳动力就业确有困难的，市、县、自治县人民政府应当从土地有偿出让收入中提取一定资金补助被征地集体发展生产、安置劳动力；省和市、县、自治县人民政府每年安排的再就业专项资金中应当有一定比例的资金用于培训被征地农民，提高其再就业能力。这些"安排一定数量的土地给被征地集体发展农业生产""补助被征地集体发展生产、安置劳动力""培训被征地农民"的内容，如果没有写入土地征收补偿协议，则行政复议机关可以采取相应的补救措施。此外，如果被申请人履行行政协议不适当、无法继续履行或者继续履行已无实际意义的，还可以采取《民法典》规定的修理、重作、更换、退货、减少价款或者报酬等补救措施。

四、赔偿损失

被申请人不依法订立、不依法履行、未按照约定履行或者违法变更、解除行政协议，给申请人造成损失的，行政复议机关可以决定予以赔偿。申请人合法权益因被申请人的"不依法履行、未按照约定履行""单方变更、解除协议"行为受到损害的，应当予以赔偿。

一般来说，对于决定赔偿损失，应当根据不同的违约状态，遵循不同的赔偿规则。主要包括三种情形：一是要保证申请人得到充分赔偿。被申请人在订立或者履行行政协议过程中，有违法失职行为，致使申请人合法权益受到损害的，应当视为行政侵权行为，并由被申请人承担赔偿责任。行政协议对赔偿有约定的，依其约定；如果依照《国家赔偿法》的赔偿数额高于协议约定的，依照《国家赔偿法》的规定。二是要保证合理赔偿。《民法典》第584条规定，当事人一方不履行合同义务或者履行合同义务不符合约定，造成对方损失的，损失赔偿额应当相当于因违约所造成的损失，包括合同履行后可以获得的利益；但是，不得超过违约一方订立合同时预见到或者应当预见到的因违约可能造成的损失。在被申请人违约的情况下，如果一些损失是申请人在订立合同时能够预见的，这部分损失应当适当扣减。三是要保证善意赔偿。损害发生之时，可能主要是由于被申请人违法或者违约行为所致，但是申请人也不能完全置身事外，而应当采取积极措施避免损失扩大。即在被申请人违法违约并造成损害以后，申请人必须采取合理措施以防止损害的扩大，否则，申请人应对扩大部分的损害负责，被申请人此时也有权请求从损害赔偿金额中扣除本可以避免的损害部分。四是要保证比例赔偿。在双方均存在违约的情况下，可以参照《民法典》第592条"当事人都违反合同的，应当各自承担相应的责任。当事人一方违约造成对方损失，对方对损失的发生有过错的，可以减少相应的损失赔偿额"的规定。即当事人都存在违约行为，双方可以冲抵相应的赔偿责任，这就是损益相抵原则。申请人基于损害发生的同一原因而获得利益时，应将所受利益从所受损害中扣除，以确定损害赔偿范围。即被申请人仅就其差额部分进行赔偿。

对于赔偿问题，我国一些行政法律规范作了大量规定。例如，《市政公用事业特许经营管理办法》第29条规定，主管部门或者获得特许经营权的企业违反协议的，由过错方承担违约责任，给对方造成损失的，应当承担赔偿责任。又如，原建设部《关于印发城镇供热、城市污水处理特许经营协议示范文本的通知》中规定了甲方（即建设部门）的违约责任：甲方对乙方的特许经营权构成妨碍的，应当及时改正，并应赔偿乙方因此而遭受的经济损失；甲方不将其投资建设的供热设施交付乙方使用或擅自处置其投资建设的供热设施的，应当及时改正，并应赔偿乙方因此而遭受的经济损失；甲方违反有关价格法规及本协议定价、调价程序，给乙方造成经济损失的，应当及时按照有关规定补偿乙方因此受到的经济损失；甲方基于对获得特许经营者的监管的权力采用非正当行为对乙方实施罚款、吊销营业执照、撤销特许经营权，经法定程序（如行政复议、法院判决等）证明其行为错误时，应当改正其行为，并赔偿乙方因此受到的经济损失。行政复议机关在作出赔偿决定时，可以参照有关行政法律规范的规定。

五、合理补偿

本条第2款还规定了行政机关的补偿义务。根据行政法的一般原理，补偿的前提是行政行为合法。在行政复议实践中，很少出现申请人在认可行政行为合法的情况下要求补偿的情形。因此，这种复议请求比较少见。大多数情况是行政复议机关认定被申请的行政行为合法但申请人有损失。行政复议机关经审理认为被申请人作出的单方变更、解除行政协议的行政行为合法，但是未依法给予补偿或者补偿不合理的，行政复议机关应当根据申请人受到损害的程度，直接作出给予合理补偿的决定。当然，考虑到补偿事项涉及申请人实体权益的保护，在作出决定时应当听取申请人和被申请人的意见。

需要注意的是，也不排除申请人在被申请人的行政行为合法的前提下，要求行政复议机关决定给予合理补偿的情形。例如，在土地房屋征收过程中，在被申请人单方变更、解除行为合法的情况下，申请人认可被申请行政行为合法，但是认为没有补偿或者补偿不合理，此时申请人在行政复议中可以要求被申请人给予合理补偿。

（梁凤云　撰写）

第七十二条　【行政复议期间赔偿请求的处理】申请人在申请行政复议时一并提出行政赔偿请求，行政复议机关对依照《中华人民共和国国家赔偿法》的有关规定应当不予赔偿的，在作出行政复议决定时，应当同时决定驳回行政赔偿请求；对符合《中华人民共和国国家赔偿法》的有关规定应当给予赔偿的，在决定撤销或者部分撤销、变更行政行为或者确认行政行为违法、无效时，应当同时决定被申请人依法给予赔偿；确认行政行为违法的，还可以同时责令被申请人采取补救措施。

申请人在申请行政复议时没有提出行政赔偿请求的，行政复议机关在依法决定撤销或者部分撤销、变更罚款，撤销或者部分撤销违法集资、没收财物、征收征用、摊派费用以及对财产的查封、扣押、冻结等行政行为时，应当同时责令被申请人返还财产，解除对财产的查封、扣押、冻结措施，或者赔偿相应的价款。

【立法背景】

被申请的行政行为违法并对申请人合法权益造成损害的，行政复议机关应当决定予以赔偿。《行政复议法》本次修订，基本保留了原有内容。

【条文解读与法律适用】

一、申请人在申请行政复议时一并提出行政赔偿请求

申请人在申请行政复议时，如果认为合法权益受到损害，有权一并提出行政赔偿请求。《国家赔偿法》第9条第2款规定，赔偿请求人要求赔偿，应当先向赔偿义务机关提出，也可以在申请行政复议或者提起行政诉讼时一并提出。行政复议机关在对被申请的行政行为进行审查的同时，应当回应申请人的行政赔偿请求，主要分为以下情形：一是申请人在申请行政复议时一并提出行政赔偿请求，行政复议机关对依照《国家赔偿法》的有关规定不应做

出赔偿的，在作出行政复议决定时，应当同时决定驳回行政赔偿请求。一般而言，不予赔偿的情况主要是《国家赔偿法》第 5 条规定的如下情形：行政机关工作人员与行使职权无关的个人行为；因公民、法人和其他组织自己的行为致使损害发生的；法律规定的其他情形。申请人的行政复议申请不符合本条第 1 款的规定，在对行政复议申请决定驳回的同时，应当驳回申请人的行政赔偿请求。二是对符合《国家赔偿法》的有关规定应当给予赔偿的，在决定撤销或者部分撤销、变更行政行为或者确认行政行为违法、无效时，应当同时决定被申请人依法给予赔偿；确认行政行为违法的，还可以同时责令被申请人采取补救措施。对于被申请的行政行为违法并且给申请人合法权益造成损害的，应当同时决定给予赔偿。"决定撤销或者部分撤销、变更行政行为或者确认行政行为违法、无效"是指行政复议机关经过审查认定被申请的行政行为违法，这是赔偿的基础条件。此外，确认行政行为违法的，因被申请的行政行为的效力仍然存续，所以还可以同时责令被申请人采取补救措施，以弥补申请人的损失。三是本款适用的前提是赔偿申请属于适用《国家赔偿法》的情形，根据《国家赔偿法》第 3 条、第 4 条的规定，目前行政赔偿范围仅限于人身权、财产权。对于行政协议的赔偿参照民事法律规范的规定，适用定金条款和违约金条款，可能在赔偿范围上与《国家赔偿法》的规定也有一定差别。

二、申请人在申请行政复议时没有提出行政赔偿请求

本条第 2 款赋予了行政复议机关直接就赔偿问题作出决定的权力和义务。申请人在申请行政复议时没有提出行政赔偿请求的，特别是针对财产权的行政行为，行政复议机关可以不经申请人申请直接作出相应的赔偿决定。主要有两种情形：一是依法决定撤销或者部分撤销、变更罚款；二是撤销或者部分撤销违法集资、没收财物、征收征用、摊派费用以及对财产的查封、扣押、冻结等行政行为。采取的赔偿方式主要有责令被申请人返还财产（针对罚款、违法集资、没收财物、征收征用、摊派费用等）；解除对财产的查封、扣押、冻结措施（针对财产的查封、扣押、冻结措施）；赔偿相应的价款（针对前述方式不能弥补申请人损失的情况）。

（梁凤云　撰写）

第七十三条　【行政复议调解处理】 当事人经调解达成协议的，行政复议机关应当制作行政复议调解书，经各方当事人签字或者签章，并加盖行政复议机关印章，即具有法律效力。

调解未达成协议或者调解书生效前一方反悔的，行政复议机关应当依法审查或者及时作出行政复议决定。

【立法背景】

本条为新增条文。一般来说，行政复议的结案方式主要包括行政复议决定和调解处理两种方式。所谓调解，是指在行政复议机关的主持下，申请人和被申请人就争议的实体权利和义务自愿协商，达成协议，解决纠纷的活动。调解应当遵循合法、自愿的原则，不得损害国家利益、社会公共利益和他人合法权益，不得违反法律、法规的强制性规定。

【条文解读与法律适用】

一、行政复议调解书的制作义务和内容

行政复议机关经过调解后，对于当事人双方自愿达成，内容不违反法律禁止性规定的调解协议，应当予以认可，并且依照调解协议制作行政复议调解书。此时，制作行政复议调解书是行政复议机关的义务而非权力。对于经调解未达成协议的，行政复议机关应当结束调解程序，依法审查并及时作出行政复议决定。调解协议是行政复议机关制作调解书的前提和基础。调解书的法律效力在于确定当事人之间的行政法律关系，结束行政争议和赋予强制执行的效力。当事人不履行调解书确定的义务的，另一方当事人有权就调解书向人民法院申请强制执行。调解书的内容包括复议请求、案件事实和调解结果三个方面。调解书分为首部、正文和尾部三个部分。首部包括行政复议机关的名称、案号，当事人基本情况，案由和复议请求。正文包括案件事实和调解结果。尾部由行政复议人员署名，加盖行政复议机关印章，送达当事人。

二、行政复议调解书的生效

调解书制作完成后,须经双方当事人签字或者盖章,并加盖行政复议机关印章后,即具有法律效力。调解书不能强行送达,不适用留置送达和公告送达,也不适用于邮寄送达和有关单位转交,而是须由当事人签收。调解书须经双方当事人签收后才生效。如果仅一方当事人签收,调解书还未发生效力。调解书不能当场送达双方当事人的,应当以最后收到调解书的当事人签收的日期为调解书生效日期。签收之前,当事人有权就调解达成的协议反悔。如果当事人在签收调解书前反悔,行政复议机关应当及时作出行政复议决定。

(梁凤云　撰写)

第七十四条　【行政复议和解处理】当事人在行政复议决定作出前可以自愿达成和解，和解内容不得损害国家利益、社会公共利益和他人合法权益，不得违反法律、法规的强制性规定。

当事人达成和解后，由申请人向行政复议机构撤回行政复议申请。行政复议机构准予撤回行政复议申请、行政复议机关决定终止行政复议的，申请人不得再以同一事实和理由提出行政复议申请。但是，申请人能够证明撤回行政复议申请违背其真实意愿的除外。

【立法背景】

本条为新增条文。和解与调解不同，和解是行政复议当事人之间通过互谅互让，最终达成意思一致的活动；调解则是在行政复议机关主持下，行政复议当事人达成意思一致的活动。由于和解是当事人之间的活动，其和解是否符合法律规定，是否准许，均由行政复议机关决定。修订后的《行政复议法》对此作了明确。

【条文解读与法律适用】

一、行政复议和解的达成与限制

当事人在行政复议决定作出前可以自愿达成和解，由申请人向行政复议机构撤回行政复议申请。撤回行政复议申请，是指在行政复议机关对案件作出决定之前，申请人主动撤回行政复议请求，申请行政复议机关终止行政复议程序的行为。和解可以是口头和解，也可以是书面和解。

和解的内容未经行政复议机关的审查的，不能当然终结行政复议程序。行政复议机关在对撤回申请进行审查时，实际上是在对撤回申请的理由，也就是和解内容的合法性进行审查。根据本条的规定，和解内容和申请撤回复议申请的行为必须符合法律规定。即申请撤回复议申请不能规避法律，损害国家利益、社会公共利益或者他人合法权益。如果行政复议机关在审查中发现申请人和被申请人恶意串通，损害国家利益、社会公共利益和他人合法权益，应当决定不予准许。

二、一事不再理及例外

行政复议申请人申请撤回复议申请，尽管不是对其实体权利的处分，但仍属于对其权利的处分行为。这种处分行为一经行政复议机关批准，就是一种生效的法律行为。这种行为实质是申请人放弃了请求行政复议救济的权利，只要这种行为是当事人真实的意思表示并且符合法律的相关规定，那么就可以因申请人自愿、合法的处分而消灭。在申请人自愿、合法地申请撤回复议申请的情况下，尽管其实体权利仍然存在，但是请求行政复议机关保护的权利已经被处分。如果允许其以同一事实和理由再行提起行政复议申请，那就意味着已经被处分的权利可以失而复得。如果这样，行政法律关系将无法保持稳定。

申请人撤回行政复议申请不能简单地等同于行政复议程序没有发生，或者视同没有提起复议。申请人申请复议和行政复议机关批准撤回复议申请作为两个法律事实，应当引起相应的法律后果。前者意味着对自身实体权利的处分；后者意味着因行政复议机关决定准予撤回行政复议申请而引起新的行政法律关系。例如，已经裁定停止执行的行政行为可能因撤回申请而执行；利害关系人可能因为撤回申请的行为已经将相应的财产作了重新分配等。可见，撤回行政复议申请作为一种法律事实，有可能引起一系列的法律关系的发生、变更或者消灭。如果允许申请人重新提起行政复议，势必引起相关联的法律关系的再度紊乱，从而引发新的行政纠纷。但是，申请撤回行政复议申请的行为是申请人自觉自愿的行为，不能采取强迫或者其他法外压力强行使申请人撤回行政复议申请。申请人能够证明撤回行政复议申请违背其真实意思表示的，可以再次提出复议申请。

"违背其真实意思表示"一般包括两种情形：一是重大误解、受欺诈、虚假串通。重大误解通常是导致意思表示不真实的重要原因。例如，申请人因他人的解释或者劝说，将违法的行政行为当作合法的行政行为。所谓欺诈，是指故意将不真实的情况当作真实情况来表示，旨在使他人发生错误，并且迎合自己作出意思表示的行为。欺诈的情形主要包括：申请人听信行政机关工作人员的"花言巧语"或者根本不准备兑现的虚假承诺，申请人因他人的蒙蔽而误以为复议结果将更加于己不利等。所谓串通虚假行为，是指表意人与相对人串通合谋实施的与其内心意思不一致的意思表示。例如，行政机关与他人合谋，由他人游说申请人撤回行政复议申请。申请人在这种情况下申请撤回复议申请，是申请人对行政行为的合法性状况、性质、撤回申请行为或者复议结果发生重大误解或者受欺诈情况下的一种错误选择，不是申请人真实的意思表示。二是受胁迫。申请人的意思表示可以因外来的压力，诸如威逼、胁迫、恐吓等而陷入不真实。所谓胁迫，是指由于他人不正当预告危害而陷入恐惧从而作出的有瑕疵的意思表示。行政复议机关在审查申请人是否因外在压力而意思表示不真实的时候，还应当注意以下问题：其一，须有申请人以外的人施加压力行为的存在。例如，有他人的威逼、胁迫、恐吓等行为存在。如果没有压力的存在，而仅仅是申请人自己担心行政机关报复，或者害怕造成更加不利的后果等，不构成意思表示不真实的根据。其二，压力行为不一定来自行政机关，还可能是行政机关请托的人、其他利害关系人以及申请人的亲属。只要存在不法压力，不论该压力系何人实施，均可认定为意思表示不真实。

（梁凤云　撰写）

第七十五条　【行政复议决定书】行政复议机关作出行政复议决定，应当制作行政复议决定书，并加盖行政复议机关印章。

行政复议决定书一经送达，即发生法律效力。

【立法背景】

对于行政复议决定的形式和效力，2017年《行政复议法》第31条第2款和第3款作了规定。本次修订基本保留了原有规定。

【条文解读与法律适用】

一、行政复议决定书的形式

行政复议机关作出决定须以书面形式，不能采取口头方式。行政复议机关作出行政复议决定，制作行政复议决定书是其法定义务。行政复议决定书一般包括以下内容：一是申请人、被申请人以及第三人的自然情况。包括自然人姓名、出生年月日、居所、法人名称、营业所等情况，表明权利义务主体状况。二是申请人申请行政复议的主要请求和理由。三是行政复议机关认定的事实、依据和理由。针对行政复议当事人提供的证据、依据，行政复议依法作出认定，并阐明相应理由和法律依据。四是复议决定最终结论。即明确被申请行政行为合法性、适当性，并根据案件具体情况、申请人请求和行政复议法规定的决定形式，作出相应的决定。五是交代诉权。告知申请人和第三人如不服行政复议决定，可以在特定期限内向人民法院提起行政诉讼。除法律另有规定外，一般的起诉期限为十五日。六是作出行政复议决定的年、月、日。行政复议决定书应当加盖行政复议机关印章。

二、行政复议决定书的法律效力

行政复议决定书一经送达，即发生法律效力。法律效力主要体现在以下几个方面：一是确定力。即行政复议决定书确定了行政法律关系主体的权利义务关系，非经法定程序，不得自行改变。比如，申请人不得再次就同一事实和理由申请行政复议。二是拘束力。即行政复议决定书对当事人各方都产生拘束力。三是执行力。即申请人、被申请人和第三人都有义务执行行政复议决定。申请人不服行政复议决定，可以向人民法院提起行政诉讼，但是，申请人不能不执行行政复议决定。如果申请人在法定期限内拒不履行行政复议决定确定的义务，也不提起诉讼的，行政机关可以依法强制执行或者申请人民法院强制执行。

（梁凤云　撰写）

第七十六条　【行政复议意见书】行政复议机关在办理行政复议案件过程中，发现被申请人或者其他下级行政机关的有关行政行为违法或者不当的，可以向其制发行政复议意见书。有关机关应当自收到行政复议意见书之日起六十日内，将纠正相关违法或者不当行政行为的情况报送行政复议机关。

【立法背景】

本条为新增条文。行政复议意见书，是行政复议机关在审理行政复议案件过程中，发现被申请人或者其他下级行政机关的有关行政行为违法或者不当，向被申请人或者其他下级行政机关制发的表明行政复议机关态度的法律文书。

【条文解读与法律适用】

一、行政复议意见书的性质

行政复议意见书适用的前提是被申请的行政行为或者其他下级行政机关的行政行为违法或者不当。对于在行政复议过程中发现的非"申请的行政行为"的"有关行为"，行政复议机关也可以制发行政复议意见书。行政复议意见书的内容可以是被申请行政行为违法不当的有关情况，也可以是改变或者采取补救措施的意见，还可以是解决问题的依据和途径等。行政复议意见书是预防和化解行政纠纷的法律文书，即行政复议机关采取间接手段促使被申请人、其他下级行政机关改正行政行为存在的问题，并引以为戒，从而预防类似行政纠纷的发生。

二、行政复议意见书的效力

行政复议意见书是具有法律效力的法律文书。行政复议意见书并非仅仅表明行政复议机关对被申请行政行为的态度，更多的是作出要求相关机关纠正行政行为的指示。有关机关应当自收到行政复议意见书之日起六十日内，将纠正行政行为的情况报送行政复议机关。这就明确了行政复议意见书的法律效力。

（梁凤云　撰写）

第七十七条　【被申请人履行义务】被申请人应当履行行政复议决定书、调解书、意见书。

被申请人不履行或者无正当理由拖延履行行政复议决定书、调解书、意见书的，行政复议机关或者有关上级行政机关应当责令其限期履行，并可以约谈被申请人的有关负责人或者予以通报批评。

【立法背景】

行政复议决定作出之后，一经送达就产生法律效力。2017 年《行政复议法》第 32 条也规定了被申请人对行政复议决定的履行义务。本次修订，扩大了被申请人应当履行的行政复议法律文书确定义务的范围，同时，加大了对被申请人负责人的法律责任。

【条文解读与法律适用】

一、被申请人的履行义务

一般来说，行政复议机关是被申请人的上级机关。被申请人对于行政复议机关作出的行政复议决定书、调解书、意见书，都具有服从义务。大多数情况下，由于层级监督关系，被申请人都会主动履行前述行政法律文书确定的义务。但是，考虑到被申请人也是行政复议机关法律文书针对的义务承担人，基于行政复议当事人地位平等的原则，也考虑到维护行政复议机关权威，被申请人应当履行行政复议决定。履行的方式与行政复议法律文书的内容有关。例如，如果行政复议决定是撤销、变更被申请人的行政行为，则直接形成行政法律关系，无须被申请人履行义务；如果行政复议决定是确认被申请人行政行为违法、无效，则没有履行的内容，亦无须被申请人履行义务；如果行政复议决定书是责令被申请人履行法定职责、履行给付义务、履行赔偿义务，则被申请人应当予以履行。

二、被申请人不履行义务的法律责任

被申请人即便对行政复议机关作出的行政复议决定书、调解书、意见书

有异议，也应当及时、完全履行，而不应当拒不履行或者无正当理由拖延履行。基于行政复议机关的对下监督指导职能，对于被申请人拒不履行或者无正当理由拖延履行的，可以直接采取措施责令其限期履行，而无须申请人民法院强制执行。如果行政复议机关不具备相关职能的，可以由有关上级行政机关责令其履行。同时，考虑到行政机关实行首长负责制，可以约谈被申请人的有关负责人，还可以对被申请人的有关负责人提出通报批评。

（梁凤云　撰写）

第七十八条　【行政复议决定书、调解书的强制执行】 申请人、第三人逾期不起诉又不履行行政复议决定书、调解书的，或者不履行最终裁决的行政复议决定的，按照下列规定分别处理：

（一）维持行政行为的行政复议决定书，由作出行政行为的行政机关依法强制执行，或者申请人民法院强制执行；

（二）变更行政行为的行政复议决定书，由行政复议机关依法强制执行，或者申请人民法院强制执行；

（三）行政复议调解书，由行政复议机关依法强制执行，或者申请人民法院强制执行。

【立法背景】

行政复议当事人均有履行行政复议决定的义务。本法第 77 条规定了被申请人的履行义务，本条规定了申请人、第三人的履行义务以及强制执行措施。本条来源于 2017 年《行政复议法》第 33 条的规定。

【条文解读与法律适用】

一、强制执行的适用条件

强制执行的适用主体包括申请人、第三人，不包括被申请人。被申请人不履行行政复议法律文书义务，适用第 77 条的规定。强制执行的适用情形是"逾期不起诉又不履行行政复议决定书、调解书的，或者不履行最终裁决的行政复议决定的"。逾期不起诉，意味着行政复议决定已经不具备可诉性，同时不履行义务，适用《行政诉讼法》和《行政强制法》有关非诉行政执行的规定。

二、维持决定的强制执行

行政复议机关经审查认为被申请的行政行为合法的，可以作出维持被申请行政行为的决定。维持决定肯定了被申请的行政行为的效力，被申请的行政行为明确申请人、第三人履行义务的，申请人、第三人有义务履行。申请人、第三人不履行的，行政机关依法强制执行或者申请人民法院强制执行。

三、变更决定的强制执行

行政复议机关经审查认为被申请人的行政行为符合本法第 63 条规定的变更决定情形的，可以决定变更。一般而言，变更决定属于形成决定，直接形成法律关系。但是，有的变更决定中明确了申请人、第三人的履行义务的，申请人、第三人有义务履行。申请人、第三人不履行的，行政机关依法强制执行或者申请人民法院强制执行。

四、行政复议调解书的强制执行

行政复议调解书载明了申请人、第三人和被申请人之间的权利义务内容。申请人、第三人不履行行政复议调解书的，由行政复议机关依法强制执行，或者申请人民法院强制执行。

（梁凤云　撰写）

第七十九条 【行政复议决定书公开和文书抄告】 行政复议机关根据被申请行政复议的行政行为的公开情况，按照国家有关规定将行政复议决定书向社会公开。

县级以上地方各级人民政府办理以本级人民政府工作部门为被申请人的行政复议案件，应当将发生法律效力的行政复议决定书、意见书同时抄告被申请人的上一级主管部门。

【立法背景】

本条系新增条文。确立行政复议决定书公开制度能够彰显行政复议的公开性和公正性。本条第 1 款曾在修订过程中表述为"除涉及国家秘密、商业秘密、个人隐私或者公开后可能危及国家安全、公共安全、经济安全、社会稳定的情形外，行政复议机关应当将发生法律效力的行政复议决定书向社会公开"，但是考虑到现实情况的多样性和复杂性，上述规定恐难涵盖全部，故本款现表述为"根据被申请行政复议的行政行为的公开情况，按照国家有关规定将行政复议决定书向社会公开"。本条第 2 款抄告制度契合了行政复议体制改革的要求，将以往条块结合的管辖方式，改为由县级以上地方人民政府集中管辖本级人民政府工作部门为被申请人的行政复议案件，同时应当让被申请人的上一级主管部门掌握其下一级行政机关的相关行政复议情况、督促下一级行政机关纠正违法和不当行为。

【条文解读与法律适用】

一、行政复议决定公开制度的理解

行政复议决定公开制度的确立对于提升行政复议的公信力大有裨益，但行政复议决定公开亦需要遵循一定的原则。

一是需要尊重行政行为的公开情况。行政机关在作出行政行为时就需要考量作出的行政决定等是否能够予以公开，实施行政行为应当遵循保护国家秘密、商业秘密、个人隐私以及维护国家安全、公共安全、社会稳定的原则。

行政复议机关在审理案件时，对行政行为因涉密而不予公开的情形亦应当充分予以尊重，在审理案件的相关程序以及作出最终行政复议决定时都应当充分考虑。行政复议决定书作为对外发生法律效力的文书亦应当遵循保密原则。

二是要按照国家有关规定公开。这里没有表述为依法公开，主要考虑到对于行政复议决定书的公开与否可能涉及政策性规定，特别是行政复议涉及的部门和领域较多，不仅限于法律的规定，而国家有关规定的范围相比而言更为广泛，内涵也更为丰富，既包括法律、法规、规章等，也包括国务院相关主管部门制定的规范性文件等，故本条规定为按照国家有关规定。

二、抄告制度的适用

本条第 2 款规定的抄告制度的适用在实践中需要注意以下几点。

一是抄告的实施主体为县级以上地方各级人民政府，即省级人民政府、地市级人民政府以及县级人民政府均应当将涉及本级人民政府工作部门为被申请人的行政复议案件的生效行政复议决定、意见抄告被申请人的上一级主管部门。

二是抄告的内容包括生效的行政复议决定书和意见书。行政复议决定书系对外发生法律效力的文书，抄告被申请人的上一级主管部门能够帮助其掌握了解管辖范围内行政机关的行政复议情况。行政复议意见书系内部的意见，针对的是有关行政行为违法或者不当的，抄送被申请人的上一级主管部门一方面起到一定的督促作用，另一方面也能够帮助同一行政领域的上、下级行政机关掌握行政行为合法性、适当性标准的统一性。需要注意的是：第一，如果某一行政复议案件中同时有行政复议决定书和意见书，需要同时抄告。行政复议机关不能选择性仅抄告行政复议决定书或意见书。第二，抄告的时限虽然没有明确规定，但是根据本法第 75 条之规定，行政复议决定书一经送达，即发生法律效力。故行政复议机关应当及时履行抄告义务。第三，本款规定抄告的内容不包括行政调解书。由于行政调解书可能涉及双方在调解过程中的让步和相关隐私问题，考虑到行政争议通过行政调解化解后不具有争议，行政调解书往往也不涉及法律适用问题及法律认定，故不需要向被申请人的上一级主管部门抄告。

三是抄告的对象是被申请人的上一级主管部门。根据本法第 76 条之规定，行政复议机关制发行政复议意见书的对象为有关行政行为违法或者不当的"被申请人或者其他下级行政机关"。故实践中，行政复议意见书除被申请人的上一级主管部门外，亦可以根据实际工作需要抄告其他行政行为违法的行政机关的上一级主管部门。

（牛延佳　撰写）

第六章 法律责任

本章概述

本章是关于法律责任的规定，共有7条。法律责任是其他内容能够实现的保障。本次修订，增加了对拒绝、阻挠行政复议调查取证行为的追责条款，健全了行政复议与纪检监察的衔接机制。

第八十条　【行政复议机关不依法履职的法律责任】 行政复议机关不依照本法规定履行行政复议职责，对负有责任的领导人员和直接责任人员依法给予警告、记过、记大过的处分；经有权监督的机关督促仍不改正或者造成严重后果的，依法给予降级、撤职、开除的处分。

【立法背景】

本条明确行政复议机关无正当理由不依照本法规定履行行政复议职责时，负有责任的领导人员和直接责任人员要承担相应的法律责任。本条是从 2017 年《行政复议法》第 34 条修改而来。2017 年《行政复议法》第 34 条对无正当理由不依照本法规定履行行政复议职责进行了列举式规定，具体包括无正当理由不予受理依法提出的行政复议申请、不按照规定转送行政复议申请、在法定期限内不作出行政复议决定三种情形。本次修订，不再采用列举方式，而改采概括式规定，表明本条的适用范围不限于 2017 年《行政复议法》第 34 条规定的三种情形。另外，2017 年《行政复议法》第 34 条规定的法律责任形式是行政处分。本条则根据《公务员法》《监察法》《公职人员政务处分法》的相关规定，将法律责任规定为处分。

【条文解读与法律适用】

一、关于不依照本法规定履行行政复议职责的主要情形

（一）无正当理由不予受理依法提出的行政复议申请

依法受理行政复议申请是行政复议机关的重要职责。无正当理由不予受理依法提出的行政复议申请，是指行政复议机关不予受理公民、法人或者其他组织依照本法第 11 条规定提出的，并且符合本法第 30 条第 1 款规定的行政复议申请。

本法第 11 条是对行政复议范围的规定。申请行政复议，不仅要符合行政复议的范围，而且要符合行政复议的条件。本法第 30 条第 1 款明确规定了行政复议申请受理的条件。公民、法人或者其他组织提出的行政复议申请符合上述条件,行政复议机关不予受理的,依照本条对负有责任的领导人员和直接责任人员追究法律责任。需要注意的是,本法修订后建立了推定受理制度。行政复议机关接收行政复议申请后,在法定审查期限内必须履职,要么作出予以受理的决定,要么作出不予受理的决定,不得悬而未决,使公民、法人或者其他组织的救济诉求处于不确定状态。根据第 30 条第 3 款的规定,行政复议申请的审查期限届满,行政复议机关未作出不予受理决定的,审查期限届满之日起视为受理。推定受理制度既能够督促行政复议机关依法履职,又能够充分保障公民、法人或者其他组织的申请复议权。

(二) 不按照规定转送行政复议申请

依照便民、为民的原则,对当场作出或者依据电子技术监控设备记录的违法事实作出行政处罚决定的行政机关,本法第 32 条要求其承担代为接受和转送行政复议申请的职责。公民、法人或者其他组织向其提交行政复议申请的,当场作出或者依据电子技术监控设备记录的违法事实作出行政处罚决定的行政机关认为需要维持行政处罚决定的,应当依法及时转送行政复议机关。作出行政处罚决定的行政机关应当转送而没有转送的,属于不按本法履行转送职责,应当依照本条对负有责任的领导人员和直接责任人员追究法律责任。

(三) 在法定期限内不作出行政复议决定

行政复议机关应当按照本法第 62 条的规定,在法定期限内作出行政复议决定,否则将构成本条规定的不依照本法履行复议职责。需要注意的是,行政复议中对规范性文件附带审查和处理所费的时间,不计入作出行政复议的法定期限。本法第 39 条第 1 款第 9 项规定对规范性文件附带审查的,行政复议中止。行政复议中规范性文件附带审查和处理时,应予中止行政复议,所费的时间不计入作出行政复议的法定期限。

(四) 其他不依照本法规定履行行政复议职责的情形

此次修订,本条对不依照本法规定履行行政复议职责的情形未采取列举式的规定,而是采取概括式的规定。因此,行政复议机关不依照本法规定履行行政复议职责的其他情形也可以依据本条承担法律责任。例如,本法第 49 条规定,适用普通程序审理的行政复议案件,行政复议机构应当面或者通过互联网、电话等方式听取当事人的意见,并将听取的意见记录在案。因当事人原因不能听取意见的，可以书面审理。如果行政复议机关未听取申请人意见非因当事人原因，属于不依照本法规定履行行政复议职责的情形。

二、关于负有责任的领导人员和直接责任人员的法律责任

根据本条的规定，负有责任的领导人员和直接责任人员应当承担的法律责任为处分。具体来讲，涉及以下几个方面的内容。

（一）承担责任的主体

根据本条的规定，责任承担主体分为以下两类：一是"直接负责的领导人员"，即直接负责行政复议工作的领导人员，包括行政复议机关中对行政复议工作负有直接领导职责的人员，如分管负责人、部门负责人等。二是"直接责任人员"，即对不履行复议职责违法行为的发生具有直接责任的人员。例如直接经办行政复议工作的工作人员；再如行政复议机关从事文件、信件等收发工作的人员，不按规定收受、发送有关行政复议的法律文书，导致相关文书丢失。

（二）责任的具体形式

本条规定的法律责任具体形式为处分。我国对公职人员的惩戒分为监察机关作出的政务处分与任免机关、单位作出的处分。根据《公职人员政务处分法》第3条的规定，本条规定的处分，应为负有责任的领导人员和直接责任人员任免机关、单位作出的处分。如果监察机关认为对不依法履行行政复议职责负有责任的领导人员和直接责任人员应当给予政务处分的，则由监察机关依据《监察法》和《公职人员政务处分法》作出政务处分。

任免机关、单位依据本条作出处分的，应当按照《公务员法》《行政机关公务员处分条例》的相关规定作出。按照《公务员法》第62条的规定，处分有警告、记过、记大过、降级、撤职、开除六种。按照本条的规定，对直接负责的主管人员和其他直接责任人员依法给予"警告、记过、记大过"的处分；经有权监督的机关督促仍不改正或者造成严重后果的，依法给予"降级、撤职、开除"的处分。给予处分应当坚持公正、公平和教育与惩处相结合的原则；应当与其违法违纪行为的性质、情节、危害程度相适应；应当事实清楚、证据确凿、定性准确、处理恰当、程序合法、手续完备。

（三）需要注意处分与政务处分的衔接

首先，根据《公职人员政务处分法》第16条的规定，对公职人员的同一违法行为，要么给予政务处分，要么给予处分，不能同时适用。这避免了对同一违法行为的重复评价，符合一事不二罚的法治精神，有利于保障公职人员的合法权益。其次，在实施政务处分与处分时，监察机关与公职人员任免机关、单位要积极沟通协调，避免工作冲突。对违法的公职人员是给予政务处分还是处分，要根据干部管理权限以及违法案件由哪个主体调查处置更为合适等因素统筹把握，不能有本位主义。在实践中，既要防止任免机关、单位对违法公职人员抢先处分，规避监察机关政务处分的情况，也要避免监察机关大包大揽，不加区分都给予政务处分的情况。如果任免机关、单位给予的处分违法、不当，监察机关应当提出监察建议予以纠正。最后，严格把握政务处分与处分在程序、申诉等方面的差异，确保政务处分与处分活动合法合规。根据《公职人员政务处分法》第 2 条的规定，在程序、申诉等方面，政务处分执行的是《监察法》和《公职人员政务处分法》的规定，处分执行的是《公务员法》等其他规定。比如，对处分决定不服的，有关公务员可以按照《公务员法》等法律法规的规定向原处理机关申请复核，或者向同级公务员主管部门或者作出该处理决定的机关的上一级机关提出申诉；对政务处分决定不服的，有关公职人员依据《公职人员政务处分法》第 55 条第 1 款的规定向监察机关申请复审、复核。

（邵长茂、徐庭祥　撰写）

第八十一条 【行政复议机关工作人员法律责任】 行政复议机关工作人员在行政复议活动中,徇私舞弊或者有其他渎职、失职行为的,依法给予警告、记过、记大过的处分;情节严重的,依法给予降级、撤职、开除的处分;构成犯罪的,依法追究刑事责任。

【立法背景】

本条对行政复议机关工作人员在行政复议活动中徇私舞弊或者有其他渎职、失职的违法行为所应承担的法律责任作了规定。本条是从 2017 年《行政复议法》第 35 条修改而来,此次修订未作实质性修改。

【条文解读与法律适用】

一、关于渎职、失职行为的构成

根据本条的规定,渎职、失职的构成需要具备以下两个条件。

(一)在行政复议活动中

所谓"在行政复议活动中",是指行政复议机关的工作人员,在从事行政复议工作的过程中实施了本条规定的行为。换言之,行政复议机关工作人员实施的与行政复议工作无关的行为,不能构成本条规定的行为。

(二)有徇私舞弊或者有其他渎职、失职行为

所谓"徇私舞弊",是指行政复议机关工作人员,在行政复议活动中,徇私情或者谋私利,故意违背事实或者违反法律规定,作出枉法处理或者枉法决定。如行政复议机关工作人员在复议工作中接受申请人、被申请人或第三人的宴请、礼品乃至金钱的贿赂,并故意违背行政复议的合法、公正原则,作出与事实不符、于法律无据的复议决定,造成行政复议中的冤假错案等。

所谓"其他渎职、失职行为",是指行政复议机关工作人员在行政复议活动中,存在行使职权违反法律规定或者超越法定权限行使职权的滥用职权行为、不履行或者不正确履行法定职责的玩忽职守行为等。如对于重大、复杂的行政复议案件,申请人已经明确提出了调查取证的要求,但故意不予理睬,

只进行书面审查，并作出不利于申请人的复议决定等。

二、关于渎职、失职的法律责任

根据本条的规定，行政复议机关工作人员在行政复议活动中，徇私舞弊或者有其他渎职、失职行为的，应当承担下列法律责任。

（一）处分

处分分为两种情况：一是情节较轻的，依法给予"警告、记过、记大过"的处分；二是情节严重的，依法给予"降级、撤职、开除"的处分。《行政机关公务员处分条例》对行政机关公务员受处分的期间、适用条件、处分的权限与程序等作出了明确规定。

（二）刑事责任

行政复议机关工作人员在行政复议活动中具有徇私舞弊或者其他渎职、失职的行为，已经达到构成犯罪的程度，依法追究刑事责任。根据《刑法》第397条的规定，行政复议机关工作人员在行政复议活动中，徇私舞弊或者有其他渎职、失职行为，有可能构成滥用职权罪、玩忽职守罪。

（邵长茂、徐庭祥　撰写）

第八十二条　【被申请人不书面答复等行为的法律责任】 被申请人违反本法规定，不提出书面答复或者不提交作出行政行为的证据、依据和其他有关材料，或者阻挠、变相阻挠公民、法人或者其他组织依法申请行政复议的，对负有责任的领导人员和直接责任人员依法给予警告、记过、记大过的处分；进行报复陷害的，依法给予降级、撤职、开除的处分；构成犯罪的，依法追究刑事责任。

【立法背景】

本条规定了被申请人在行政复议过程中的违法行为的法律责任。本条是从 2017 年《行政复议法》第 36 条修改而来。

【条文解读与法律适用】

一、本条的法律责任主体

本条行为的主体为特定主体，即被申请人。本法第 19 条对被申请人进行了明确。只有被申请人才能成为本条行为的主体，其他主体均不能成为本条行为的主体。

二、本条违法行为的构成

（一）不提出书面答复

所谓"不提出书面答复"，是指被申请人在收到行政复议机关发送的行政复议申请书副本或者行政复议申请笔录复印件后，不按照法律规定提出书面答复的行为。

根据本法第 48 条的规定，在普通程序中，行政复议机构应当自行政复议申请受理之日起七日内，将行政复议申请书副本或者行政复议申请笔录复印件发送被申请人。被申请人应当自收到行政复议申请书副本或者行政复议申请笔录复印件之日起十日内，提出书面答复，并提交作出行政行为的证据、依据和其他有关材料。根据本法第 54 条的规定，适用简易程序审理的行政复议案件，行政复议机构应当自受理行政复议申请之日起三日内，将行政复议申请书副本或者行政复议申请笔录复印件发送被申请人。被申请人应当自收到行政复议申请书副本或者行政复议申请笔录复印件之日起五日内，提出书面答复，并提交作出行政行为的证据、依据和其他有关材料。因此，不论是适用普通程序还是适用简易程序，本法都将"提出书面答复"规定为被申请人必须履行的一项法定义务。

（二）不提交作出行政行为的证据、依据和其他有关材料

所谓"不提交作出行政行为的证据、依据和其他有关材料"，是指被申请人在收到行政复议机关发送的行政复议申请书副本或者行政复议申请笔录复印件后，不按照法律规定提交作出行政行为的证据、依据和其他有关材料的行为。

被申请人按照法律规定及时提交其作出行政行为的证据、依据和其他有关材料，对于保障行政复议机关依法开展行政复议活动，查明事实真相，依法作出行政复议决定，具有十分重要的意义。如果被申请人不依法提交其作出行政行为的证据、依据和其他有关材料，将严重影响行政复议机关对行政行为进行审查，甚至无法判断被申请人作出行政行为时，所认定的事实是否清楚，所掌握的证据是否确凿，所适用的依据是否正确，所遵循的程序是否合法，以及行政行为的内容是否适当等，这将大大增加行政复议机关作出错误行政复议决定的风险。

（三）阻挠、变相阻挠公民、法人或者其他组织依法申请行政复议

所谓"阻挠、变相阻挠公民、法人或者其他组织依法申请行政复议"，是指被申请人采取种种不正当做法，不让行政相对人依法提出行政复议申请，或者导致行政相对人不敢依法提出行政复议申请。公民、法人或者其他组织依法申请行政复议，既是法律赋予行政相对人的一项权利，也是启动行政复议程序的一个必经环节。如果被申请人采取不正当手段，阻挠或者变相阻挠公民、法人或者其他组织依法申请行政复议，既侵犯了行政相对人依法享有的申请行政复议的权利，也破坏了行政复议程序的正常运行，因而构成违法行为。

（四）进行报复陷害

所谓"报复陷害"，是指被申请人滥用职权、假公济私，对提出行政复议申请的公民、法人或者其他组织实施报复陷害的行为。

被申请人与申请人之间的关系，是行政管理人与行政管理相对人之间的关系，公民、法人或者其他组织认为行政机关作出的行政行为，侵犯其合法权益的，依法提出行政复议申请。这是法律赋予公民、法人或者其他组织作为行政相对人维护自身合法权益的一项重要的法定权利。在行政复议程序中，申请人与被申请人都是行政复议参加人，享有同等的法律地位。作为被申请人的行政机关，应当尊重申请人行使行政复议的权利，正确认识申请人通过行政复议进行权利救济的正当性。如果行政机关本身就没有依法行政，违法作为或者不作为，侵犯了公民、法人或者其他组织的合法权益，本来就应当遵循"有错必纠"的原则，积极纠正错误，弥补申请人因自己的违法或者不当行政行为所造成的损失。在公民、法人或者其他组织依法申请行政复议的情况下，作为被申请人的行政机关如果非但不认错、不纠错，而且对申请人进行打击报复，这就是错上加错，是一种严重的违法行为。

需要注意的是，被申请人进行报复陷害的对象，除了申请人外，第三人以及向行政复议机关提供情况或者证据的其他公民、法人或者其他组织，也应当包括在内。

三、本条的法律责任

（一）处分

处分分为两种情况：一是依法给予"警告、记过、记大过"的处分；二是进行报复陷害的，依法给予"降级、撤职、开除"的处分。

（二）刑事责任

负有责任的领导人员和直接责任人员实施本条规定的行为，构成犯罪的，应当承担刑事责任。根据《刑法》第254条及第397条的规定，负有责任的领导人员和直接责任人员实施本条行为，情节严重的，有可能构成玩忽职守罪、滥用职权罪或者报复陷害罪。

（邵长茂、徐庭祥　撰写）

第八十三条 【被申请人不履行有关文书的法律责任】

被申请人不履行或者无正当理由拖延履行行政复议决定书、调解书、意见书的，对负有责任的领导人员和直接责任人员依法给予警告、记过、记大过的处分；经责令履行仍拒不履行的，依法给予降级、撤职、开除的处分。

【立法背景】

本条对被申请人不履行或者无正当理由拖延履行行政复议有关文书的法律责任作了规定。本条是从 2017 年《行政复议法》第 37 条修改而来，目的是维护行政复议的权威和确保行政复议有关文书的有效执行。

【条文解读与法律适用】

一、本条违法行为的主体

本条行为的主体为特定主体，即只有"被申请人"才能成为本条行为的主体，其他主体均不能成为本条行为的主体。

"被申请人"为作出行政行为的行政主体，其范围包括人民政府及其工作部门，人民政府及其工作部门的派出机关、派出机构，以及法律、法规、规章授权的组织。凡因其作出的行政行为导致申请人提出行政复议申请，并被行政复议机关通知参加行政复议活动的行政主体，都是"被申请人"。

二、本条违法行为的构成

对于生效的行政复议有关文书，行政复议当事人应当依法自觉履行。本法第 77 条规定了被申请人的履行义务以及被申请人不履行义务的法律责任。因此，履行行政复议有关文书是被申请人的一项法定义务。如果拒绝或者拖延履行，将构成本违法行为。但是，在现实生活中，存在少数行政机关不履行或者无正当理由拖延履行行政复议有关文书的现象。究其原因，主要是行政机关对行政复议机关作出的撤销、变更或者确认其作出的行政行为违法以及责令其重新作出行政行为的行政复议有关文书，存在不正确的认识。如有的行政机关认为行政复议有关文书影响本机关的形象和权威，进而对其采取消极乃至抵制的态度，不自觉、不积极履行行政复议有关文书，或者无正当理由故意拖延履行行政复议有关文书。因此，有必要对这种违法行为规定相应的法律责任。

三、本条的法律责任

本条应当承担的法律责任为处分。对负有责任的领导人员和直接责任人员依法给予警告、记过、记大过的处分；经责令履行仍拒不履行的，依法给予降级、撤职、开除的处分。

（邵长茂、徐庭祥　撰写）

第八十四条　【拒绝、阻挠调查取证等行为的法律责任】拒绝、阻挠行政复议人员调查取证，故意扰乱行政复议工作秩序的，依法给予处分、治安管理处罚；构成犯罪的，依法追究刑事责任。

【立法背景】

本条为新增条文。《行政复议法》建立健全了行政复议证据规则，首次在第四章第二节专门规定了行政复议证据制度。本法第 45 条第 1 款明确规定："行政复议机关有权向有关单位和个人调查取证，查阅、复制、调取有关文件和资料，向有关人员进行询问。"建立行政复议机关调查取证制度，有利于查明案件事实，有利于行政复议制度目的的实现。本条对拒绝、阻挠行政复议人员调查取证的行为规定相应的法律责任，有利于保障行政复议机关调查取证权的行使。

【条文解读与法律适用】

一、关于拒绝、阻挠调查取证违法行为的主体

本条行为的主体为一般主体，既有可能是被申请人的公职人员，也有可能是其他机关单位的公职人员，还有可能是非公职人员。凡拒绝、阻挠行政复议人员调查取证，故意扰乱行政复议工作秩序的，都应依据本条承担法律责任。

二、关于拒绝、阻挠调查取证违法行为的构成

本法第 45 条第 3 款规定："被调查取证的单位和个人应当积极配合行政复议人员的工作，不得拒绝或者阻挠。"配合行政复议机关调查取证是被调查取证单位和个人的法定义务。不论是被申请人、申请人，还是持有与行政复议案件相关证据材料的单位和个人，均不得拒绝或阻挠行政复议机关调查取证。相关单位人员或者其他个人，拒绝、阻挠行政复议人员调查取证，故意扰乱行政复议工作秩序的，均应承担本条规定的法律责任。

需要注意的是，本条行为的主观要件为故意。只有拒绝、阻挠等故意违

法行为才适用本条予以惩戒。如果相关人员确不知情，或者因为客观原因或正当理由无法提供相应证据材料的，不构成拒绝、阻挠调查取证的违法行为。

另外，从条文的结构来看，本条规定的"故意扰乱行政复议工作秩序"，不应理解为与"拒绝、阻挠行政复议人员调查取证"并列的独立构成要件，而是对拒绝、阻挠行政复议人员调查取证行为社会危害性的强调和说明。也就是说，除了拒绝、阻挠行政复议人员调查取证行为可以适用本条惩戒以外，本条并没有将其他故意扰乱行政复议工作秩序的行为规定为本条的适用对象。

三、关于拒绝、阻挠调查取证违法行为的法律责任

本条行为应当承担的法律责任，为处分、治安管理处罚与刑事责任。

对公职人员拒绝、阻挠行政复议人员调查取证的，依法给予处分。《行政机关公务员处分条例》第 25 条第 4 项规定，妨碍执行公务或者违反规定干预执行公务的，给予记过或者记大过处分；情节较重的，给予降级或者撤职处分；情节严重的，给予开除处分。非公务员的公职人员拒绝、阻挠行政复议人员调查取证，依据本条予以处分。

对非公职人员拒绝、阻挠行政复议人员调查取证的，依法予以治安管理处罚。《治安管理处罚法》第 50 条第 2 项规定，阻碍国家机关工作人员依法执行职务的，处警告或者二百元以下罚款；情节严重的，处五日以上十日以下拘留，可以并处五百元以下罚款。公职人员拒绝、阻挠行政复议人员调查取证，符合《治安管理处罚法》第 50 条第 2 项规定的，同样可以适用该规定予以惩戒。行政复议机关在办理行政复议案件过程中发现拒绝、阻挠行政复议人员调查取证，符合《治安管理处罚法》第 50 条第 2 项规定，或者符合该法规定的其他应予治安管理处罚的情形的，行政复议机关有权向公安机关移送相关违法线索。

对拒绝、阻挠行政复议人员调查取证，构成犯罪的，依法追究刑事责任。《刑法》第 277 条第 1 款规定："以暴力、威胁方法阻碍国家机关工作人员依法执行职务的，处三年以下有期徒刑、拘役、管制或者罚金。"

（邵长茂、徐庭祥　撰写）

第八十五条　【违法事实材料移送】

行政机关及其工作人员违反本法规定的，行政复议机关可以向监察机关或者公职人员任免机关、单位移送有关人员违法的事实材料，接受移送的监察机关或者公职人员任免机关、单位应当依法处理。

【立法背景】

本条对行政复议机关移送行政机关及其工作人员违法事实材料作出了规定，健全了行政复议与纪检监察的衔接机制。本条是从 2017 年《行政复议法》第 38 条修改而来。2017 年《行政复议法》第 38 条规定："行政复议机关负责法制工作的机构发现有无正当理由不予受理行政复议申请、不按照规定期限作出行政复议决定、徇私舞弊、对申请人打击报复或者不履行行政复议决定等情形的，应当向有关行政机关提出建议，有关行政机关应当依照本法和有关法律、行政法规的规定作出处理。"该条规定存在一定的不足。首先，该条对发现有无正当理由不予受理行政复议申请、不按照规定期限作出行政复议决定、徇私舞弊、对申请人打击报复或者不履行行政复议决定等情形，规定的处理主体是行政复议机关负责法制工作的机构。行政复议机关法制机构只有办理行政复议相关工作，对行政机关违反本法规定的行为依照规定的权限和程序提出处理建议等职责权限。其作为行政复议机关的内设机构，无权将违法行为和违法事实材料向监察机关和任免机关进行移送。这不利于对违法行为进行查处。其次，该条规定的处置方式是提出建议，而不是进行移送，这也不利于对违法行为进行查处。

因此，本条将对违法事实材料的处置修订为由行政复议机关予以移送，有利于惩戒违法行为，有利于制止和预防行政机关及其工作人员违反《行政复议法》，有利于提升《行政复议法》的法律权威，更好发挥行政复议化解行政争议的主渠道作用。

【条文解读与法律适用】

本条适用中要注意区分向监察机关移送与向任免机关移送两种情况。《公职人员政务处分法》将任免机关、单位的主体责任和监察机关的监督责任以法律的形式规定下来，明确了处分与政务处分双轨并行的处分体制。监察机关应当按照管理权限，加强对公职人员的监督，依法给予违法的公职人员政务处分；公职人员任免机关、单位应当按照管理权限，加强对公职人员的教育、管理、监督，依法给予违法的公职人员处分。监察机关发现公职人员任免机关、单位应当给予处分而未给予，或者给予的处分违法、不当的，应当及时提出监察建议。

之所以要分别规定监察机关政务处分权和任免机关、单位处分权，主要是体现主体责任和监督责任的贯通协同。政务处分是监察机关履行监督调查处置职责的重要内容，而对违法的公职人员依法进行处分，则是任免机关、单位履行主体责任的重要抓手，是其对所属公职人员进行教育、管理、监督的题中应有之义。为实现处分和政务处分同向发力、相互促进，《公职人员政务处分法》明确规定，关于政务处分种类、适用规则、违法情形等规定同样适用于任免机关、单位对公职人员给予处分。

因此，如果行政复议机关在行政复议案件办理过程中发现行政机关及其工作人员违反本法规定，行政复议机关既可以向监察机关，也可以向公职人员任免机关、单位移送有关人员违法的事实材料。接受移送的监察机关或者公职人员任免机关、单位应当依法处理。

（邵长茂、徐庭祥　撰写）

第八十六条　【职务违法犯罪线索移送】 行政复议机关在办理行政复议案件过程中，发现公职人员涉嫌贪污贿赂、失职渎职等职务违法或者职务犯罪的问题线索，应当依照有关规定移送监察机关，由监察机关依法调查处置。

【立法背景】

本条对行政复议案件办理中发现的职务违法、职务犯罪线索移送作了规定，健全了行政复议与纪检监察的衔接机制。本条为新增条文，旨在规定行政复议机关在办理行政复议案件过程中，发现公职人员涉嫌贪污贿赂、失职渎职等职务违法或者职务犯罪的问题线索时的移送义务。

【条文解读与法律适用】

行政复议机关在办理行政复议案件过程中，发现公职人员涉嫌《公职人员政务处分法》第三章规定的职务违法或者其他职务违法行为的，以及发现违法事实涉及的金额、违法事实的情节、违法事实造成的后果等，根据《刑法》的规定涉嫌构成职务犯罪，依法需要追究刑事责任的，必须依照本规定向监察机关移送。本条将职务违法、职务犯罪线索的移送规定为行政复议机关的义务，有利于实现《行政复议法》防止和纠正违法的或者不当的行政行为，保护公民、法人和其他组织的合法权益，监督和保障行政机关依法行使职权的立法目的。

对于办理行政复议案件过程中确定相关责任人员存在职务违法、职务犯罪嫌疑的，行政复议机关应当向监察机关移送相关证据材料、法律文书。行政复议机关与监察机关应当就行政复议案件办理过程中发现的职务违法与职务犯罪移送加强沟通协作，可以建立行政复议与监察调查衔接的长效工作机制，进一步细化落实本条的要求。

（邵长茂、徐庭祥　撰写）

第七章　附　　则

本章概述

　　附则部分共有4条，分别规定了行政复议的费用、期间送达问题、涉外复议问题以及本法的施行时间。其中行政复议的费用涉及条文内容的位置的调整，期间送达涉及规则的调整，涉外复议未作修改，施行时间明确了从2024年1月1日起施行。

第八十七条 【受理申请不收费】行政复议机关受理行政复议申请，不得向申请人收取任何费用。

【立法背景】

行政复议作为行政机关系统内部自我纠正错误的活动，应当坚持有错必纠原则，及时纠正行政机关违法或者不当的行政行为，切实保护行政相对人的合法权益。1999年制定《行政复议法》时，即确定了行政复议不收取费用原则。本法修订将2017年《行政复议法》第39条的第二句"行政复议活动所需经费，应当列入本机关的行政经费，由本级财政予以保障"修改为"县级以上各级人民政府应当将行政复议工作经费列入本级预算"，并整合到新增加的第7条中。

【条文解读与法律适用】

行政复议是政府系统自我纠错的监督制度，关系到社会和谐稳定，不能等同于法院的诉讼案件。因此，本条明确规定了行政复议免费原则。按照这个原则，行政复议作为行政机关系统内部自我纠正错误的活动，应当坚持有错必纠的原则，及时纠正行政机关违法或者不当的行政行为，切实保护行政相对人的合法权益，在这个过程中，不得向申请人收取任何费用。

行政复议不收费并不意味着没有成本，其所需经费列入本级预算。预算是国家管理社会经济事务、实施宏观调控的主要手段之一，在整个国家的政治经济生活中具有十分重要的地位和作用。根据《预算法》的规定，国家实行一级政府一级预算，设立中央，省、自治区、直辖市，设区的市、自治州，县、自治县、不设区的市、市辖区，乡、民族乡、镇五级预算。预算由预算收入和预算支出组成。政府的全部收入和支出都应当纳入预算。为了确保行政复议工作的顺利开展，县级以上各级人民政府应当将行政复议工作经费列入本级预算。

（邵长茂、徐庭祥 撰写）

第八十八条 【期间计算和文书送达】行政复议期间的计算和行政复议文书的送达，本法没有规定的，依照《中华人民共和国民事诉讼法》关于期间、送达的规定执行。

本法关于行政复议期间有关"三日"、"五日"、"七日"、"十日"的规定是指工作日，不含法定休假日。

【立法背景】

本条源于 2017 年《行政复议法》的第 40 条。2017 年《行政复议法》第 40 条规定："行政复议期间的计算和行政复议文书的送达，依照民事诉讼法关于期间、送达的规定执行。本法关于行政复议期间有关'五日'、'七日'的规定是指工作日，不含节假日。"本条第 1 款修改了适用规则，由原来的一律依照《民事诉讼法》执行，修改为本法没有规定的依照《民事诉讼法》执行。第 2 款增加了"三日""十日"，并且将"节假日"限定为"法定休假日"。

【条文解读与法律适用】

在行政复议中，期间关系到行政复议活动能否顺利开展，送达关系到行政复议文书能否及时传递，对于保证行政复议法律关系的主体及时、有效地行使权利、履行义务，保证行政复议机关及时裁决行政争议，提高行政复议工作效率，依法维护行政相对人的合法权益等，具有重要的作用和意义。

一、关于行政复议期间的计算

所谓期间，是指申请人、被申请人、第三人参加行政复议活动以及行政复议机关办理行政复议案件时应当遵守的时间期限。根据本条第 1 款的规定，"行政复议期间的计算"，本法没有规定的，依照《民事诉讼法》关于期间的规定执行。根据《民事诉讼法》的规定，期间以时、日、月、年计算。同时，在计算期间时，应当注意以下几个方面的要求。

第一，期间开始的时和日，不计算在期间内。例如，公民、法人或者其他组织认为行政行为侵犯其合法权益的，可以自知道或者应当知道该行政行为之日起六十日内提出行政复议申请。行政相对人"知道"的当天，不计算在六十日之内。

第二，如果期间是以月为单位计算的，1个月一般按公历中的月份天数计算，不分大月、小月；如果期间是以年为单位计算的，1年一般按365天计算，不分平年、闰年。

第三，期间届满的最后一日是法定休假日的，以法定休假日后的第一日为期间届满的日期。例如，期间本应在10月2日届满，但按照国家有关规定，10月1日至7日为国庆假日，这样10月8日为期间届满日。

第四，本法关于行政复议期间有关"三日""五日""七日""十日"的规定是指工作日，不含法定休假日。

第五，关于期间的耽误。所谓期间耽误，是指行政复议机关、申请人、被申请人或者其他行政复议参加人，在规定的期限内，没有完成应为的行政复议行为。对于行政复议申请人来讲，期间耽误主要有两种情形。一是无正当理由，即申请人没有在法定期限内提出行政复议申请，或者没有在法定期限内向人民法院提起诉讼。其法律后果就是申请人行政复议申请权利和行政诉讼起诉权的丧失。二是有正当理由，即因不可抗力或者其他正当理由耽误期间。对于被申请人即作出行政行为的行政机关来讲，期间耽误主要是本法第48条有关"被申请人应当自收到行政复议申请书副本或者行政复议申请笔录复印件之日起十日内，提出书面答复，并提交作出行政行为的证据、依据和其他有关材料"的规定。如果被申请人逾期不提出书面答复或者不提交作出行政行为的证据、依据和其他有关材料的，将依照本法第82条的规定，对负有责任的领导人员和其他直接责任人员依法给予警告、记过、记大过的处分。

二、关于行政复议文书的送达

所谓送达，是指行政复议机关按照法定的程序和方式，将依法制作的行政复议文书送交行政复议的申请人、被申请人和其他行政复议参加人的行为。根据《民事诉讼法》的规定，送达的具体方式可以分为以下五种。

第一，直接送达，也称交付送达，是指行政复议机关派专人将应送达的文书直接送交受送达人。受送达人是公民的，本人不在，交他的同住成年家属签收；受送达人是法人或者其他组织的，应当由法人的法定代表人、其他组织的主要负责人或者该法人、组织负责收件的人签收；受送达人有诉讼代理人的，可以送交其代理人签收；受送达人已向人民法院指定代收人的，送交代收人签收。受送达人的同住成年家属，法人或者其他组织的负责收件的人，诉讼代理人或者代收人在送达回证上签收的日期为送达日期。

第二，留置送达，是指受送达人或者他的同住成年家属拒绝接收诉讼文书的，送达人可以邀请有关基层组织或者所在单位的代表到场，说明情况，在送达回证上记明拒收事由和日期，由送达人、见证人签名或者盖章，把诉讼文书留在受送达人的住所；也可以把诉讼文书留在受送达人的住所，并采用拍照、录像等方式记录送达过程，即视为送达。

第三，转交送达，是指直接送达确有困难的，如受送达人不居住在行政复议机关的辖区内，行政复议机关可以委托受送达人居住地的有关机关转交送达。如受送达人是军人的，通过其所在部队团以上单位的政治机关转交；受送达人被监禁的，通过其所在监所转交；受送达人被采取强制性教育措施的，通过其所在强制性教育机构转交。代为转交的机关、单位收到行政复议文书后，必须立即交受送达人签收，以送达回证上的签收日期为送达日期。

第四，邮寄送达，即通过邮寄方式将行政复议文书送达受送达人的一种方式。依照规定，直接送达确有困难的，可以邮寄送达。邮寄送达的，以回执上注明的收件日期为送达日期。

第五，公告送达，是将送达行政复议文书公之于世的一种送达方式。此种送达方式适用于受送达人下落不明或者用其他方式无法送达的情形。其方法有张贴广告、登报、广播等。《民事诉讼法》规定，自发出公告之日起，经过三十日，即视为送达。公告送达，还应当在案卷中记明原因和经过。

另外，本法第22条第2款规定了互联网渠道送达："书面申请的，可以通过邮寄或者行政复议机关指定的互联网渠道等方式提交行政复议申请书，也可以当面提交行政复议申请书。行政机关通过互联网渠道送达行政行为决定书的，应当同时提供提交行政复议申请书的互联网渠道。"

（邵长茂、徐庭祥　撰写）

第八十九条 【外国人等法律适用】 外国人、无国籍人、外国组织在中华人民共和国境内申请行政复议，适用本法。

【立法背景】

本条是有关属地管辖的一般规定。本条来源于 2017 年《行政复议法》第 41 条的规定，本次修订未作修改。

【条文解读与法律适用】

所谓"外国人"，是指在一国境内但不具有该国国籍而具有他国国籍的人。所谓"无国籍人"，是指不具有任何国家国籍的人，或者根据任何国家法律都不认为是其公民的人。所谓"外国组织"，是指具有某一外国国籍的法人或非法人组织。

从国家主权原则出发，国家对于境内的一切人和物都享有属地管辖权，外国人、无国籍人、外国组织亦不例外。因此，外国人、无国籍人、外国组织在我国境内进行行政复议，应当适用本法。这是国家主权原则的具体体现。所谓"适用本法"，是指外国人、无国籍人、外国组织在我国境内申请行政复议，有关申请人的资格、申请的提出、申请的形式、行政复议机关的确定、行政复议的审查程序等，都要按照本法的规定执行。

此外，本条规定中的"境内"，通常是指我国海关的管辖范围，即"关境以内"，不包括我国的香港特别行政区、澳门特别行政区以及台湾地区。但香港特别行政区、澳门特别行政区的居民、法人或者其他组织在内地申请行政复议的，适用本法。台湾同胞在大陆申请行政复议的，也适用本法。

（邵长茂、徐庭祥　撰写）

第九十条 【施行日期】本法自 2024 年 1 月 1 日起施行。

【立法背景】

本条是关于施行日期的规定，对 2017 年《行政复议法》第 43 条的规定作了修改。2017 年《行政复议法》第 43 条规定："本法自 1999 年 10 月 1 日起施行。1990 年 12 月 24 日国务院发布、1994 年 10 月 9 日国务院修订发布的《行政复议条例》同时废止。"修订后，本条明确，本法自 2024 年 1 月 1 日起施行。

【条文解读与法律适用】

根据《立法技术规范（试行）一》第四部分，法律的修改形式包括修正和修订两类，其中修正又分为修正案和修改决定。

采用修正案形式进行修改的，直接公布修正案，一般不再重新公布原法律文本。

采用修改决定形式修改法律的（占绝大多数），会根据修改决定重新公布修改后的法律文本。但重新公布法律文本并不意味着全部条文都是新的条文。

采用修订形式的，要公布新的法律文本，并且法律实施日期为修订后的实施日期。换言之，只有修订形式下公布的全部条文（即便可能有些条文内容与此前条文一致）才均为新条文。

本次《行政复议法》修改采用了修订形式，实际上为新条文。因此，本条重新规定了施行日期。

（邵长茂、徐庭祥 撰写）

附　录

中华人民共和国行政复议法

（1999年4月29日第九届全国人民代表大会常务委员会第九次会议通过　根据2009年8月27日第十一届全国人民代表大会常务委员会第十次会议《关于修改部分法律的决定》第一次修正　根据2017年9月1日第十二届全国人民代表大会常务委员会第二十九次会议《关于修改〈中华人民共和国法官法〉等八部法律的决定》第二次修正　2023年9月1日第十四届全国人民代表大会常务委员会第五次会议修订　2023年9月1日中华人民共和国主席令第9号公布　自2024年1月1日起施行）

目　录

第一章　总　　则
第二章　行政复议申请
　　第一节　行政复议范围
　　第二节　行政复议参加人
　　第三节　申请的提出
　　第四节　行政复议管辖
第三章　行政复议受理
第四章　行政复议审理
　　第一节　一般规定
　　第二节　行政复议证据
　　第三节　普通程序
　　第四节　简易程序
　　第五节　行政复议附带审查
第五章　行政复议决定

第六章　法律责任
第七章　附　　则

第一章　总　　则

第一条　为了防止和纠正违法的或者不当的行政行为，保护公民、法人和其他组织的合法权益，监督和保障行政机关依法行使职权，发挥行政复议化解行政争议的主渠道作用，推进法治政府建设，根据宪法，制定本法。

第二条　公民、法人或者其他组织认为行政机关的行政行为侵犯其合法权益，向行政复议机关提出行政复议申请，行政复议机关办理行政复议案件，适用本法。

前款所称行政行为，包括法律、法规、规章授权的组织的行政行为。

第三条　行政复议工作坚持中国共产党的领导。

行政复议机关履行行政复议职责，应当遵循合法、公正、公开、高效、便民、为民的原则，坚持有错必纠，保障法律、法规的正确实施。

第四条　县级以上各级人民政府以及其他依照本法履行行政复议职责的行政机关是行政复议机关。

行政复议机关办理行政复议事项的机构是行政复议机构。行政复议机构同时组织办理行政复议机关的行政应诉事项。

行政复议机关应当加强行政复议工作，支持和保障行政复议机构依法履行职责。上级行政复议机构对下级行政复议机构的行政复议工作进行指导、监督。

国务院行政复议机构可以发布行政复议指导性案例。

第五条　行政复议机关办理行政复议案件，可以进行调解。

调解应当遵循合法、自愿的原则，不得损害国家利益、社会公共利益和他人合法权益，不得违反法律、法规的强制性规定。

第六条　国家建立专业化、职业化行政复议人员队伍。

行政复议机构中初次从事行政复议工作的人员，应当通过国家统一法律职业资格考试取得法律职业资格，并参加统一职前培训。

国务院行政复议机构应当会同有关部门制定行政复议人员工作规范，加强对行政复议人员的业务考核和管理。

第七条 行政复议机关应当确保行政复议机构的人员配备与所承担的工作任务相适应，提高行政复议人员专业素质，根据工作需要保障办案场所、装备等设施。县级以上各级人民政府应当将行政复议工作经费列入本级预算。

第八条 行政复议机关应当加强信息化建设，运用现代信息技术，方便公民、法人或者其他组织申请、参加行政复议，提高工作质量和效率。

第九条 对在行政复议工作中做出显著成绩的单位和个人，按照国家有关规定给予表彰和奖励。

第十条 公民、法人或者其他组织对行政复议决定不服的，可以依照《中华人民共和国行政诉讼法》的规定向人民法院提起行政诉讼，但是法律规定行政复议决定为最终裁决的除外。

第二章　行政复议申请

第一节　行政复议范围

第十一条 有下列情形之一的，公民、法人或者其他组织可以依照本法申请行政复议：

（一）对行政机关作出的行政处罚决定不服；

（二）对行政机关作出的行政强制措施、行政强制执行决定不服；

（三）申请行政许可，行政机关拒绝或者在法定期限内不予答复，或者对行政机关作出的有关行政许可的其他决定不服；

（四）对行政机关作出的确认自然资源的所有权或者使用权的决定不服；

（五）对行政机关作出的征收征用决定及其补偿决定不服；

（六）对行政机关作出的赔偿决定或者不予赔偿决定不服；

（七）对行政机关作出的不予受理工伤认定申请的决定或者工伤认定结论不服；

（八）认为行政机关侵犯其经营自主权或者农村土地承包经营权、农村土地经营权；

（九）认为行政机关滥用行政权力排除或者限制竞争；

（十）认为行政机关违法集资、摊派费用或者违法要求履行其他义务；

（十一）申请行政机关履行保护人身权利、财产权利、受教育权利等合法权益的法定职责，行政机关拒绝履行、未依法履行或者不予答复；

（十二）申请行政机关依法给付抚恤金、社会保险待遇或者最低生活保障等社会保障，行政机关没有依法给付；

（十三）认为行政机关不依法订立、不依法履行、未按照约定履行或者违法变更、解除政府特许经营协议、土地房屋征收补偿协议等行政协议；

（十四）认为行政机关在政府信息公开工作中侵犯其合法权益；

（十五）认为行政机关的其他行政行为侵犯其合法权益。

第十二条 下列事项不属于行政复议范围：

（一）国防、外交等国家行为；

（二）行政法规、规章或者行政机关制定、发布的具有普遍约束力的决定、命令等规范性文件；

（三）行政机关对行政机关工作人员的奖惩、任免等决定；

（四）行政机关对民事纠纷作出的调解。

第十三条 公民、法人或者其他组织认为行政机关的行政行为所依据的下列规范性文件不合法，在对行政行为申请行政复议时，可以一并向行政复议机关提出对该规范性文件的附带审查申请：

（一）国务院部门的规范性文件；

（二）县级以上地方各级人民政府及其工作部门的规范性文件；

（三）乡、镇人民政府的规范性文件；

（四）法律、法规、规章授权的组织的规范性文件。

前款所列规范性文件不含规章。规章的审查依照法律、行政法规办理。

第二节 行政复议参加人

第十四条 依照本法申请行政复议的公民、法人或者其他组织是申请人。

有权申请行政复议的公民死亡的，其近亲属可以申请行政复议。有权申请行政复议的法人或者其他组织终止的，其权利义务承受人可以申请行政复议。

有权申请行政复议的公民为无民事行为能力人或者限制民事行为能力人

的，其法定代理人可以代为申请行政复议。

第十五条　同一行政复议案件申请人人数众多的，可以由申请人推选代表人参加行政复议。

代表人参加行政复议的行为对其所代表的申请人发生效力，但是代表人变更行政复议请求、撤回行政复议申请、承认第三人请求的，应当经被代表的申请人同意。

第十六条　申请人以外的同被申请行政复议的行政行为或者行政复议案件处理结果有利害关系的公民、法人或者其他组织，可以作为第三人申请参加行政复议，或者由行政复议机构通知其作为第三人参加行政复议。

第三人不参加行政复议，不影响行政复议案件的审理。

第十七条　申请人、第三人可以委托一至二名律师、基层法律服务工作者或者其他代理人代为参加行政复议。

申请人、第三人委托代理人的，应当向行政复议机构提交授权委托书、委托人及被委托人的身份证明文件。授权委托书应当载明委托事项、权限和期限。申请人、第三人变更或者解除代理人权限的，应当书面告知行政复议机构。

第十八条　符合法律援助条件的行政复议申请人申请法律援助的，法律援助机构应当依法为其提供法律援助。

第十九条　公民、法人或者其他组织对行政行为不服申请行政复议的，作出行政行为的行政机关或者法律、法规、规章授权的组织是被申请人。

两个以上行政机关以共同的名义作出同一行政行为的，共同作出行政行为的行政机关是被申请人。

行政机关委托的组织作出行政行为的，委托的行政机关是被申请人。

作出行政行为的行政机关被撤销或者职权变更的，继续行使其职权的行政机关是被申请人。

第三节　申请的提出

第二十条　公民、法人或者其他组织认为行政行为侵犯其合法权益的，可以自知道或者应当知道该行政行为之日起六十日内提出行政复议申请；但是法律规定的申请期限超过六十日的除外。

因不可抗力或者其他正当理由耽误法定申请期限的，申请期限自障碍消除之日起继续计算。

行政机关作出行政行为时，未告知公民、法人或者其他组织申请行政复议的权利、行政复议机关和申请期限的，申请期限自公民、法人或者其他组织知道或者应当知道申请行政复议的权利、行政复议机关和申请期限之日起计算，但是自知道或者应当知道行政行为内容之日起最长不得超过一年。

第二十一条 因不动产提出的行政复议申请自行政行为作出之日起超过二十年，其他行政复议申请自行政行为作出之日起超过五年的，行政复议机关不予受理。

第二十二条 申请人申请行政复议，可以书面申请；书面申请有困难的，也可以口头申请。

书面申请的，可以通过邮寄或者行政复议机关指定的互联网渠道等方式提交行政复议申请书，也可以当面提交行政复议申请书。行政机关通过互联网渠道送达行政行为决定书的，应当同时提供提交行政复议申请书的互联网渠道。

口头申请的，行政复议机关应当当场记录申请人的基本情况、行政复议请求、申请行政复议的主要事实、理由和时间。

申请人对两个以上行政行为不服的，应当分别申请行政复议。

第二十三条 有下列情形之一的，申请人应当先向行政复议机关申请行政复议，对行政复议决定不服的，可以再依法向人民法院提起行政诉讼：

（一）对当场作出的行政处罚决定不服；

（二）对行政机关作出的侵犯其已经依法取得的自然资源的所有权或者使用权的决定不服；

（三）认为行政机关存在本法第十一条规定的未履行法定职责情形；

（四）申请政府信息公开，行政机关不予公开；

（五）法律、行政法规规定应当先向行政复议机关申请行政复议的其他情形。

对前款规定的情形，行政机关在作出行政行为时应当告知公民、法人或者其他组织先向行政复议机关申请行政复议。

第四节　行政复议管辖

第二十四条　县级以上地方各级人民政府管辖下列行政复议案件：

（一）对本级人民政府工作部门作出的行政行为不服的；

（二）对下一级人民政府作出的行政行为不服的；

（三）对本级人民政府依法设立的派出机关作出的行政行为不服的；

（四）对本级人民政府或者其工作部门管理的法律、法规、规章授权的组织作出的行政行为不服的。

除前款规定外，省、自治区、直辖市人民政府同时管辖对本机关作出的行政行为不服的行政复议案件。

省、自治区人民政府依法设立的派出机关参照设区的市级人民政府的职责权限，管辖相关行政复议案件。

对县级以上地方各级人民政府工作部门依法设立的派出机构依照法律、法规、规章规定，以派出机构的名义作出的行政行为不服的行政复议案件，由本级人民政府管辖；其中，对直辖市、设区的市人民政府工作部门按照行政区划设立的派出机构作出的行政行为不服的，也可以由其所在地的人民政府管辖。

第二十五条　国务院部门管辖下列行政复议案件：

（一）对本部门作出的行政行为不服的；

（二）对本部门依法设立的派出机构依照法律、行政法规、部门规章规定，以派出机构的名义作出的行政行为不服的；

（三）对本部门管理的法律、行政法规、部门规章授权的组织作出的行政行为不服的。

第二十六条　对省、自治区、直辖市人民政府依照本法第二十四条第二款的规定、国务院部门依照本法第二十五条第一项的规定作出的行政复议决定不服的，可以向人民法院提起行政诉讼；也可以向国务院申请裁决，国务院依照本法的规定作出最终裁决。

第二十七条　对海关、金融、外汇管理等实行垂直领导的行政机关、税务和国家安全机关的行政行为不服的，向上一级主管部门申请行政复议。

第二十八条　对履行行政复议机构职责的地方人民政府司法行政部门的

行政行为不服的，可以向本级人民政府申请行政复议，也可以向上一级司法行政部门申请行政复议。

第二十九条 公民、法人或者其他组织申请行政复议，行政复议机关已经依法受理的，在行政复议期间不得向人民法院提起行政诉讼。

公民、法人或者其他组织向人民法院提起行政诉讼，人民法院已经依法受理的，不得申请行政复议。

第三章 行政复议受理

第三十条 行政复议机关收到行政复议申请后，应当在五日内进行审查。对符合下列规定的，行政复议机关应当予以受理：

（一）有明确的申请人和符合本法规定的被申请人；

（二）申请人与被申请行政复议的行政行为有利害关系；

（三）有具体的行政复议请求和理由；

（四）在法定申请期限内提出；

（五）属于本法规定的行政复议范围；

（六）属于本机关的管辖范围；

（七）行政复议机关未受理过该申请人就同一行政行为提出的行政复议申请，并且人民法院未受理过该申请人就同一行政行为提起的行政诉讼。

对不符合前款规定的行政复议申请，行政复议机关应当在审查期限内决定不予受理并说明理由；不属于本机关管辖的，还应当在不予受理决定中告知申请人有管辖权的行政复议机关。

行政复议申请的审查期限届满，行政复议机关未作出不予受理决定的，审查期限届满之日起视为受理。

第三十一条 行政复议申请材料不齐全或者表述不清楚，无法判断行政复议申请是否符合本法第三十条第一款规定的，行政复议机关应当自收到申请之日起五日内书面通知申请人补正。补正通知应当一次性载明需要补正的事项。

申请人应当自收到补正通知之日起十日内提交补正材料。有正当理由不能按期补正的，行政复议机关可以延长合理的补正期限。无正当理由逾期不补正的，视为申请人放弃行政复议申请，并记录在案。

行政复议机关收到补正材料后，依照本法第三十条的规定处理。

第三十二条 对当场作出或者依据电子技术监控设备记录的违法事实作出的行政处罚决定不服申请行政复议的，可以通过作出行政处罚决定的行政机关提交行政复议申请。

行政机关收到行政复议申请后，应当及时处理；认为需要维持行政处罚决定的，应当自收到行政复议申请之日起五日内转送行政复议机关。

第三十三条 行政复议机关受理行政复议申请后，发现该行政复议申请不符合本法第三十条第一款规定的，应当决定驳回申请并说明理由。

第三十四条 法律、行政法规规定应当先向行政复议机关申请行政复议、对行政复议决定不服再向人民法院提起行政诉讼的，行政复议机关决定不予受理、驳回申请或者受理后超过行政复议期限不作答复的，公民、法人或者其他组织可以自收到决定书之日起或者行政复议期限届满之日起十五日内，依法向人民法院提起行政诉讼。

第三十五条 公民、法人或者其他组织依法提出行政复议申请，行政复议机关无正当理由不予受理、驳回申请或者受理后超过行政复议期限不作答复的，申请人有权向上级行政机关反映，上级行政机关应当责令其纠正；必要时，上级行政复议机关可以直接受理。

第四章　行政复议审理

第一节　一般规定

第三十六条 行政复议机关受理行政复议申请后，依照本法适用普通程序或者简易程序进行审理。行政复议机构应当指定行政复议人员负责办理行政复议案件。

行政复议人员对办理行政复议案件过程中知悉的国家秘密、商业秘密和个人隐私，应当予以保密。

第三十七条 行政复议机关依照法律、法规、规章审理行政复议案件。

行政复议机关审理民族自治地方的行政复议案件，同时依照该民族自治地方的自治条例和单行条例。

第三十八条　上级行政复议机关根据需要，可以审理下级行政复议机关管辖的行政复议案件。

下级行政复议机关对其管辖的行政复议案件，认为需要由上级行政复议机关审理的，可以报请上级行政复议机关决定。

第三十九条　行政复议期间有下列情形之一的，行政复议中止：

（一）作为申请人的公民死亡，其近亲属尚未确定是否参加行政复议；

（二）作为申请人的公民丧失参加行政复议的行为能力，尚未确定法定代理人参加行政复议；

（三）作为申请人的公民下落不明；

（四）作为申请人的法人或者其他组织终止，尚未确定权利义务承受人；

（五）申请人、被申请人因不可抗力或者其他正当理由，不能参加行政复议；

（六）依照本法规定进行调解、和解，申请人和被申请人同意中止；

（七）行政复议案件涉及的法律适用问题需要有权机关作出解释或者确认；

（八）行政复议案件审理需要以其他案件的审理结果为依据，而其他案件尚未审结；

（九）有本法第五十六条或者第五十七条规定的情形；

（十）需要中止行政复议的其他情形。

行政复议中止的原因消除后，应当及时恢复行政复议案件的审理。

行政复议机关中止、恢复行政复议案件的审理，应当书面告知当事人。

第四十条　行政复议期间，行政复议机关无正当理由中止行政复议的，上级行政机关应当责令其恢复审理。

第四十一条　行政复议期间有下列情形之一的，行政复议机关决定终止行政复议：

（一）申请人撤回行政复议申请，行政复议机构准予撤回；

（二）作为申请人的公民死亡，没有近亲属或者其近亲属放弃行政复议权利；

（三）作为申请人的法人或者其他组织终止，没有权利义务承受人或者其权利义务承受人放弃行政复议权利；

（四）申请人对行政拘留或者限制人身自由的行政强制措施不服申请行政复议后，因同一违法行为涉嫌犯罪，被采取刑事强制措施；

（五）依照本法第三十九条第一款第一项、第二项、第四项的规定中止行政复议满六十日，行政复议中止的原因仍未消除。

第四十二条 行政复议期间行政行为不停止执行；但是有下列情形之一的，应当停止执行：

（一）被申请人认为需要停止执行；

（二）行政复议机关认为需要停止执行；

（三）申请人、第三人申请停止执行，行政复议机关认为其要求合理，决定停止执行；

（四）法律、法规、规章规定停止执行的其他情形。

第二节　行政复议证据

第四十三条 行政复议证据包括：

（一）书证；

（二）物证；

（三）视听资料；

（四）电子数据；

（五）证人证言；

（六）当事人的陈述；

（七）鉴定意见；

（八）勘验笔录、现场笔录。

以上证据经行政复议机构审查属实，才能作为认定行政复议案件事实的根据。

第四十四条 被申请人对其作出的行政行为的合法性、适当性负有举证责任。

有下列情形之一的，申请人应当提供证据：

（一）认为被申请人不履行法定职责的，提供曾经要求被申请人履行法定职责的证据，但是被申请人应当依职权主动履行法定职责或者申请人因正当理由不能提供的除外；

（二）提出行政赔偿请求的，提供受行政行为侵害而造成损害的证据，但是因被申请人原因导致申请人无法举证的，由被申请人承担举证责任；

（三）法律、法规规定需要申请人提供证据的其他情形。

第四十五条 行政复议机关有权向有关单位和个人调查取证，查阅、复制、调取有关文件和资料，向有关人员进行询问。

调查取证时，行政复议人员不得少于两人，并应当出示行政复议工作证件。

被调查取证的单位和个人应当积极配合行政复议人员的工作，不得拒绝或者阻挠。

第四十六条 行政复议期间，被申请人不得自行向申请人和其他有关单位或者个人收集证据；自行收集的证据不作为认定行政行为合法性、适当性的依据。

行政复议期间，申请人或者第三人提出被申请行政复议的行政行为作出时没有提出的理由或者证据的，经行政复议机构同意，被申请人可以补充证据。

第四十七条 行政复议期间，申请人、第三人及其委托代理人可以按照规定查阅、复制被申请人提出的书面答复、作出行政行为的证据、依据和其他有关材料，除涉及国家秘密、商业秘密、个人隐私或者可能危及国家安全、公共安全、社会稳定的情形外，行政复议机构应当同意。

第三节 普通程序

第四十八条 行政复议机构应当自行政复议申请受理之日起七日内，将行政复议申请书副本或者行政复议申请笔录复印件发送被申请人。被申请人应当自收到行政复议申请书副本或者行政复议申请笔录复印件之日起十日内，提出书面答复，并提交作出行政行为的证据、依据和其他有关材料。

第四十九条 适用普通程序审理的行政复议案件，行政复议机构应当当面或者通过互联网、电话等方式听取当事人的意见，并将听取的意见记录在案。因当事人原因不能听取意见的，可以书面审理。

第五十条 审理重大、疑难、复杂的行政复议案件，行政复议机构应当组织听证。

行政复议机构认为有必要听证，或者申请人请求听证的，行政复议机构可以组织听证。

听证由一名行政复议人员任主持人，两名以上行政复议人员任听证员，一名记录员制作听证笔录。

第五十一条 行政复议机构组织听证的，应当于举行听证的五日前将听证的时间、地点和拟听证事项书面通知当事人。

申请人无正当理由拒不参加听证的，视为放弃听证权利。

被申请人的负责人应当参加听证。不能参加的，应当说明理由并委托相应的工作人员参加听证。

第五十二条 县级以上各级人民政府应当建立相关政府部门、专家、学者等参与的行政复议委员会，为办理行政复议案件提供咨询意见，并就行政复议工作中的重大事项和共性问题研究提出意见。行政复议委员会的组成和开展工作的具体办法，由国务院行政复议机构制定。

审理行政复议案件涉及下列情形之一的，行政复议机构应当提请行政复议委员会提出咨询意见：

（一）案情重大、疑难、复杂；

（二）专业性、技术性较强；

（三）本法第二十四条第二款规定的行政复议案件；

（四）行政复议机构认为有必要。

行政复议机构应当记录行政复议委员会的咨询意见。

第四节 简易程序

第五十三条 行政复议机关审理下列行政复议案件，认为事实清楚、权利义务关系明确、争议不大的，可以适用简易程序：

（一）被申请行政复议的行政行为是当场作出；

（二）被申请行政复议的行政行为是警告或者通报批评；

（三）案件涉及款额三千元以下；

（四）属于政府信息公开案件。

除前款规定以外的行政复议案件，当事人各方同意适用简易程序的，可以适用简易程序。

第五十四条 适用简易程序审理的行政复议案件，行政复议机构应当自受理行政复议申请之日起三日内，将行政复议申请书副本或者行政复议申请笔录复印件发送被申请人。被申请人应当自收到行政复议申请书副本或者行政复议申请笔录复印件之日起五日内，提出书面答复，并提交作出行政行为的证据、依据和其他有关材料。

适用简易程序审理的行政复议案件，可以书面审理。

第五十五条 适用简易程序审理的行政复议案件，行政复议机构认为不宜适用简易程序的，经行政复议机构的负责人批准，可以转为普通程序审理。

第五节　行政复议附带审查

第五十六条 申请人依照本法第十三条的规定提出对有关规范性文件的附带审查申请，行政复议机关有权处理的，应当在三十日内依法处理；无权处理的，应当在七日内转送有权处理的行政机关依法处理。

第五十七条 行政复议机关在对被申请人作出的行政行为进行审查时，认为其依据不合法，本机关有权处理的，应当在三十日内依法处理；无权处理的，应当在七日内转送有权处理的国家机关依法处理。

第五十八条 行政复议机关依照本法第五十六条、第五十七条的规定有权处理有关规范性文件或者依据的，行政复议机构应当自行政复议中止之日起三日内，书面通知规范性文件或者依据的制定机关就相关条款的合法性提出书面答复。制定机关应当自收到书面通知之日起十日内提交书面答复及相关材料。

行政复议机构认为必要时，可以要求规范性文件或者依据的制定机关当面说明理由，制定机关应当配合。

第五十九条 行政复议机关依照本法第五十六条、第五十七条的规定有权处理有关规范性文件或者依据，认为相关条款合法的，在行政复议决定书中一并告知；认为相关条款超越权限或者违反上位法的，决定停止该条款的执行，并责令制定机关予以纠正。

第六十条 依照本法第五十六条、第五十七条的规定接受转送的行政机关、国家机关应当自收到转送之日起六十日内，将处理意见回复转送的行政复议机关。

第五章　行政复议决定

第六十一条　行政复议机关依照本法审理行政复议案件，由行政复议机构对行政行为进行审查，提出意见，经行政复议机关的负责人同意或者集体讨论通过后，以行政复议机关的名义作出行政复议决定。

经过听证的行政复议案件，行政复议机关应当根据听证笔录、审查认定的事实和证据，依照本法作出行政复议决定。

提请行政复议委员会提出咨询意见的行政复议案件，行政复议机关应当将咨询意见作为作出行政复议决定的重要参考依据。

第六十二条　适用普通程序审理的行政复议案件，行政复议机关应当自受理申请之日起六十日内作出行政复议决定；但是法律规定的行政复议期限少于六十日的除外。情况复杂，不能在规定期限内作出行政复议决定的，经行政复议机构的负责人批准，可以适当延长，并书面告知当事人；但是延长期限最多不得超过三十日。

适用简易程序审理的行政复议案件，行政复议机关应当自受理申请之日起三十日内作出行政复议决定。

第六十三条　行政行为有下列情形之一的，行政复议机关决定变更该行政行为：

（一）事实清楚，证据确凿，适用依据正确，程序合法，但是内容不适当；

（二）事实清楚，证据确凿，程序合法，但是未正确适用依据；

（三）事实不清、证据不足，经行政复议机关查清事实和证据。

行政复议机关不得作出对申请人更为不利的变更决定，但是第三人提出相反请求的除外。

第六十四条　行政行为有下列情形之一的，行政复议机关决定撤销或者部分撤销该行政行为，并可以责令被申请人在一定期限内重新作出行政行为：

（一）主要事实不清、证据不足；

（二）违反法定程序；

（三）适用的依据不合法；

（四）超越职权或者滥用职权。

行政复议机关责令被申请人重新作出行政行为的，被申请人不得以同一事实和理由作出与被申请行政复议的行政行为相同或者基本相同的行政行为，但是行政复议机关以违反法定程序为由决定撤销或者部分撤销的除外。

第六十五条　行政行为有下列情形之一的，行政复议机关不撤销该行政行为，但是确认该行政行为违法：

（一）依法应予撤销，但是撤销会给国家利益、社会公共利益造成重大损害；

（二）程序轻微违法，但是对申请人权利不产生实际影响。

行政行为有下列情形之一，不需要撤销或者责令履行的，行政复议机关确认该行政行为违法：

（一）行政行为违法，但是不具有可撤销内容；

（二）被申请人改变原违法行政行为，申请人仍要求撤销或者确认该行政行为违法；

（三）被申请人不履行或者拖延履行法定职责，责令履行没有意义。

第六十六条　被申请人不履行法定职责的，行政复议机关决定被申请人在一定期限内履行。

第六十七条　行政行为有实施主体不具有行政主体资格或者没有依据等重大且明显违法情形，申请人申请确认行政行为无效的，行政复议机关确认该行政行为无效。

第六十八条　行政行为认定事实清楚，证据确凿，适用依据正确，程序合法，内容适当的，行政复议机关决定维持该行政行为。

第六十九条　行政复议机关受理申请人认为被申请人不履行法定职责的行政复议申请后，发现被申请人没有相应法定职责或者在受理前已经履行法定职责的，决定驳回申请人的行政复议请求。

第七十条　被申请人不按照本法第四十八条、第五十四条的规定提出书面答复、提交作出行政行为的证据、依据和其他有关材料的，视为该行政行为没有证据、依据，行政复议机关决定撤销、部分撤销该行政行为，确认该行政行为违法、无效或者决定被申请人在一定期限内履行，但是行政行为涉及第三人合法权益，第三人提供证据的除外。

第七十一条　被申请人不依法订立、不依法履行、未按照约定履行或者违法变更、解除行政协议的，行政复议机关决定被申请人承担依法订立、继续履行、采取补救措施或者赔偿损失等责任。

被申请人变更、解除行政协议合法，但是未依法给予补偿或者补偿不合理的，行政复议机关决定被申请人依法给予合理补偿。

第七十二条 申请人在申请行政复议时一并提出行政赔偿请求，行政复议机关对依照《中华人民共和国国家赔偿法》的有关规定应当不予赔偿的，在作出行政复议决定时，应当同时决定驳回行政赔偿请求；对符合《中华人民共和国国家赔偿法》的有关规定应当给予赔偿的，在决定撤销或者部分撤销、变更行政行为或者确认行政行为违法、无效时，应当同时决定被申请人依法给予赔偿；确认行政行为违法的，还可以同时责令被申请人采取补救措施。

申请人在申请行政复议时没有提出行政赔偿请求的，行政复议机关在依法决定撤销或者部分撤销、变更罚款，撤销或者部分撤销违法集资、没收财物、征收征用、摊派费用以及对财产的查封、扣押、冻结等行政行为时，应当同时责令被申请人返还财产，解除对财产的查封、扣押、冻结措施，或者赔偿相应的价款。

第七十三条 当事人经调解达成协议的，行政复议机关应当制作行政复议调解书，经各方当事人签字或者签章，并加盖行政复议机关印章，即具有法律效力。

调解未达成协议或者调解书生效前一方反悔的，行政复议机关应当依法审查或者及时作出行政复议决定。

第七十四条 当事人在行政复议决定作出前可以自愿达成和解，和解内容不得损害国家利益、社会公共利益和他人合法权益，不得违反法律、法规的强制性规定。

当事人达成和解后，由申请人向行政复议机构撤回行政复议申请。行政复议机构准予撤回行政复议申请、行政复议机关决定终止行政复议的，申请人不得再以同一事实和理由提出行政复议申请。但是，申请人能够证明撤回行政复议申请违背其真实意愿的除外。

第七十五条 行政复议机关作出行政复议决定，应当制作行政复议决定书，并加盖行政复议机关印章。

行政复议决定书一经送达，即发生法律效力。

第七十六条 行政复议机关在办理行政复议案件过程中，发现被申请人或者其他下级行政机关的有关行政行为违法或者不当的，可以向其制发行政复议意见书。有关机关应当自收到行政复议意见书之日起六十日内，将纠正相关违法或者不当行政行为的情况报送行政复议机关。

第七十七条 被申请人应当履行行政复议决定书、调解书、意见书。

被申请人不履行或者无正当理由拖延履行行政复议决定书、调解书、意见书的，行政复议机关或者有关上级行政机关应当责令其限期履行，并可以约谈被申请人的有关负责人或者予以通报批评。

第七十八条 申请人、第三人逾期不起诉又不履行行政复议决定书、调解书的，或者不履行最终裁决的行政复议决定的，按照下列规定分别处理：

（一）维持行政行为的行政复议决定书，由作出行政行为的行政机关依法强制执行，或者申请人民法院强制执行；

（二）变更行政行为的行政复议决定书，由行政复议机关依法强制执行，或者申请人民法院强制执行；

（三）行政复议调解书，由行政复议机关依法强制执行，或者申请人民法院强制执行。

第七十九条 行政复议机关根据被申请行政复议的行政行为的公开情况，按照国家有关规定将行政复议决定书向社会公开。

县级以上地方各级人民政府办理以本级人民政府工作部门为被申请人的行政复议案件，应当将发生法律效力的行政复议决定书、意见书同时抄告被申请人的上一级主管部门。

第六章 法律责任

第八十条 行政复议机关不依照本法规定履行行政复议职责，对负有责任的领导人员和直接责任人员依法给予警告、记过、记大过的处分；经有权监督的机关督促仍不改正或者造成严重后果的，依法给予降级、撤职、开除的处分。

第八十一条 行政复议机关工作人员在行政复议活动中，徇私舞弊或者有其他渎职、失职行为的，依法给予警告、记过、记大过的处分；情节严重的，依法给予降级、撤职、开除的处分；构成犯罪的，依法追究刑事责任。

第八十二条 被申请人违反本法规定，不提出书面答复或者不提交作出行政行为的证据、依据和其他有关材料，或者阻挠、变相阻挠公民、法人或者其他组织依法申请行政复议的，对负有责任的领导人员和直接责任人员依法给予警告、记过、记大过的处分；进行报复陷害的，依法给予降级、撤职、开除的处分；构成犯罪的，依法追究刑事责任。

第八十三条 被申请人不履行或者无正当理由拖延履行行政复议决定书、调解书、意见书的，对负有责任的领导人员和直接责任人员依法给予警告、记过、记大过的处分；经责令履行仍拒不履行的，依法给予降级、撤职、开除的处分。

第八十四条 拒绝、阻挠行政复议人员调查取证，故意扰乱行政复议工作秩序的，依法给予处分、治安管理处罚；构成犯罪的，依法追究刑事责任。

第八十五条 行政机关及其工作人员违反本法规定的，行政复议机关可以向监察机关或者公职人员任免机关、单位移送有关人员违法的事实材料，接受移送的监察机关或者公职人员任免机关、单位应当依法处理。

第八十六条 行政复议机关在办理行政复议案件过程中，发现公职人员涉嫌贪污贿赂、失职渎职等职务违法或者职务犯罪的问题线索，应当依照有关规定移送监察机关，由监察机关依法调查处置。

第七章 附 则

第八十七条 行政复议机关受理行政复议申请，不得向申请人收取任何费用。

第八十八条 行政复议期间的计算和行政复议文书的送达，本法没有规定的，依照《中华人民共和国民事诉讼法》关于期间、送达的规定执行。

本法关于行政复议期间有关"三日"、"五日"、"七日"、"十日"的规定是指工作日，不含法定休假日。

第八十九条 外国人、无国籍人、外国组织在中华人民共和国境内申请行政复议，适用本法。

第九十条 本法自2024年1月1日起施行。

关于《中华人民共和国行政复议法（修订草案）》的说明

——2022年10月27日在第十三届全国人民代表大会常务委员会第三十七次会议上

司法部部长　唐一军

委员长、各位副委员长、秘书长、各位委员：

我受国务院委托，对《中华人民共和国行政复议法（修订草案）》作说明。

一、修订的必要性和工作过程

行政复议是政府系统自我纠错的监督制度和解决"民告官"行政争议的救济制度，是推进法治政府建设的重要抓手，也是维护公民、法人和其他组织合法权益的重要渠道。党中央、国务院高度重视行政复议工作。习近平总书记指出，要发挥行政复议公正高效、便民为民的制度优势和化解行政争议的主渠道作用。李克强总理强调，要持续推动法治政府建设，并对行政复议法修订工作作出重要批示。

现行《中华人民共和国行政复议法》于1999年施行，并于2009年和2017年分别对部分条款作了修改。截至2021年底，全国各级行政复议机关共办理行政复议案件295.3万件，其中，立案并审结244.4万件，纠正违法或不当行政行为35万件，纠错率14.3%，在维护群众合法权益、促进社会和谐稳定、加快建设法治政府方面发挥了重要作用。随着经济社会发展，行政复议制度也暴露出一些突出问题：一是吸纳行政争议的入口偏窄，部分行政争议无法进入行政复议渠道有效解决。二是案件管辖体制过于分散，群众难以找准行政复议机关，不利于将行政争议化解在基层和萌芽状态。三是案件审理机制不够健全，审理标准不统一，影响办案质量和效率。为解决上述问题，有必要修改行政复议法。中央全面依法治国委员会印发《行政复议体制改革方案》，对构建统一、科学的行政复议体制作出部署，要求抓紧修订行政复议法，将改革方案转化为相应的法律制度，确保改革于法有据。

为贯彻落实党中央、国务院决策部署，司法部在深入调研论证、广泛听取各方面意见基础上，起草了《中华人民共和国行政复议法（修订草案）》（以下简称修订草案）。修订草案已经国务院常务会议讨论通过。

二、修订的主要内容

修订草案全面贯彻落实《行政复议体制改革方案》，强化行政复议吸纳和化解行政争议的能力，坚持复议为民，提高行政复议公信力，努力将行政复议打造成为化解行政争议的主渠道。修订草案共7章86条，修订的主要内容包括：

（一）明确行政复议原则、职责和保障。一是明确规定"行政复议工作坚持中国共产党领导"。二是完善行政复议机关及行政复议机构的规定，强化行政复议机关领导行政复议工作的法定责任。三是取消地方人民政府工作部门的行政复议职责，由县级以上地方人民政府统一行使，同时保留实行垂直领导的行政机关、税务和国家安全机关的特殊情形，并相应调整国务院部门的管辖权限。四是加强行政复议能力建设和工作保障。

（二）强化行政复议吸纳和化解行政争议的能力。一是扩大行政复议受案范围，明确对行政协议、政府信息公开等行为不服的可以申请行政复议。二是扩大行政复议前置范围，明确对依法当场作出的行政处罚决定、行政不作为不服的，应当先申请行政复议。三是明确简易程序的适用情形，并规定适用简易程序的案件应当在三十日内审结。

（三）完善行政复议受理及审理程序。一是明确行政复议的受理条件，增设申请材料补正制度，并完善对行政复议机关不作为的监督机制。二是明确行政复议机关审理案件可以按照合法、自愿原则进行调解。三是建立健全行政复议证据规则，明确申请人与被申请人的举证责任。四是在一般程序中，将办案原则由书面审查修改为通过灵活方式听取群众意见，对重大、疑难、复杂案件建立听证和行政复议委员会制度。五是完善行政复议附带审查规范性文件的程序和处理方式。

（四）加强行政复议对行政执法的监督。一是完善行政复议决定体系，细化变更、确认违法等决定的适用情形，增加确认无效、责令履行行政协议等决定类型。二是增设行政复议意见书、约谈通报、行政复议决定抄告等监督制度。

此外，修订草案在法律责任部分增加了对拒绝、阻挠行政复议调查取证行为的追责条款，健全了行政复议与纪检监察的衔接机制。

修订草案和以上说明是否妥当，请审议。

全国人民代表大会宪法和法律委员会关于《中华人民共和国行政复议法（修订草案）》修改情况的汇报

全国人民代表大会常务委员会：

现行行政复议法于1999年施行，并于2009年和2017年分别对部分条款作了修改。党的十八大以来，以习近平同志为核心的党中央高度重视行政复议工作。2020年2月，习近平总书记主持召开中央全面依法治国委员会第三次会议，审议通过了《行政复议体制改革方案》。习近平总书记指出，要发挥行政复议公正高效、便民为民的制度优势和化解行政争议的主渠道作用。为贯彻落实习近平总书记重要指示和党中央决策部署，巩固改革成果，完善、优化行政复议制度，有效发挥行政复议化解行政争议的作用，司法部起草了行政复议法修订草案，国务院提请全国人大常委会审议。修订草案包括总则、行政复议申请、行政复议受理、行政复议审理、行政复议决定、法律责任、附则，共7章86条。

2022年10月，十三届全国人大常委会第三十七次会议对修订草案进行了初次审议。会后，法制工作委员会将修订草案印发部分全国人大代表、中央有关部门和单位、地方人大和基层立法联系点征求意见；在中国人大网全文公布修订草案，征求社会公众意见。宪法和法律委员会、法制工作委员会召开座谈会听取部分全国人大代表、中央有关部门和单位、专家学者的意见，赴有关地方调研，了解情况、听取意见，并就修订草案中的主要问题与有关方面交换意见、共同研究。宪法和法律委员会于2023年6月1日召开会议，根据常委会组成人员的审议意见和各方面意见，对修订草案进行了逐条审议。司法部有关负责同志列席了会议。6月19日，宪法和法律委员会召开会议，再次进行了审议。现将行政复议法修订草案主要问题修改情况汇报如下：

一、有些常委委员、单位、地方、基层立法联系点、专家和社会公众建议，贯彻落实习近平总书记重要指示精神和党中央决策部署，进一步完善立法目的和行政复议原则。宪法和法律委员会经研究，建议作以下修改：一是在立法目的中增加"推进法治政府建设"。二是在行政复议机关履职的原则中完整体现"公正高效、便民为民"的要求。三是发挥调解在行政复议中的作用，将修订草案第三十四条关于调解的内容移至总则中规定，明确调解向前延伸至行政复议案件审理前，将"审理"修改为"办理"。

二、有些常委委员、部门、单位、地方、基层立法联系点、专家和社会公众建议，扩大行政复议范围，完善行政复议范围有关规定，充分发挥行政复议化解行政争议的主渠道作用。宪法和法律委员会经研究，建议作以下修改：一是将行政机关作出的赔偿决定纳入行政复议范围，明确行政协议包括"政府特许经营协议、土地房屋征收补偿协议等"，明确行政机关不履行法定职责包括"拒绝履行、未依法履行或者不予答复"。二是将行政复议不受理事项中的"行政机关作出的处分或者其他人事处理决定"修改为"行政机关对行政机关工作人员的奖惩、任免等决定"。三是删去行政复议不受理事项中"对公民、法人或者其他组织权利义务不产生实际影响的行为"的规定。

三、有些常委会组成人员、部门、单位、地方、基层立法联系点、专家和社会公众建议，完善行政复议审理程序和决定体系，充分保障申请人合法权益。宪法和法律委员会经研究，建议作以下修改：一是明确行政复议机关、行政复议机构在调查取证、约谈和移送违法线索等环节中的职责。二是规定行政复议机构适用一般程序审理行政复议案件，应当听取当事人的意见；因当事人原因不能听取意见的，可以采取书面审查的办法。三是对于申请人无正当理由拒不参加听证，将"可以按照撤回行政复议申请处理"修改为"视为放弃听证权利"。四是增加规定"事实不清、证据不足，经行政复议机关调查取证后查清事实和证据"的，行政复议机关决定变更该行政行为。五是将行政复议期间有关"十日"的规定明确为工作日。

四、有些常委委员、部门、单位、地方、基层立法联系点、专家和社会公众建议，进一步明确行政复议委员会的定位、提请行政复议委员会咨询的情形以及咨询意见的作用。宪法和法律委员会经研究，建议作以下修改：一是增加规定，行政复议委员会就行政复议工作中的重大事项和共性问题进行研究，提出意见和建议。二是明确行政复议机构审理案情重大、疑难、复杂等行政复议案件，应当提请行政复议委员会提出咨询意见。三是增加规定，行政复议机构审理申请人对省、自治区、直辖市人民政府作出的行政行为不服的行政复议案件，应当提请行政复议委员会提出咨询意见。四是增加规定，提请行政复议委员会咨询的案件，行政复议机关应当将咨询意见作为作出行政复议决定的重要参考依据。

五、有些常委委员、全国人大代表、单位、地方、基层立法联系点、专家建议，增加对行政复议决定书的公开要求，以公开促公正，加强监督。宪法和法律委员会经研究，建议增加规定：行政复议机关应当根据被申请行政复议的行政行为的公开情况，按照国家有关规定将行政复议决定书向社会公开。

此外，还对修订草案作了一些文字修改。

修订草案二次审议稿已按上述意见作了修改，宪法和法律委员会建议提请本次常委会会议继续审议。

修订草案二次审议稿和以上汇报是否妥当，请审议。

全国人民代表大会宪法和法律委员会
2023 年 6 月 26 日

全国人民代表大会宪法和法律委员会关于《中华人民共和国行政复议法（修订草案）》审议结果的报告

全国人民代表大会常务委员会：

常委会第三次会议对行政复议法修订草案进行了二次审议。会后，法制工作委员会在中国人大网全文公布修订草案二次审议稿，征求社会公众意见。宪法和法律委员会、法制工作委员会召开座谈会听取有关部门和单位、专家学者和律师代表的意见，赴有关地方调研，了解情况，听取意见，并就修订草案中的主要问题与有关方面交换意见、共同研究。宪法和法律委员会于2023年7月26日召开会议，根据常委会组成人员的审议意见和各方面意见，对修订草案二次审议稿进行了逐条审议。司法部有关负责同志列席了会议。8月23日，宪法和法律委员会召开会议，再次进行了审议。宪法和法律委员会认为，为贯彻落实党中央决策部署，发挥行政复议公正高效、便民为民的制度优势和化解行政争议的主渠道作用，对行政复议法进行修订是必要的，修订草案经过两次审议修改，已经比较成熟。同时，提出以下主要修改意见：

一、有些常委委员、单位、地方、专家和社会公众建议，进一步加强行政复议履职保障，完善行政复议工作有关要求。宪法和法律委员会经研究，建议增加以下规定：一是行政复议机关应当支持和保障行政复议机构依法履行职责。二是行政复议机构应当指定行政复议人员负责办理行政复议案件。三是行政复议人员对办理行政复议案件过程中知悉的国家秘密、商业秘密和个人隐私，应当予以保密。四是行政复议委员会的组成和开展工作的具体办法，由国务院行政复议机构制定。

二、有些常委会组成人员、单位、地方、专家和社会公众建议，进一步扩大行政复议范围，完善行政复议前置范围，更好发挥行政复议解决行政纠纷和争议的功能。宪法和法律委员会经研究，建议作以下修改：一是扩大行政复议范围，将行政机关作出的不予受理工伤认定申请决定、工伤认定结论纳入行政复议范围。二是完善行政复议前置规定，将申请政府信息公开，行政机关不予公开的情形纳入行政复议前置范围；将行政复议前置其他情形的设定权限由"法律、法规"修改为"法律、行政法规"。

三、有些常委会组成人员、单位、地方、专家和社会公众建议，增加行政复议申请便民举措，更好体现行政复议便民为民的制度优势。宪法和法律委员会经研究，建议增加以下规定：一是行政机关通过互联网渠道送达行政行为决定的，应当同时提供提交行政复议申请书的互联网渠道。二是强化行政复议前置情形的告知义务，行政机关在作出行政行为时，应当告知公民、法人或者其他组织先向行政复议机关申请行政复议。三是对当场作出或者依据电子技术监控设备记录的违法事实作出的行政处罚决定不服申请行政复议的，可以通过作出行政处罚决定的行政机关提交行政复议申请。行政机关收到行政复议申请后，应当及时处理；认为需要维持行政处罚决定的，应当自收到行政复议申请之日起五日内转送行政复议机关。

四、有些常委会组成人员、单位、地方、专家和社会公众建议，进一步完善行政复议管辖制度和审理程序的上下互通渠道。宪法和法律委员会经研究，建议增加以下规定：一是对履行行政复议机构职责的地方人民政府司法行政部门的行政行为不服的，可以向本级人民政府申请行政复议，也可以向上一级司法行政部门申请行政复议。二是上级行政复议机关根据需要，可以审理下级行政复议机关管辖的行政复议案件。下级行政复议机关对其管辖的行政复议案件，认为需要由上级行政复议机关审理的，可以报请上级行政复议机关决定。

五、有些常委委员、单位、地方、专家和社会公众建议，调整优化行政复议决定体系，突出行政复议实质性化解行政争议的制度特点。宪法和法律委员会经研究，建议按照先变更、撤销或者部分撤销，后维持、驳回请求的顺序，对行政复议决定有关条文顺序进行调整。

此外，还对修订草案二次审议稿作了一些文字修改。

8月16日，法制工作委员会召开会议，邀请部分全国人大代表、行政复议机关、行政复议机构、行政复议参加人、专家学者等就修订草案中主要制度规范的可行性、出台时机、实施的社会效果和可能出现的问题等进行评估。

与会人员一致认为，修订草案贯彻落实党中央决策部署，积极回应社会关切，突出制度优势，发挥化解行政争议主渠道作用措施有力，制度规范结构合理、内容科学、切实可行。修订草案经过多次修改完善，充分吸收各方面意见，进一步增强了制度规范的针对性和可操作性，已经比较成熟，尽快修订出台行政复议法正当其时，有利于保护人民群众合法权益、推进法治政府建设、促进社会公平正义，将产生良好的社会效果。与会人员还对修订草案提出了一些具体修改意见，宪法和法律委员会进行了认真研究，对有的意见予以采纳。

修订草案三次审议稿已按上述意见作了修改，宪法和法律委员会建议提请本次常委会会议审议通过。

修订草案三次审议稿和以上报告是否妥当，请审议。

全国人民代表大会宪法和法律委员会

2023 年 8 月 28 日

全国人民代表大会宪法和法律委员会关于《中华人民共和国行政复议法（修订草案三次审议稿）》修改意见的报告

全国人民代表大会常务委员会：

　　本次常委会会议于 8 月 28 日下午对行政复议法修订草案三次审议稿进行了分组审议。普遍认为，修订草案已经比较成熟，建议进一步修改后，提请本次常委会会议表决通过。同时，有些常委会组成人员和列席人员还提出了一些修改意见和建议。宪法和法律委员会于 8 月 28 日晚召开会议，逐条研究了常委会组成人员和列席人员的审议意见，对修订草案进行了审议。司法部有关负责同志列席了会议。宪法和法律委员会认为，修订草案是可行的，同时，提出以下修改意见：

　　一、有的常委委员建议，通过发布指导性案例等方式，加强对行政复议案件办理的指导，进一步提升办案质量。宪法和法律委员会经研究，建议增加规定：国务院行政复议机构可以发布行政复议指导性案例。

　　二、有的常委委员、地方提出，实践中政府工作部门派出机构的情况比较复杂，对其行政行为不服的行政复议案件，不宜一律由派出机构所属工作部门的本级人民政府管辖，建议作出相对灵活的制度安排。宪法和法律委员会经研究，建议将第二十四条第一款第五项关于派出机构管辖的规定修改为："对县级以上地方各级人民政府工作部门依法设立的派出机构依照法律、法规、规章规定，以派出机构的名义作出的行政行为不服的行政复议案件，由本级人民政府管辖；其中，对直辖市、设区的市人民政府工作部门按照行政区划设立的派出机构作出的行政行为不服的，也可以由其所在地的人民政府管辖。"

　　三、有些常委委员提出，赋予申请人、第三人的委托代理人查阅、复制有关材料的权利，有利于更好实现申请人、第三人的合法权益，建议在修订草案中予以明确。宪法和法律委员会经研究，建议采纳这一意见。

四、有的常委委员和列席人员建议，对被申请人不履行或者无正当理由拖延履行行政复议决定的，加大监督力度，行政复议机关或者有关上级机关可以直接约谈被申请人的有关负责人或者予以通报批评。宪法和法律委员会经研究，建议采纳这一意见。

常委会组成人员和列席人员还就行政复议范围、完善审理程序、及时出台配套规定、加强法律实施宣传等提出了一些具体意见。宪法和法律委员会经研究认为，上述意见涉及的问题，有的已在相关法律法规中作出规定，有的涉及法律的具体执行，有的可在本法实施条例和配套规定中进一步明确，建议有关方面认真研究落实，尽快修改实施条例、完善配套规定，扎实做好法律宣传工作，切实保障法律有效贯彻实施。

经与有关部门研究，建议将修订后的行政复议法的施行时间确定为2024年1月1日。

此外，根据常委会组成人员的审议意见，还对修订草案三次审议稿作了个别文字修改。

修订草案修改稿已按上述意见作了修改，宪法和法律委员会建议本次常委会会议审议通过。

修订草案修改稿和以上报告是否妥当，请审议。

全国人民代表大会宪法和法律委员会
2023年8月31日

行政复议法条文新旧对照表*

(右栏删除线部分为删除的内容，左栏黑体部分为增加的内容，
两栏下划线部分为修改的内容)

行政复议法（2023年修订）	行政复议法（2017年修正）
目　　录	目　　录
第一章　总　　则	第一章　总　　则
第二章　行政复议申请	第二章　行政复议范围
第一节　行政复议范围	第三章　行政复议申请
第二节　行政复议参加人	第四章　行政复议受理
第三节　申请的提出	第五章　行政复议决定
第四节　行政复议管辖	第六章　法律责任
第三章　行政复议受理	第七章　附　　则
第四章　行政复议审理	
第一节　一般规定	
第二节　行政复议证据	
第三节　普通程序	
第四节　简易程序	
第五节　行政复议附带审查	
第五章　行政复议决定	
第六章　法律责任	
第七章　附　　则	
第一章　总　　则	第一章　总　　则
第一条　为了防止和纠正违法的或者不当的行政行为，保护公民、法人和其	**第一条**　为了防止和纠正违法的或者不当的具体行政行为，保护公民、法人

---

* 以下表格左栏为2023年9月1日第十四届全国人民代表大会常务委员会第五次会议修订公布的新《行政复议法》，右栏为1999年4月29日通过、2009年8月27日第一次修正、2017年9月1日第二次修正的旧《行政复议法》。

续表

行政复议法（2023年修订）	行政复议法（2017年修正）
他组织的合法权益，监督和保障行政机关依法行使职权，发挥行政复议化解行政争议的主渠道作用，推进法治政府建设，根据宪法，制定本法。	和其他组织的合法权益，保障和监督行政机关依法行使职权，根据宪法，制定本法。
第二条　公民、法人或者其他组织认为行政机关的行政行为侵犯其合法权益，向行政复议机关提出行政复议申请，行政复议机关办理行政复议案件，适用本法。 前款所称行政行为，包括法律、法规、规章授权的组织的行政行为。	第二条　公民、法人或者其他组织认为具体行政行为侵犯其合法权益，向行政机关提出行政复议申请，行政机关受理行政复议申请、作出行政复议决定，适用本法。
第三条　行政复议工作坚持中国共产党的领导。 行政复议机关履行行政复议职责，应当遵循合法、公正、公开、高效、便民、为民的原则，坚持有错必纠，保障法律、法规的正确实施。	第四条　行政复议机关履行行政复议职责，应当遵循合法、公正、公开、及时、便民的原则，坚持有错必纠，保障法律、法规的正确实施。
第四条　县级以上各级人民政府以及其他依照本法履行行政复议职责的行政机关是行政复议机关。 行政复议机关办理行政复议事项的机构是行政复议机构。行政复议机关同时组织办理行政复议机关的行政应诉事项。 行政复议机关应当加强行政复议工作，支持和保障行政复议机构依法履行职责。上级行政复议机构对下级行政复议机构的行政复议工作进行指导、监督。 国务院行政复议机构可以发布行政复议指导性案例。	第三条第一款　依照本法履行行政复议职责的行政机关是行政复议机关。行政复议机关负责法制工作的机构具体办理行政复议事项，履行下列职责： （一）受理行政复议申请； （二）向有关组织和人员调查取证，查阅文件和资料； （三）审查申请行政复议的具体行政为是否合法与适当，拟订行政复议决定； （四）处理或者转送对本法第七条所列有关规定的审查申请； （五）对行政机关违反本法规定的行为依照规定的权限和程序提出处理建议；

续表

行政复议法（2023年修订）	行政复议法（2017年修正）
	(六)办理因不服行政复议决定提起行政诉讼的应诉事项; (七)法律、法规规定的其他职责。
第五条　行政复议机关办理行政复议案件，可以进行调解。 调解应当遵循合法、自愿的原则，不得损害国家利益、社会公共利益和他人合法权益，不得违反法律、法规的强制性规定。	
第六条　国家建立专业化、职业化行政复议人员队伍。 行政复议机构中初次从事行政复议工作的人员，应当通过国家统一法律职业资格考试取得法律职业资格，并参加统一职前培训。 国务院行政复议机构应当会同有关部门制定行政复议人员工作规范，加强对行政复议人员的业务考核和管理。	第三条第二款　行政机关中初次从事行政复议的人员，应当通过国家统一法律职业资格考试取得法律职业资格。
第七条　行政复议机关应当确保行政复议机构的人员配备与所承担的工作任务相适应，提高行政复议人员专业素质，根据工作需要保障办案场所、装备等设施。县级以上各级人民政府应当将行政复议工作经费列入本级预算。	第三十九条第二句　行政复议活动所需经费，应当列入本机关的行政经费，由本级财政予以保障。
第八条　行政复议机关应当加强信息化建设，运用现代信息技术，方便公民、法人或者其他组织申请、参加行政复议，提高工作质量和效率。	
第九条　对在行政复议工作中做出显著成绩的单位和个人，按照国家有关规定给予表彰和奖励。	

续表

行政复议法（2023年修订）	行政复议法（2017年修正）
第十条　公民、法人或者其他组织对行政复议决定不服的，可以依照《中华人民共和国行政诉讼法》的规定向人民法院提起行政诉讼，但是法律规定行政复议决定为最终裁决的除外。	第五条　公民、法人或者其他组织对行政复议决定不服的，可以依照行政诉讼法的规定向人民法院提起行政诉讼，但是法律规定行政复议决定为最终裁决的除外。
第二章　行政复议申请 第一节　行政复议范围	第二章　行政复议范围
第十一条　有下列情形之一的，公民、法人或者其他组织可以依照本法申请行政复议： （一）对行政机关作出的行政处罚决定不服； （二）对行政机关作出的行政强制措施、行政强制执行决定不服； （三）申请行政许可，行政机关拒绝或者在法定期限内不予答复，或者对行政机关作出的有关行政许可的其他决定不服； （四）对行政机关作出的确认自然资源的所有权或者使用权的决定不服； （五）对行政机关作出的征收征用决定及其补偿决定不服； （六）对行政机关作出的赔偿决定或者不予赔偿决定不服； （七）对行政机关作出的不予受理工伤认定申请的决定或者工伤认定结论不服； （八）认为行政机关侵犯其经营自主权或者农村土地承包经营权、农村土地经营权； （九）认为行政机关滥用行政权力排除或者限制竞争；	第六条　有下列情形之一的，公民、法人或者其他组织可以依照本法申请行政复议： （一）对行政机关作出的~~警告、罚款、没收违法所得、没收非法财物、责令停产停业、暂扣或者吊销许可证、暂扣或者吊销执照、行政拘留等~~行政处罚决定不服~~的~~； （二）对行政机关作出的~~限制人身自由或者查封、扣押、冻结财产等~~行政强制措施决定不服~~的~~； （三）对行政机关作出的有关许可证、执照、资质证、资格证等证书变更、中止、撤销的决定不服~~的~~； （四）对行政机关作出的~~关于确认土地、矿藏、水流、森林、山岭、草原、荒地、滩涂、海域等~~自然资源的所有权或者使用权的决定不服~~的~~； （五）认为行政机关侵犯~~合法的~~经营自主权的； （六）认为行政机关变更或者废止农业承包合同，侵犯其合法权益的； （七）认为行政机关违法集资、~~征收财物~~、摊派费用或者违法要求履行其他义务~~的~~；

续表

行政复议法（2023年修订）	行政复议法（2017年修正）
（十）认为行政机关违法集资、摊派费用或者违法要求履行其他义务； （十一）申请行政机关履行保护人身权利、财产权利、受教育权利等合法权益的法定职责，行政机关拒绝履行、未依法履行或者不予答复； （十二）申请行政机关依法给付抚恤金、社会保险待遇或者最低生活保障等社会保障，行政机关没有依法给付； （十三）认为行政机关不依法订立、不依法履行、未按照约定履行或者违法变更、解除政府特许经营协议、土地房屋征收补偿协议等行政协议； （十四）认为行政机关在政府信息公开工作中侵犯其合法权益； （十五）认为行政机关的其他行政行为侵犯其合法权益。	（八）认为符合法定条件，申请行政机关颁发许可证、执照、资质证、资格证等证书，或者申请行政机关审批、登记有关事项，行政机关没有依法办理的； （九）申请行政机关履行保护人身权利、财产权利、受教育权利的法定职责，行政机关没有依法履行的； （十）申请行政机关依法发放抚恤金、社会保险金或者最低生活保障费，行政机关没有依法发放的； （十一）认为行政机关的其他具体行政行为侵犯其合法权益的。
第十二条　下列事项不属于行政复议范围： （一）国防、外交等国家行为； （二）行政法规、规章或者行政机关制定、发布的具有普遍约束力的决定、命令等规范性文件； （三）行政机关对行政机关工作人员的奖惩、任免等决定； （四）行政机关对民事纠纷作出的调解。	第八条　不服行政机关作出的行政处分或者其他人事处理决定的，依照有关法律、行政法规的规定提出申诉。 不服行政机关对民事纠纷作出的调解或者其他处理，依法申请仲裁或者向人民法院提起诉讼。
第十三条　公民、法人或者其他组织认为行政机关的行政行为所依据的下列规范性文件不合法，在对行政行为申请行政复议时，可以一并向行政复议机关提出对该规范性文件的附带审查申请：	第七条　公民、法人或者其他组织认为行政机关的具体行政行为所依据的下列规定不合法，在对具体行政行为申请行政复议时，可以一并向行政复议机关提出对该规定的审查申请：

续表

行政复议法（2023年修订）	行政复议法（2017年修正）
（一）国务院部门的规范性文件； （二）县级以上地方各级人民政府及其工作部门的规范性文件； （三）乡、镇人民政府的规范性文件； （四）法律、法规、规章授权的组织的规范性文件。 前款所列规范性文件不含规章。规章的审查依照法律、行政法规办理。	（一）国务院部门的规定； （二）县级以上地方各级人民政府及其工作部门的规定； （三）乡、镇人民政府的规定。 前款所列规定不含国务院部、委员会规章和地方人民政府规章。规章的审查依照法律、行政法规办理。
第二节　行政复议参加人	**第三章　行政复议申请**
第十四条　依照本法申请行政复议的公民、法人或者其他组织是申请人。 有权申请行政复议的公民死亡的，其近亲属可以申请行政复议。有权申请行政复议的法人或者其他组织终止的，其权利义务承受人可以申请行政复议。 有权申请行政复议的公民为无民事行为能力人或者限制民事行为能力人的，其法定代理人可以代为申请行政复议。	第十条第一款、第二款　依照本法申请行政复议的公民、法人或者其他组织是申请人。 有权申请行政复议的公民死亡的，其近亲属可以申请行政复议。有权申请行政复议的公民为无民事行为能力人或者限制民事行为能力人的，其法定代理人可以代为申请行政复议。有权申请行政复议的法人或者其他组织终止的，承受其权利的法人或者其他组织可以申请行政复议。
第十五条　同一行政复议案件申请人人数众多的，可以由申请人推选代表人参加行政复议。 代表人参加行政复议的行为对其所代表的申请人发生效力，但是代表人变更行政复议请求、撤回行政复议申请、承认第三人请求的，应当经被代表的申请人同意。	
第十六条　申请人以外的同被申请人行政复议的行政行为**或者行政复议案件处理结果**有利害关系的公民、法人或者其他组织，可以作为第三人申请参加行政	第十条第三款　同申请行政复议的具体行政行为有利害关系的其他公民、法人或者其他组织，可以作为第三人参加行政复议。

续表

行政复议法（2023年修订）	行政复议法（2017年修正）
复议，或者由行政复议机构通知其作为第三人参加行政复议。 第三人不参加行政复议，不影响行政复议案件的审理。	
第十七条　申请人、第三人可以委托**一至二名律师、基层法律服务工作者或者**其他代理人代为参加行政复议。 申请人、第三人委托代理人的，应当向行政复议机构提交授权委托书、委托人及被委托人的身份证明文件。授权委托书应当载明委托事项、权限和期限。申请人、第三人变更或者解除代理人权限的，应当书面告知行政复议机构。	**第十条第五款**　申请人、第三人可以委托代理人代为参加行政复议。
第十八条　符合法律援助条件的行政复议申请人申请法律援助的，法律援助机构应当依法为其提供法律援助。	
第十九条　公民、法人或者其他组织对行政行为不服申请行政复议的，作出行政行为的行政机关**或者法律、法规、规章授权的组织**是被申请人。 两个以上行政机关以共同的名义作出同一行政行为的，共同作出行政行为的行政机关是被申请人。 行政机关委托的组织作出行政行为的，委托的行政机关是被申请人。 作出行政行为的行政机关被撤销或者职权变更的，继续行使其职权的行政机关是被申请人。	**第十条第四款**　公民、法人或者其他组织对~~行政机关的具体~~行政行为不服申请行政复议的，作出具体行政行为的行政机关是被申请人。
第三节　申请的提出	
第二十条　公民、法人或者其他组织认为行政行为侵犯其合法权益的，可以	第九条　公民、法人或者其他组织认为~~具体~~行政行为侵犯其合法权益的，可

续表

行政复议法（2023 年修订）	行政复议法（2017 年修正）
自知道**或者应当**知道该行政行为之日起六十日内提出行政复议申请；但是法律规定的申请期限超过六十日的除外。 因不可抗力或者其他正当理由耽误法定申请期限的，申请期限自障碍消除之日起继续计算。 行政机关作出行政行为时，未告知公民、法人或者其他组织申请行政复议的权利、行政复议机关和申请期限的，申请期限自公民、法人或者其他组织知道或者应当知道申请行政复议的权利、行政复议机关和申请期限之日起计算，但是自知道或者应当知道行政行为内容之日起最长不得超过一年。	以自知道该**具体**行政行为之日起六十日内提出行政复议申请；但是法律规定的申请期限超过六十日的除外。 因不可抗力或者其他正当理由耽误法定申请期限的，申请期限自障碍消除之日起继续计算。
第二十一条　因不动产提出的行政复议申请自行政行为作出之日起超过二十年，其他行政复议申请自行政行为作出之日起超过五年的，行政复议机关不予受理。	
第二十二条　申请人申请行政复议，可以书面申请；书面申请有困难的，也可以口头申请。 书面申请的，可以通过邮寄或者行政复议机关指定的互联网渠道等方式提交行政复议申请书，也可以当面提交行政复议申请书。行政机关通过互联网渠道送达行政行为决定书的，应当同时提供提交行政复议申请书的互联网渠道。 口头申请的，行政复议机关应当当场记录申请人的基本情况、行政复议请求、申请行政复议的主要事实、理由和时间。 申请人对两个以上行政行为不服的，应当分别申请行政复议。	**第十一条**　申请人申请行政复议，可以书面申请，也可以口头申请；口头申请的，行政复议机关应当当场记录申请人的基本情况、行政复议请求、申请行政复议的主要事实、理由和时间。

续表

行政复议法（2023年修订）	行政复议法（2017年修正）
第二十三条　有下列情形之一的，申请人应当先向行政复议机关申请行政复议，对行政复议决定不服的，可以再依法向人民法院提起行政诉讼： （一）对当场作出的行政处罚决定不服； （二）对行政机关作出的侵犯其已经依法取得的自然资源的所有权或者使用权的决定不服； （三）认为行政机关存在本法第十一条规定的未履行法定职责情形； （四）申请政府信息公开，行政机关不予公开； （五）法律、行政法规规定应当先向行政复议机关申请行政复议的其他情形。 对前款规定的情形，行政机关在作出行政行为时应当告知公民、法人或者其他组织先向行政复议机关申请行政复议。	第三十条第一款　公民、法人或者其他组织认为行政机关的具体行政行为侵犯其已经依法取得的土地、矿藏、水流、森林、山岭、草原、荒地、滩涂、海域等自然资源的所有权或者使用权的，应当先申请行政复议；对行政复议决定不服的，可以依法向人民法院提起行政诉讼。 第十六条第一款　公民、法人或者其他组织申请行政复议，行政复议机关已经依法受理的，或者法律、法规规定应当先向行政复议机关申请行政复议、对行政复议决定不服再向人民法院提起行政诉讼的，在法定行政复议期限内不得向人民法院提起行政诉讼。
第四节　行政复议管辖	
第二十四条　县级以上地方各级人民政府管辖下列行政复议案件： （一）对本级人民政府工作部门作出的行政行为不服的； （二）对下一级人民政府作出的行政行为不服的； （三）对本级人民政府依法设立的派出机关作出的行政行为不服的； （四）对本级人民政府或者其工作部门管理的法律、法规、规章授权的组织作出的行政行为不服的。 除前款规定外，省、自治区、直辖市人民政府同时管辖对本机关作出的行政行为不服的行政复议案件。	第十二条第一款　对县级以上地方各级人民政府工作部门的具体行政行为不服的，由申请人选择，可以向该部门的本级人民政府申请行政复议，也可以向上一级主管部门申请行政复议。 第十三条　对地方各级人民政府的具体行政行为不服的，向上一级地方人民政府申请行政复议。 对省、自治区人民政府依法设立的派出机关所属的县级地方人民政府的具体行政行为不服的，向该派出机关申请行政复议。 第十四条　对国务院部门或者省、自治区、直辖市人民政府的具体行政行为

续表

行政复议法（2023年修订）	行政复议法（2017年修正）
省、自治区人民政府依法设立的派出机关参照设区的市级人民政府的职责权限，管辖相关行政复议案件。 对县级以上地方各级人民政府工作部门依法设立的派出机构依照法律、法规、规章规定，以派出机构的名义作出的行政行为不服的行政复议案件，由本级人民政府管辖；其中，对直辖市、设区的市人民政府工作部门按照行政区划设立的派出机构作出的行政行为不服的，也可以由其所在地的人民政府管辖。	不服的，向作出该具体行政行为的国务院部门或者省、自治区、直辖市人民政府申请行政复议。对行政复议决定不服的，可以向人民法院提起行政诉讼；也可以向国务院申请裁决，国务院依照本法的规定作出最终裁决。 第十五条　对本法第十二条、第十三条、第十四条规定以外的其他行政机关、组织的具体行政行为不服的，按照下列规定申请行政复议： （一）对县级以上地方人民政府依法设立的派出机关的具体行政行为不服的，向设立该派出机关的人民政府申请行政复议； （二）对政府工作部门依法设立的派出机构依照法律、法规或者规章规定，以自己的名义作出的具体行政行为不服的，向设立该派出机构的部门或者该部门的本级地方人民政府申请行政复议； （三）对法律、法规授权的组织的具体行政行为不服的，分别向直接管理该组织的地方人民政府、地方人民政府工作部门或者国务院部门申请行政复议； （四）对两个或者两个以上行政机关以共同的名义作出的具体行政行为不服的，向其共同上一级行政机关申请行政复议； （五）对被撤销的行政机关在撤销前所作出的具体行政行为不服的，向继续行使其职权的行政机关的上一级行政机关申请行政复议。

续表

行政复议法（2023年修订）	行政复议法（2017年修正）
	有前款所列情形之一的，申请人也可以向具体行政行为发生地的县级地方人民政府提出行政复议申请，由接受申请的县级地方人民政府依照本法第十八条的规定办理。
第二十五条　国务院部门管辖下列行政复议案件： （一）对本部门作出的行政行为不服的； （二）对本部门依法设立的派出机构依照法律、行政法规、部门规章规定，以派出机构的名义作出的行政行为不服的； （三）对本部门管理的法律、行政法规、部门规章授权的组织作出的行政行为不服的。	第十四条　对国务院部门或者省、自治区、直辖市人民政府的具体行政行为不服的，向作出该具体行政行为的国务院部门或者省、自治区、直辖市人民政府申请行政复议。对行政复议决定不服的，可以向人民法院提起行政诉讼；也可以向国务院申请裁决，国务院依照本法的规定作出最终裁决。 第三十条第二款　根据国务院或者省、自治区、直辖市人民政府对行政区划的勘定、调整或者征收土地的决定，省、自治区、直辖市人民政府确认土地、矿藏、水流、森林、山岭、草原、荒地、滩涂、海域等自然资源的所有权或者使用权的行政复议决定为最终裁决。
第二十六条　对省、自治区、直辖市人民政府依照本法第二十四条第二款的规定、国务院部门依照本法第二十五条第一项的规定作出的行政复议决定不服的，可以向人民法院提起行政诉讼；也可以向国务院申请裁决，国务院依照本法的规定作出最终裁决。	
第二十七条　对海关、金融、外汇管理等实行垂直领导的行政机关、税务和国家安全机关的行政行为不服的，向上一级主管部门申请行政复议。	第十二条第二款　对海关、金融、国税、外汇管理等实行垂直领导的行政机关和国家安全机关的具体行政行为不服的，向上一级主管部门申请行政复议。
第二十八条　对履行行政复议机构职责的地方人民政府司法行政部门的行政行为不服的，可以向本级人民政府申请行政复议，也可以向上一级司法行政部门申请行政复议。	

续表

行政复议法（2023年修订）	行政复议法（2017年修正）
第二十九条 公民、法人或者其他组织申请行政复议，行政复议机关已经依法受理的，在行政复议期间不得向人民法院提起行政诉讼。 公民、法人或者其他组织向人民法院提起行政诉讼，人民法院已经依法受理的，不得申请行政复议。	第十六条 公民、法人或者其他组织申请行政复议，行政复议机关已经依法受理的，~~或者法律、法规规定应当先向行政复议机关申请行政复议，对行政复议决定不服再向人民法院提起行政诉讼的，~~在法定行政复议期限内不得向人民法院提起行政诉讼。 公民、法人或者其他组织向人民法院提起行政诉讼，人民法院已经依法受理的，不得申请行政复议。
第三章 行政复议受理	第四章 行政复议受理
第三十条 行政复议机关收到行政复议申请后，应当在五日内进行审查。对符合下列规定的，行政复议机关应当予以受理： （一）有明确的申请人和符合本法规定的被申请人； （二）申请人与被申请行政复议的行政行为有利害关系； （三）有具体的行政复议请求和理由； （四）在法定申请期限内提出； （五）属于本法规定的行政复议范围； （六）属于本机关的管辖范围； （七）行政复议机关未受理过该申请人就同一行政行为提出的行政复议申请，并且人民法院未受理过该申请人就同一行政行为提起的行政诉讼。 对不符合前款规定的行政复议申请，**行政复议机关应当在审查期限内决定不予受理并说明理由**；不属于本机关管辖的，还应当在不予受理决定中告知申请人有管辖权的行政复议机关。	第十七条 行政复议机关收到行政复议申请后，应当在五日内进行审查，对不符合本法规定的行政复议申请，决定不予受理，并书面告知申请人；对符合本法规定，但是不属于本机关受理的行政复议申请，应当告知申请人向有关行政复议机关提出。 除前款规定外，行政复议申请自行政复议机关负责法制工作的机构收到之日起即为受理。

续表

行政复议法（2023年修订）	行政复议法（2017年修正）
行政复议申请的审查期限届满，行政复议机关未作出不予受理决定的，审查期限届满之日起视为受理。	
	~~第十八条 依照本法第十五条第三款的规定接受行政复议申请的县级地方人民政府，对依照本法第十五条第一款的规定属于其他行政复议机关受理的行政复议申请，应当自接到该行政复议申请之日起七日内，转送有关行政复议机关，并告知申请人。接受转送的行政复议机关应当依照本法第十七条的规定办理。~~
第三十一条 行政复议申请材料不齐全或者表述不清楚，无法判断行政复议申请是否符合本法第三十条第一款规定的，行政复议机关应当自收到申请之日起五日内书面通知申请人补正。补正通知应当一次性载明需要补正的事项。 申请人应当自收到补正通知之日起十日内提交补正材料。有正当理由不能按期补正的，行政复议机关可以延长合理的补正期限。无正当理由逾期不补正的，视为申请人放弃行政复议申请，并记录在案。 行政复议机关收到补正材料后，依照本法第三十条的规定处理。	
第三十二条 对当场作出或者依据电子技术监控设备记录的违法事实作出的行政处罚决定不服申请行政复议的，可以通过作出行政处罚决定的行政机关提交行政复议申请。	

续表

行政复议法（2023年修订）	行政复议法（2017年修正）
行政机关收到行政复议申请后，应当及时处理；认为需要维持行政处罚决定的，应当自收到行政复议申请之日起五日内转送行政复议机关。	
第三十三条　行政复议机关受理行政复议申请后，发现该行政复议申请不符合本法第三十条第一款规定的，应当决定驳回申请并说明理由。	
第三十四条　法律、行政法规规定应当先向行政复议机关申请行政复议、对行政复议决定不服再向人民法院提起行政诉讼的，行政复议机关决定不予受理、**驳回申请**或者受理后超过行政复议期限不作答复的，公民、法人或者其他组织可以自收到决定书之日起或者行政复议期限**届**满之日起十五日内，依法向人民法院提起行政诉讼。	第十九条　法律、法规规定应当先向行政复议机关申请行政复议、对行政复议决定不服再向人民法院提起行政诉讼的，行政复议机关决定不予受理或者受理后超过行政复议期限不作答复的，公民、法人或者其他组织可以自收到~~不予受理~~决定书之日起或者行政复议期满之日起十五日内，依法向人民法院提起行政诉讼。
第三十五条　公民、法人或者其他组织依法提出行政复议申请，行政复议机关无正当理由不予受理、**驳回申请或者受理后超过行政复议期限不作答复的，申请人有权向上级行政机关反映**，上级行政机关应当责令其**纠正**；必要时，上级行政复议机关可以直接受理。	第二十条　公民、法人或者其他组织依法提出行政复议申请，行政复议机关无正当理由不予受理的，上级行政机关应当责令其受理；必要时，上级机关也可以直接受理。
第四章　行政复议审理	
第一节　一般规定	
第三十六条　行政复议机关受理行政复议申请后，依照本法适用普通程序或者简易程序进行审理。行政复议机构应当指定行政复议人员负责办理行政复议案件。	

续表

行政复议法（2023年修订）	行政复议法（2017年修正）
行政复议人员对办理行政复议案件过程中知悉的国家秘密、商业秘密和个人隐私，应当予以保密。	
第三十七条　行政复议机关依照法律、法规、规章审理行政复议案件。 行政复议机关审理民族自治地方的行政复议案件，同时依照该民族自治地方的自治条例和单行条例。	
第三十八条　上级行政复议机关根据需要，可以审理下级行政复议机关管辖的行政复议案件。 下级行政复议机关对其管辖的行政复议案件，认为需要由上级行政复议机关审理的，可以报请上级行政复议机关决定。	
第三十九条　行政复议期间有下列情形之一的，行政复议中止： （一）作为申请人的公民死亡，其近亲属尚未确定是否参加行政复议； （二）作为申请人的公民丧失参加行政复议的行为能力，尚未确定法定代理人参加行政复议； （三）作为申请人的公民下落不明； （四）作为申请人的法人或者其他组织终止，尚未确定权利义务承受人； （五）申请人、被申请人因不可抗力或者其他正当理由，不能参加行政复议； （六）依照本法规定进行调解、和解，申请人和被申请人同意中止； （七）行政复议案件涉及的法律适用问题需要有权机关作出解释或者确认；	

续表

行政复议法（2023年修订）	行政复议法（2017年修正）
（八）行政复议案件审理需要以其他案件的审理结果为依据，而其他案件尚未审结； （九）有本法第五十六条或者第五十七条规定的情形； （十）需要中止行政复议的其他情形。 行政复议中止的原因消除后，应当及时恢复行政复议案件的审理。 行政复议机关中止、恢复行政复议案件的审理，应当书面告知当事人。	
第四十条　行政复议期间，行政复议机关无正当理由中止行政复议的，上级行政机关应当责令其恢复审理。	
第四十一条　行政复议期间有下列情形之一的，行政复议机关决定终止行政复议： （一）申请人撤回行政复议申请，行政复议机构准予撤回； （二）作为申请人的公民死亡，没有近亲属或者其近亲属放弃行政复议权利； （三）作为申请人的法人或者其他组织终止，没有权利义务承受人或者其权利义务承受人放弃行政复议权利； （四）申请人对行政拘留或者限制人身自由的行政强制措施不服申请行政复议后，因同一违法行为涉嫌犯罪，被采取刑事强制措施； （五）依照本法第三十九条第一款第一项、第二项、第四项的规定中止行政复议满六十日，行政复议中止的原因仍未消除。	第二十五条　行政复议决定作出前，申请人要求撤回行政复议申请的，经说明理由，可以撤回；撤回行政复议申请的，行政复议终止。

续表

行政复议法（2023 年修订）	行政复议法（2017 年修正）
第四十二条　行政复议期间行政行为不停止执行；但是有下列情形之一的，**应当**停止执行： （一）被申请人认为需要停止执行； （二）行政复议机关认为需要停止执行； （三）申请人、**第三人**申请停止执行，行政复议机关认为其要求合理，决定停止执行； （四）法律、**法规、规章**规定停止执行的**其他情形**。	第二十一条　行政复议期间~~具体~~行政行为不停止执行；但是~~，~~有下列情形之一的，~~可以~~停止执行~~:~~ （一）被申请人认为需要停止执行的； （二）行政复议机关认为需要停止执行的； （三）申请人申请停止执行，行政复议机关认为其要求合理，决定停止执行的； （四）法律规定停止执行的。
第二节　行政复议证据	
第四十三条　行政复议证据包括： （一）书证； （二）物证； （三）视听资料； （四）电子数据； （五）证人证言； （六）当事人的陈述； （七）鉴定意见； （八）勘验笔录、现场笔录。 以上证据经行政复议机构审查属实，才能作为认定行政复议案件事实的根据。	
第四十四条　被申请人对其作出的行政行为的合法性、适当性负有举证责任。 有下列情形之一的，申请人应当提供证据： （一）认为被申请人不履行法定职责的，提供曾经要求被申请人履行法定职责的证据，但是被申请人应当依职权主动履行法定职责或者申请人因正当理由不能提供的除外；	

续表

行政复议法（2023年修订）	行政复议法（2017年修正）
（二）提出行政赔偿请求的，提供受行政行为侵害而造成损害的证据，但是因被申请人原因导致申请人无法举证的，由被申请人承担举证责任； （三）法律、法规规定需要申请人提供证据的其他情形。	
第四十五条　行政复议机关有权向有关单位和个人调查取证，查阅、复制、调取有关文件和资料，向有关人员进行询问。 调查取证时，行政复议人员不得少于两人，并应当出示行政复议工作证件。 被调查取证的单位和个人应当积极配合行政复议人员的工作，不得拒绝或者阻挠。	
第四十六条　行政复议期间，被申请人不得自行向申请人和其他有关<u>单位</u>或者个人收集证据；自行收集的证据不作为认定行政行为合法性、适当性的依据。 行政复议期间，申请人或者第三人提出被申请行政复议的行政行为作出时没有提出的理由或者证据的，经行政复议机构同意，被申请人可以补充证据。	第二十四条　在行政复议过程中，被申请人不得自行向申请人和其他有关<u>组织</u>或者个人收集证据。
第四十七条　行政复议期间，申请人、第三人及其委托代理人可以按照规定<u>查</u>阅、复制被申请人提出的书面答复、作出行政行为的证据、依据和其他有关材料，除涉及国家秘密、商业秘密、个人隐私或者可能危及国家安全、公共安全、社会稳定的情形外，<u>行政复议机构应当同意</u>。	第二十三条第二款　申请人、第三人可以查阅被申请人提出的书面答复、作出具体行政行为的证据、依据和其他有关材料，除涉及国家秘密、商业秘密或者个人隐私外，<u>行政复议机关不得拒绝</u>。

续表

行政复议法（2023年修订）	行政复议法（2017年修正）
第三节　普通程序	
第四十八条　行政复议机构应当自行政复议申请受理之日起七日内，将行政复议申请书副本或者行政复议申请笔录复印件发送被申请人。被申请人应当自收到**行政复议**申请书副本或者**行政复议**申请笔录复印件之日起十日内，提出书面答复，并提交作出行政行为的证据、依据和其他有关材料。	第二十三条第一款　行政复议~~机关负责法制工作的~~机构应当自行政复议申请受理之日起七日内，将行政复议申请书副本或者行政复议申请笔录复印件发送被申请人。被申请人应当自收到申请书副本或者申请笔录复印件之日起十日内，提出书面答复，并提交~~当初~~作出~~具体~~行政行为的证据、依据和其他有关材料。
第四十九条　适用普通程序审理的行政复议案件，行政复议机构应当当面或者通过互联网、电话等方式<u>听取当事人的意见</u>，并将听取的意见记录在案。因当事人原因不能听取意见的，<u>可以书面审理</u>。	第二十二条　行政复议原则上采取书面审查的办法，~~但是申请人提出要求或者行政复议机关负责法制工作的机构认为有必要时，可以向有关组织和人员调查情况，~~听取申请人、被申请人和第三人的意见。
第五十条　审理重大、疑难、复杂的行政复议案件，行政复议机构应当组织听证。 　　行政复议机构认为有必要听证，或者申请人请求听证的，行政复议机构可以组织听证。 　　听证由一名行政复议人员任主持人，两名以上行政复议人员任听证员，一名记录员制作听证笔录。	
第五十一条　行政复议机构组织听证的，应当于举行听证的五日前将听证的时间、地点和拟听证事项书面通知当事人。 　　申请人无正当理由拒不参加听证的，视为放弃听证权利。 　　被申请人的负责人应当参加听证。不能参加的，应当说明理由并委托相应的工作人员参加听证。	

续表

行政复议法（2023年修订）	行政复议法（2017年修正）
第五十二条 县级以上各级人民政府应当建立相关政府部门、专家、学者等参与的行政复议委员会，为办理行政复议案件提供咨询意见，并就行政复议工作中的重大事项和共性问题研究提出意见。行政复议委员会的组成和开展工作的具体办法，由国务院行政复议机构制定。 审理行政复议案件涉及下列情形之一的，行政复议机构应当提请行政复议委员会提出咨询意见： （一）案情重大、疑难、复杂； （二）专业性、技术性较强； （三）本法第二十四条第二款规定的行政复议案件； （四）行政复议机构认为有必要。 行政复议机构应当记录行政复议委员会的咨询意见。	
第四节　简易程序	
第五十三条　行政复议机关审理下列行政复议案件，认为事实清楚、权利义务关系明确、争议不大的，可以适用简易程序： （一）被申请行政复议的行政行为是当场作出； （二）被申请行政复议的行政行为是警告或者通报批评； （三）案件涉及款额三千元以下； （四）属于政府信息公开案件。 除前款规定以外的行政复议案件，当事人各方同意适用简易程序的，可以适用简易程序。	

续表

行政复议法（2023年修订）	行政复议法（2017年修正）
第五十四条 适用简易程序审理的行政复议案件，行政复议机构应当自受理行政复议申请之日起三日内，将行政复议申请书副本或者行政复议申请笔录复印件发送被申请人。被申请人应当自收到行政复议申请书副本或者行政复议申请笔录复印件之日起五日内，提出书面答复，并提交作出行政行为的证据、依据和其他有关材料。 适用简易程序审理的行政复议案件，可以书面审理。	
第五十五条 适用简易程序审理的行政复议案件，行政复议机构认为不宜适用简易程序的，经行政复议机构的负责人批准，可以转为普通程序审理。	
第五节 行政复议附带审查	
第五十六条 申请人<u>依照本法第十三条的规定</u>提出对有关规范性文件的<u>附带</u>审查申请，行政复议机关有权处理的，应当在三十日内依法处理；无权处理的，应当在七日内转送有权处理的行政机关依法处理。	第二十六条 申请人~~在申请行政复议时，一~~并提出对本法第七条所列有关规定的审查申请的，行政复议机关~~对该规定~~有权处理的，应当在三十日内依法处理；无权处理的，应当在七日内~~按照法定程序~~转送有权处理的行政机关依法处理。~~有权处理的行政机关应当在六十日内依法处理。处理期间，中止对具体行政行为的审查。~~
第五十七条 行政复议机关在对被申请人作出的行政行为进行审查时，认为其依据不合法，本机关有权处理的，应当在三十日内依法处理；无权处理的，应当在七日内转送有权处理的国家机关依法处理。	第二十七条 行政复议机关在对被申请人作出的<u>具体</u>行政行为进行审查时，认为其依据不合法，本机关有权处理的，应当在三十日内依法处理；无权处理的，应当在七日内~~按照法定程序~~转送有权处理的国家机关依法处理。~~处理期间，中止对具体行政行为的审查。~~

续表

行政复议法（2023年修订）	行政复议法（2017年修正）
第五十八条　行政复议机关依照本法第五十六条、第五十七条的规定有权处理有关规范性文件或者依据的，行政复议机构应当自行政复议中止之日起三日内，书面通知规范性文件或者依据的制定机关就相关条款的合法性提出书面答复。制定机关应当自收到书面通知之日起十日内提交书面答复及相关材料。 　　行政复议机构认为必要时，可以要求规范性文件或者依据的制定机关当面说明理由，制定机关应当配合。	
第五十九条　行政复议机关依照本法第五十六条、第五十七条的规定有权处理有关规范性文件或者依据，认为相关条款合法的，在行政复议决定书中一并告知；认为相关条款超越权限或者违反上位法的，决定停止该条款的执行，并责令制定机关予以纠正。	
第六十条　依照本法第五十六条、第五十七条的规定接受转送的行政机关、国家机关应当自收到转送之日起六十日内，将处理意见回复转送的行政复议机关。	
第五章　行政复议决定	
第六十一条　行政复议机关**依照本法审理行政复议案件，由行政复议机构**对行政行为进行审查，提出意见，经行政复议机关的负责人同意或者集体讨论通过后，**以行政复议机关的名义作出行政复议决定。** 　　经过听证的行政复议案件，行政复议机关应当根据听证笔录、审查认定的事	第二十八条　行政复议机关~~负责法制工作的机构~~应当对被申请人作出的具体行政行为进行审查，提出意见，经行政复议机关的负责人同意或者集体讨论通过后，~~按照下列规定~~作出行政复议决定： 　　……

续表

行政复议法（2023年修订）	行政复议法（2017年修正）
实和证据，依照本法作出行政复议决定。 　　提请行政复议委员会提出咨询意见的行政复议案件，行政复议机关应当将咨询意见作为作出行政复议决定的重要参考依据。	
第六十二条　适用普通程序审理的行政复议案件，行政复议机关应当自受理申请之日起六十日内作出行政复议决定；但是法律规定的行政复议期限少于六十日的除外。情况复杂，不能在规定期限内作出行政复议决定的，经行政复议**机构**的负责人批准，可以适当延长，并**书面**告知**当事人**；但是延长期限最多不得超过三十日。 　　**适用简易程序审理的行政复议案件，行政复议机关应当自受理申请之日起三十日内作出行政复议决定。**	第三十一条第一款　行政复议机关应当自受理申请之日起六十日内作出行政复议决定；但是法律规定的行政复议期限少于六十日的除外。情况复杂，不能在规定期限内作出行政复议决定的，经行政复议~~机关~~的负责人批准，可以适当延长，并告知~~申请人和被申请人~~；但是延长期限最多不超过三十日。
第六十三条　行政行为有下列情形之一的，行政复议机关决定变更该行政行为： 　　（一）事实清楚，证据确凿，适用依据正确，程序合法，但是内容不适当； 　　（二）事实清楚，证据确凿，程序合法，但是未正确适用依据； 　　（三）事实不清、证据不足，经行政复议机关查清事实和证据。 　　行政复议机关不得作出对申请人更为不利的变更决定，但是第三人提出相反请求的除外。	第二十八条　行政复议机关负责法制工作的机构应当对被申请人作出的具体行政行为进行审查，提出意见，经行政复议机关的负责人同意或者集体讨论通过后，按照下列规定作出行政复议决定： 　　（一）~~具体~~行政行为认定事实清楚，证据确凿，适用依据正确，程序合法，内容适当的，决定维持； 　　（二）被申请人不履行法定职责的，决定其在一定期限内履行； 　　（三）~~具体~~行政行为有下列情形之一的，决定撤销、变更或者确认该具体行政行为违法；决定撤销或者确认该具体行政行为违法的，可以责令被申请人在一定期限内重新作出~~具体~~行政行为：
第六十四条　行政行为有下列情形之一的，**行政复议机关**决定撤销**或者部分撤销**该行政行为，并可以责令被申请人在一定期限内重新作出行政行为：	

续表

行政复议法（2023年修订）	行政复议法（2017年修正）
（一）主要事实不清、证据不足； （二）违反法定程序； （三）适用的依据不合法； （四）超越职权或者滥用职权。 　　行政复议机关责令被申请人重新作出行政行为的，被申请人不得以同一事实和理由作出与被申请行政复议的行政行为相同或者基本相同的行政行为，但是行政复议机关以违反法定程序为由决定撤销或者部分撤销的除外。 　　第六十五条　行政行为有下列情形之一，行政复议机关不撤销该行政行为，但是确认该行政行为违法： 　　（一）依法应予撤销，但是撤销会给国家利益、社会公共利益造成重大损害； 　　（二）程序轻微违法，但是对申请人权利不产生实际影响。 　　行政行为有下列情形之一，不需要撤销或者责令履行的，行政复议机关确认该行政行为违法： 　　（一）行政行为违法，但是不具有可撤销内容； 　　（二）被申请人改变原违法行政为，申请人仍要求撤销或者确认该行政行为违法； 　　（三）被申请人不履行或者拖延履行法定职责，责令履行没有意义。 　　第六十六条　被申请人不履行法定职责的，行政复议机关决定被申请人在一定期限内履行。	1. 主要事实不清、证据不足的； 2. 适用依据错误的； 3. 违反法定程序的； 4. 超越或者滥用职权的； 5. 具体行政行为明显不当的。 　　（四）被申请人不按照本法第二十三条的规定提出书面答复、提交当初作出具体行政行为的证据、依据和其他有关材料的，视为该具体行政行为没有证据、依据，决定撤销该具体行政行为。 　　行政复议机关责令被申请人重新作出具体行政行为的，被申请人不得以同一的事实和理由作出与原具体行政行为相同或者基本相同的具体行政行为。

续表

行政复议法（2023年修订）	行政复议法（2017年修正）
第六十七条　行政行为有实施主体不具有行政主体资格或者没有依据等重大且明显违法情形，申请人申请确认行政行为无效的，行政复议机关确认该行政行为无效。	
第六十八条　行政行为认定事实清楚，证据确凿，适用依据正确，程序合法，内容适当的，行政复议机关决定维持该行政行为。	
第六十九条　行政复议机关受理申请人认为被申请人不履行法定职责的行政复议申请后，发现被申请人没有相应法定职责或者在受理前已经履行法定职责的，决定驳回申请人的行政复议请求。	
第七十条　被申请人不按照本法第四十八条、第五十四条的规定提出书面答复、提交作出行政行为的证据、依据和其他有关材料的，视为该行政行为没有证据、依据，行政复议机关决定撤销、部分撤销该行政行为，确认该行政行为违法、无效或者决定被申请人在一定期限内履行，但是行政行为涉及第三人合法权益，第三人提供证据的除外。	
第七十一条　被申请人不依法订立、不依法履行、未按照约定履行或者违法变更、解除行政协议的，行政复议机关决定被申请人承担依法订立、继续履行、采取补救措施或者赔偿损失等责任。 被申请人变更、解除行政协议合法，但是未依法给予补偿或者补偿不合理的，行政复议机关决定被申请人依法给予合理补偿。	

续表

行政复议法（2023 年修订）	行政复议法（2017 年修正）
第七十二条　申请人在申请行政复议时一并提出行政赔偿请求，行政复议机关对依照《中华人民共和国国家赔偿法》的有关规定应当不予赔偿的，在作出行政复议决定时，应当同时决定驳回行政赔偿请求；对符合《中华人民共和国国家赔偿法》的有关规定应当给予赔偿的，在决定撤销**或者部分撤销**、变更行政行为或者确认行政行为违法、**无效**时，应当同时决定被申请人依法给予赔偿；**确认行政行为违法的，还可以同时责令被申请人采取补救措施。** 申请人在申请行政复议时没有提出行政赔偿请求的，行政复议机关在依法决定撤销**或者部分撤销**、变更罚款，撤销**或者部分撤销**违法集资、没收财物、征收征用、摊派费用以及对财产的查封、扣押、冻结等行政行为时，应当同时责令被申请人返还财产，解除对财产的查封、扣押、冻结措施，或者赔偿相应的价款。	第二十九条　申请人在申请行政复议时~~可以~~一并提出行政赔偿请求，行政复议机关对符合国家赔偿法的有关规定应当给予赔偿的，在决定撤销、变更具~~体~~行政行为或者确认具~~体~~行政行为违法时，应当同时决定被申请人依法给予赔偿。 申请人在申请行政复议时没有提出行政赔偿请求的，行政复议机关在依法决定撤销或者变更罚款，撤销违法集资、没收财物、征收财物、摊派费用以及对财产的查封、扣押、冻结等具~~体~~行政行为时，应当同时责令被申请人返还财产，解除对财产的查封、扣押、冻结措施，或者赔偿相应的价款。
第七十三条　当事人经调解达成协议的，行政复议机关应当制作行政复议调解书，经各方当事人签字或者签章，并加盖行政复议机关印章，即具有法律效力。 调解未达成协议或者调解书生效前一方反悔的，行政复议机关应当依法审查或者及时作出行政复议决定。	
第七十四条　当事人在行政复议决定作出前可以自愿达成和解，和解内容不得损害国家利益、社会公共利益和他人合法权益，不得违反法律、法规的强制性规定。	

续表

行政复议法（2023年修订）	行政复议法（2017年修正）
当事人达成和解后，由申请人向行政复议机构撤回行政复议申请。行政复议机构准予撤回行政复议申请、行政复议机关决定终止行政复议的，申请人不得再以同一事实和理由提出行政复议申请。但是，申请人能够证明撤回行政复议申请违背其真实意愿的除外。	
第七十五条　行政复议机关作出行政复议决定，应当制作行政复议决定书，并加盖**行政复议机关**印章。 　　行政复议决定书一经送达，即发生法律效力。	**第三十一条第二款、第三款**　行政复议机关作出行政复议决定，应当制作行政复议决定书，并加盖印章。 　　行政复议决定书一经送达，即发生法律效力。
第七十六条　行政复议机关在办理行政复议案件过程中，发现被申请人或者其他下级行政机关的有关行政行为违法或者不当的，可以向其制发行政复议意见书。有关机关应当自收到行政复议意见书之日起六十日内，将纠正相关违法或者不当行政行为的情况报送行政复议机关。	
第七十七条　被申请人应当履行行政复议决定书、调解书、意见书。 　　被申请人不履行或者无正当理由拖延履行行政复议决定书、调解书、意见书的，行政复议机关或者有关上级行政机关应当责令其限期履行，**并可以约谈被申请人的有关负责人或者予以通报批评**。	**第三十二条**　被申请人应当履行行政复议决定。 　　被申请人不履行或者无正当理由拖延履行行政复议决定的，行政复议机关或者有关上级行政机关应当责令其限期履行。
第七十八条　申请人、第三人逾期不起诉又不履行行政复议决定**书、调解书**的，或者不履行最终裁决的行政复议决定的，按照下列规定分别处理：	**第三十三条**　申请人逾期不起诉又不履行行政复议决定的，或者不履行最终裁决的行政复议决定的，按照下列规定分别处理：

续表

行政复议法（2023年修订）	行政复议法（2017年修正）
（一）维持行政行为的行政复议决定书，由作出行政行为的行政机关依法强制执行，或者申请人民法院强制执行； （二）变更行政行为的行政复议决定书，由行政复议机关依法强制执行，或者申请人民法院强制执行； （三）行政复议调解书，由行政复议机关依法强制执行，或者申请人民法院强制执行。	（一）维持 ~~具体~~ 行政行为的行政复议决定，由作出 ~~具体~~ 行政行为的行政机关依法强制执行，或者申请人民法院强制执行； （二）变更 ~~具体~~ 行政行为的行政复议决定，由行政复议机关依法强制执行，或者申请人民法院强制执行。
第七十九条　行政复议机关根据被申请行政复议的行政行为的公开情况，按照国家有关规定将行政复议决定书向社会公开。 县级以上地方各级人民政府办理以本级人民政府工作部门为被申请人的行政复议案件，应当将发生法律效力的行政复议决定书、意见书同时抄告被申请人的上一级主管部门。	
第六章　法律责任	第六章　法律责任
第八十条　行政复议机关<u>不依照本法规定履行行政复议职责</u>，对<u>负有责任的领导人员</u>和直接责任人员依法给予警告、记过、记大过的处分；<u>经有权监督的机关督促仍不改正或者</u>造成严重后果的，依法给予降级、撤职、开除的处分。	第三十四条　行政复议机关<u>违反本法规定，无正当理由不予受理依法提出的行政复议申请或者不按照规定转送行政复议申请的，或者在法定期限内不作出行政复议决定的</u>，对<u>直接负责的主管人员</u>和其他直接责任人员依法给予警告、记过、记大过的行政处分；<u>经责令受理仍不受理或者</u>不按照规定转送行政复议申请，造成严重后果的，依法给予降级、撤职、开除的 ~~行政~~ 处分。
第八十一条　行政复议机关工作人员在行政复议活动中，徇私舞弊或者有其他渎职、失职行为的，依法给予警告、	第三十五条　行政复议机关工作人员在行政复议活动中，徇私舞弊或者有其他渎职、失职行为的，依法给予警告、

续表

行政复议法（2023年修订）	行政复议法（2017年修正）
记过、记大过的处分；情节严重的，依法给予降级、撤职、开除的处分；构成犯罪的，依法追究刑事责任。	记过、记大过的行政处分；情节严重的，依法给予降级、撤职、开除的~~行政~~处分；构成犯罪的，依法追究刑事责任。
第八十二条　被申请人违反本法规定，不提出书面答复或者不提交作出行政行为的证据、依据和其他有关材料，或者阻挠、变相阻挠公民、法人或者其他组织依法申请行政复议的，对<u>负有责任的领导人员</u>和直接责任人员依法给予警告、记过、记大过的处分；进行报复陷害的，依法给予降级、撤职、开除的处分；构成犯罪的，依法追究刑事责任。	第三十六条　被申请人违反本法规定，不提出书面答复或者不提交作出~~具体~~行政行为的证据、依据和其他有关材料，或者阻挠、变相阻挠公民、法人或者其他组织依法申请行政复议的，对<u>直接负责的主管人员</u>和其他直接责任人员依法给予警告、记过、记大过的~~行政~~处分；进行报复陷害的，依法给予降级、撤职、开除的~~行政~~处分；构成犯罪的，依法追究刑事责任。
第八十三条　被申请人不履行或者无正当理由拖延履行行政复议决定<u>书、调解书、意见书</u>的，对<u>负有责任的领导人员</u>和直接责任人员依法给予警告、记过、记大过的处分；经责令履行仍拒不履行的，依法给予降级、撤职、开除的处分。	第三十七条　被申请人不履行或者无正当理由拖延履行行政复议决定的，对直接负责的主管人员和其他直接责任人员依法给予警告、记过、记大过的~~行政~~处分；经责令履行仍拒不履行的，依法给予降级、撤职、开除的~~行政~~处分。
第八十四条　拒绝、阻挠行政复议人员调查取证，故意扰乱行政复议工作秩序的，依法给予处分、治安管理处罚；构成犯罪的，依法追究刑事责任。	
第八十五条　<u>行政机关及其工作人员违反本法规定的，行政复议机关可以向监察机关或者公职人员任免机关、单位移送有关人员违法的事实材料，接受移送的监察机关或者公职人员任免机关、单位应当依法处理。</u>	第三十八条　<u>行政复议机关负责法制工作的机构发现有无正当理由不予受理行政复议申请、不按照规定期限作出行政复议决定、徇私舞弊、对申请人打击报复或者不履行行政复议决定等情形的，应当向有关行政机关提出建议，有关行政机关应当依照本法和有关法律、行政法规的规定作出处理。</u>

续表

行政复议法（2023年修订）	行政复议法（2017年修正）
第八十六条　行政复议机关在办理行政复议案件过程中，发现公职人员涉嫌贪污贿赂、失职渎职等职务违法或者职务犯罪的问题线索，应当依照有关规定移送监察机关，由监察机关依法调查处置。	
第七章　附　　则	第七章　附　　则
第八十七条　行政复议机关受理行政复议申请，不得向申请人收取任何费用。	第三十九条第一句　行政复议机关受理行政复议申请，不得向申请人收取任何费用。
第八十八条　行政复议期间的计算和行政复议文书的送达，**本法没有规定的，依照《中华人民共和国民事诉讼法》**关于期间、送达的规定执行。 本法关于行政复议期间有关"三日"、"五日"、"七日"、"十日"的规定是指工作日，不含法定休假日。	第四十条　行政复议期间的计算和行政复议文书的送达，依照民事诉讼法关于期间、送达的规定执行。 本法关于行政复议期间有关"五日"、"七日"的规定是指工作日，不含节假日。
第八十九条　外国人、无国籍人、外国组织在中华人民共和国境内申请行政复议，适用本法。	第四十一条　外国人、无国籍人、外国组织在中华人民共和国境内申请行政复议，适用本法。
	~~第四十二条　本法施行前公布的法律有关行政复议的规定与本法的规定不一致的，以本法的规定为准。~~
第九十条　本法自2024年1月1日起施行。	第四十三条　本法自1999年10月1日起施行。1990年12月24日国务院发布、1994年10月9日国务院修订发布的《行政复议条例》同时废止。

图书在版编目（CIP）数据

中华人民共和国行政复议法条文解读与法律适用／江必新主编．—北京：中国法制出版社，2023.10
ISBN 978-7-5216-3876-9

Ⅰ.①中… Ⅱ.①江… Ⅲ.①行政复议-行政法-法律解释-中国②行政复议-行政法-法律适用-中国 Ⅳ.①D922.112.5

中国国家版本馆CIP数据核字（2023）第172116号

策划编辑 马 颖		
责任编辑 侯 鹏 王雯汀 靳晓婷 宋 平		封面设计 李 宁

中华人民共和国行政复议法条文解读与法律适用
ZHONGHUA RENMIN GONGHEGUO XINGZHENG FUYIFA TIAOWEN JIEDU YU FALÜ SHIYONG

主编／江必新
经销／新华书店
印刷／三河市紫恒印装有限公司
开本／710毫米×1000毫米 16开　　　　　　　　印张／21.5　字数／255千
版次／2023年10月第1版　　　　　　　　　　　2023年10月第1次印刷

中国法制出版社出版
书号 ISBN 978-7-5216-3876-9　　　　　　　　　　　　定价：88.00元

北京市西城区西便门西里甲16号西便门办公区
邮政编码：100053　　　　　　　　　　　　　　传真：010-63141600
网址：http：//www.zgfzs.com　　　　　　　编辑部电话：010-63141828
市场营销部电话：010-63141612　　　　　　　印务部电话：010-63141606

（如有印装质量问题，请与本社印务部联系。）